IDIOMAS LAROUSSE

INGLÉS

económico y comercial

Usted puede adquirir esta obra en dos versiones:

- *Estuche*, con tres casetes y libro
- *Libro*, únicamente

Esta obra se terminó de imprimir y encuadernar en mayo de 2002 en Programas Educativos, S.A. de C.V. Calz. Chabacano No. 65 México 06850, D.F.

La edición consta de 5 000 ejemplares

Empresa Certificada por el Instituto Mexicano de Normalización y Certificación A. C. Bajo las Normas ISO-9002:1994/ NMX-CC-004:1995 con el Núm. de Registro RSC-048 e ISO-14001:1996/NMX-SAA-001:1998 IMNC/ con el Núm. de Registro RSAA–003

PRIMERA EDICIÓN — 25ª reimpresión

ISBN 2-266-02297-0 (Presses Pocket)
ISBN 970-607-195-4 (Ediciones Larousse)

Impreso en México — Printed in Mexico

IDIOMAS LAROUSSE

INGLÉS
económico y comercial

Jean-Pierre Berman **Michel Marcheteau**

Michel Savio **Jaime Gómez Mont**

LAROUSSE

Av. Diagonal 407 Bis-10
08008 Barcelona

Dinamarca 81
México 06600, D. F.

21 Rue du Montparnasse
75298 París Cedex 06

Valentín Gómez 3530
1191 Buenos Aires

Summary

Contenido

Presentación

Esta obra tiene como propósito facilitar al lector una adquisición rápida de aquellos conocimientos básicos que son necesarios para la práctica del Inglés económico y de negocios. En sus 20 lecciones, se tratan los principales aspectos de la vida de las empresas.

LECCIONES I a XV: Éstas se dividen en dos partes:

Parte A - Situaciones

En esta parte se describen las diversas peripecias de la vida cotidiana de una empresa americana: la "Global Tools Company". La narrativa abarca desde el reclutamiento de un nuevo empleado hasta el lanzamiento publicitario de un nuevo producto, pasando por un conflicto sindical.

- Las situaciones de estudio han sido **redactadas en Inglés y se presentan en las páginas de la izquierda,** adoptando la forma de diálogos y de descripciones cortas (además llevan las referencias A.1, A.2, A.3, etc.).
- Los temas narrados deberán estudiarse remitiéndose simultáneamente **a la traducción y a las notas que aparecen en la página de la derecha.**
- El lector deberá preparar una **lista de vocabulario,** la cual recomendamos añadir a la que se propone **en la sección final de la parte B.**

→ **Pronunciación** (p. 441): para facilitar al lector el estudio de la pronunciación, después de ciertas palabras se presenta una transcripción encerrada entre corchetes. A continuación exponemos los principios de interpretación correspondientes.

1. Cada letra de la transcripción tiene su propio valor y debe ser pronunciada.
   V. gr., el término Inglés *check* se deberá pronunciar (tʃɛk).
2. La inserción de dos puntos (:) después de una vocal indicará su alargamiento. V. gr., *tool* (tu:l).
3. La presentación de una o varias letras **negritas** indicará que la sílaba señalada es la que lleva el acento tónico. V. gr., *advice* (əd'v**ai**s).

Presentación

Parte B - Archivos (Records)

La segunda parte es un instrumento de trabajo que completa los temas de estudio que se exploraron en la Parte A. En esta sección, utilizando las referencias B.1, B.2, B.3, etc., se presenta el siguiente material:

1. Una serie de modelos redactados en Español, denominados "frases usuales". Éstos se muestran en la página de la izquierda. Se deberá tratar de traducirlos, con la ayuda del vocabulario estudiado en la Parte A o con el que se presenta al final de la Parte B. Como medida de control, será necesario remitirse a la página de la derecha. Deberá hacerse un esfuerzo por memorizarlc
2. Una serie de textos redactados en Inglés, plasmados en la página de la izquierda, los cuales ilustran de una manera más técnica el contenido de cada una de las lecciones. Estúdiense estos textos y prepárense las listas de vocabulario correspondientes.
3. Un vocabulario especializado que permite revisar y completar el contenido esencial de cada lección.

LECCIONES XVI a XX:

a) Lecciones XVI y XVII: Ofrecen una iniciación hacia la lengua técnica propia de la Contabilidad y de la Bolsa de Valores.
b) XVIII: Una breve revisión de la lengua jurídica.
c) XIX y XX: Una familiarización con la lengua de la comunicación escrita (modelos de cartas) y oral (modelos de comunicaciones telefónicas).

Se aplican las mismas reglas de trabajo que las del estudio de las lecciones I a XV (Parte B).

LECCIONES X bis y XX bis

Ejercicios diversos y pruebas, con sus respectivas respuestas.

ÍNDICE

Permite la investigación de diversos aspectos particulares.

CASETES GRABADOS

Están a disposición del público e incluyen 3 casetes (aproximadamente 180 min). En ellos se describen selectivamente las partes orales y los diálogos de la obra.

I

Business file one

Business opportunities, applications

Ofertas de empleo, candidaturas

A. Situations

A.1. A Business opportunity
A.2. An application
A.3. Resume or personal data sheet
A.4. Arranging an interview
A.5. Vocabulary (revision)

B. Records for further reference

B.1. Key Sentences
B.2. More ads...
B.3. Executives worth their weight in gold
B.4. Test on B.3.
B.5. Vocabulary

I. A.

Storyline*

When looking through the ad sections of the major newspapers, this is what you may find. We're going to help you along while telling you the story of one David A. Lavalle, a nice young chap who has done very well so far in two responsible jobs, and who now feels he can qualify for higher and more rewarding positions. Now let's see together what happens.

Resumen

He aquí lo que uno puede encontrarse al consultar la sección de anuncios de los principales periódicos. Le vamos a ayudar mientras le narramos la historia de un tal David A. Lavalle, un joven muy simpático quien hasta ahora se ha desempeñado muy bien en dos trabajos de gran responsabilidad, y siente que ya puede calificar para puestos más altos y mejor remunerados. Veamos juntos lo que sucede.

* *Storyline*: literalmente, tronco principal de una historia

I. A.1. **A business opportunity**

Market and Product Development Manager

The subsidiary [səbsidiεri] of a U.S. group producing widely distributed consumer goods needs a high caliber [kaeləbər] person to set up and run a Market Development Team. The function will involve identifying [aidentifʌiŋ*] gaps in the consumer market, as well as selecting and organizing products to fill these gaps.[1]

The successful candidate will be a University graduate in his mid-thirties preferably with a background in the hardware trade. He should be a native [neitiv] of one of the Latin American countries, with a perfect command of the Spanish and English languages and some experience in international transactions at executive [igzekjativ] level. He will report directly to the Managing Director, and his starting salary will be in accordance with the job created, including a car and the usual benefits. He will be based in the city of Dallas, Texas.

Applications giving full details of career [karir], qualifications and present salary, should be marked with the following reference: APM/2266/ST. No information will be disclosed without permission.

Fortune and Stanley
407 Madison Lane
N. Y., N. Y. 11773
U.S.A.

The right man in the right place

I. A.1. **Una oferta de trabajo**

Gerente de Mercadotecnia y de Desarrollo de Productos

La subsidiaria de un grupo estadounidense dedicado a la producción de bienes de consumo de gran distribución requiere de una persona altamente capacitada para crear y dirigir un Equipo de Desarrollo de Mercadotecnia. Dicha función incluirá la investigación y la identificación de áreas no cubiertas en el mercado de consumidores, así como la selección y la organización de aquellos productos que serán necesarios para llenarlas.

El candidato elegible para el puesto deberá poseer un título universitario y tener aproximadamente 35 años de edad, preferiblemente con experiencia en el sector de ferreterías. Deberá ser originario de uno de los países latinoamericanos, con un perfecto dominio de los idiomas Español e Inglés, y tener alguna experiencia en transacciones internacionales a nivel ejecutivo. Reportará directamente al Director de Mercadotecnia, y su salario inicial estará de acuerdo con el puesto creado, incluyendo un automóvil y los beneficios típicos del cargo. Se establecerá en la ciudad de Dallas, Texas.

Las solicitudes que se envíen[1] deberán proporcionar los detalles exactos acerca de la profesión, la experiencia, y el salario actual, y deberán marcarse con la referencia: APM/2266/ST. No se revelará información alguna sin la debida autorización.

Fortune and Stanley
Departamento de Selección de Personal

Remítase a las notas del vocabulario 1. A. 5. (p. 14)

(1) **Las formas terminadas en -ing**: pueden denotar el participio activo: *producing, giving,* o un verbo que desempeña el papel de un nombre: *identifying* (la identificación de), *organizing* (la organización de).

El hombre indicado en el puesto indicado.

I. A.2. **An application**

Gentlemen:

I noted with interest your advertisement in the New York Herald Tribune dated Feb. 22 and I feel that my qualifications match your requirements.
I am therefore sending you my personal data sheet and salary record [r*e*kard], together with the names and addresses of several prior bosses and acquaintances of mine whom you may consult for further information about my character, experience and efficiency. Also with my résumé, you will find a short explanation why I have decided to change jobs at this point in my career [karir].
I really think we should meet.

Yours truly,
David A. Lavalle

I. A.3. **Resume or personal data sheet**

David Antonio Lavalle Montes de Oca
Born 4th July, I963, in Mexico City
Mexican nationality, U.S immigrant
Married, one child
Present address: 112, Wickford Road, Santa Barbara, California, 12321
Permanent address: Moliere 779bis, Suite 917 Polanco, Chapultepec, México 11560 D.F.

Present position:
Since 1990, Assistant Marketing Manager, Morgan Ltd.

Previous jobs:
1987-90 Hadadi-Robinson International, Santa Barbara, Cal., U.S.A.in charge of contract negotiations for Latin America
1984-87 Big Board Agency, Santa Rosa, Cal., U.S.A., Budget manager.

Academic record:
1989 American doctorate in Corporate Law, Boston, Mass.
1984 M.B.A. School of Business Administration Boulder University, Colorado,U.S.A.
1980 High school and B.A. degree

Personal references:
Mr. Harold Gillhams, Chairman, Merchant Bank
Mr. Alfred Robinson, Senior Partne Professor Herbert E. Marlington, Boulder University.

I. A.2. **Candidato a un empleo**

Señores:

Llamó mi atención su anuncio aparecido en el New York Herald Tribune del día 22 de febrero, pues percibí que mi preparación se ajusta a los requisitos.

Adjunto mi curriculum vitae, la información de mis sucesivas percepciones, así como los nombres y direcciones de mis referencias personales para confirmar aspectos de mi personalidad, experiencia profesional y eficiencia.

Junto con esto recibirán una explicación breve acerca de las razones por las cuales deseo cambiar de empleo en este momento de mi carrera.

Creo que podemos concertar una cita.

Sinceramente
David A. Lavalle

I. A.3. **Curriculum Vitae**

David Antonio Lavalle Montes de Oca
Nacido el 4 de Julio de 1963, en la Ciudad de México.
Nacionalidad Mexicana, inmigrado a Estados Unidos.
Casado, con un hijo.
Dirección actual: 112 Wickford Road, Santa Bárbara, California, 12321.

Dirección permanente: Molière 779 bis, Suite 917 Polanco, Chapultepec, México 11560 D. F.

Puesto actual: Desde 1990, Asistente del Director de Mercadotecnia, Morgan Ltd.

Puestos anteriores:
1987-90 Hadadi-Robinson International, Santa Bárbara, Cal., U.S.A. Encargado de las negociaciones de contratos para Latinoamérica.
1984-87 Big Board Agency, Santa Rosa, Cal., U.S.A. Jefe de presupuestos.

Historial académico:
1989: Doctorado en Derecho Corporativo Estadounidense, Boston, Mass.
1984: Maestría en Administración de Empresas. Escuela de Administración de Negocios, Boulder University, Colorado, Estados Unidos.
1980: Secundaria y Bachillerato.

Referencias personales:
Sr. Harold Gillhams, Presidente, Merchant Bank.
Sr. Alfred Robinson, socio mayoritario.
Profesor Herbert E. Marlington, Boulder University.

I. A.4. **Arranging an interview**

David Lavalle's letter of application is received and answered by the Managing Director of Global Tools Inc.; and he is invited to call on him in Dallas the following week.

On the telephone

— Hello, this is David Lavalle speaking, can you put me through [θru] to suite [swit] 23?

— Hold on a second Sir... You're through now.

— Hello, I'd like to speak to Mr. Briggs, Managing Director of Global Tools, please.

— Who is calling him please?

— I am David Lavalle, Mr. Briggs asked me to call him today.

— Oh yes, Mr. Lavalle, just a moment please... Here's Mr. Briggs to speak to you.

—...Ah good mornig Mr. Lavalle, Briggs here. I am glad you could manage to call, I would've been sorry to miss you... You know you really did very well in all the tests and interviews [*i*ntarvjus]? Now when can you visit us here?...Three this afternoon?... Perfect. See you then, good bye.

I. A.5. **Vocabulary - Revision**

A.1.

development	desarrollo, elaboración, puesta en marcha
subsidiary	Filial, subsidiaria
consumer	consumidor
high caliber	(de) alto calibre, de gran envergadura, altamente capacitado
to run	en este caso: administrar, conducir, dirigir
to involve	implicar, incluir, involucrar
gap	laguna, vacío, espacio libre
graduate	graduado, diplomado en enseñanza superior
background	patio trasero, pasado, experiencia antecedentes
in accordance with	de acuerdo con, en conformidad con
benefits	prestaciones que se añaden a la remuneración salarial Nota: utilidad se dice profit
to disclose	divulgar, revelar

I. A.4. **Forma de organizar una entrevista**

La carta de solicitud de empleo de D. Lavalle ha sido recibida y contestada por el Director General de Global Tools; por tanto, ha sido invitado para que lo vaya a visitar a Dallas la semana siguiente.

En el teléfono

— ¿Qué tal? Habla David Lavalle. ¿Puede usted comunicarme con el departamento 23?
— Un momento, Señor... Está listo.
— Bueno, quisiera hablar con el señor Briggs, Director General de Global Tools, por favor.
— ¿Quién le busca, perdone?
— Mi nombre es David Lavalle, el señor Briggs me pidió que le llamara el día de hoy.
— Oh sí, señor Lavalle, un momentito por favor... en seguida le va a hablar el señor Briggs.
— ... Buenos días, señor Lavalle, habla el señor Briggs. Me da gusto que haya podido encontrar un momento para llamarme, hubiera lamentado mucho el que no lo hiciera. ¿Sabe usted que obtuvo excelentes resultados en las pruebas y en las entrevistas? Y bien, ¿cuándo puede pasar a visitarnos?
... ¿Esta tarde a las tres?... Perfecto. Le espero a esa hora. Hasta la vista.

I. A.5. **Vocabulary - Revision** (continuación)

A.2.

advertisement	anuncio
to match	corresponder a
therefore	en consecuencia, por consiguiente
record	archivo, grabación
referee	1. persona que se cita en referencia con... 2. árbitro
evidence	evidencia, testimonio

A.3.

Primary school (or grammar school)	Escuela primaria (Escuela elemental)
High school	Secundaria
B. A. degree (baccalaureate)	Bachillerato (Preparatoria)

A.4.

to put through	atravesar, dar curso a, llevar a cabo
hold on	aguarde, espere
to manage	1. administrar, 2. tener éxito
to make it	conseguir, lograr

I. B.1. **Tradúzcanse las oraciones...**

1. Importante empresa industrial líder en su ramo convoca a la presentación de solicitudes para el puesto de Director de Ingeniería Electrónica para su Departamento de Investigación.
2. Los candidatos sujetos a elección deberán tener entre 30 y 35 años de edad y de preferencia deberán ser graduados de una universidad.
3. Un buen conocimiento del Inglés se considerará una ventaja.
4. El salario inicial estará en función de la edad, de la capacidad y de la experiencia adquirida.
5. La jubilación será financiada por el patrón.
6. Oportunidad de hacer una carrera excelente con grandes prospectos de promoción.
7. Envíe su información dando todos los detalles a P. O. B. 2496 antes del 15 de junio. Discreción absoluta.
8. Los formularios podrán solicitarse directamente en las Oficinas Centrales.
9. Se invita a hombres de 25 a 45 años de edad a presentar su solicitud para el puesto de Gerentes Regionales.
10. Es deseable que se tenga experiencia en el financiamiento de las ventas a crédito.
11. aunque también estamos dispuestos a examinar las candidaturas de aquellos representantes
12. que hayan obtenido logros sobresalientes en el campo de las ventas, o de las profesiones conexas con la banca o con los seguros.
13. Es requisito indispensable tener licencia de manejo.
14. Las solicitudes deberán hacerse por escrito presentando en forma detallada toda la información. Deberán enviarse a... y llevar la mención de "confidencial".
15. Un grupo importante de empresas busca estadígrafo
16. para hacerse cargo del Departamento de Estadística, actualmente en plena expansión, así como de la unidad de investigación de políticas.
17. El candidato elegido deberá tener una buena formación universitaria en estadísticas económicas.
18. y poseer experiencia práctica en su utilización.
19. Deberá estar familiarizado con las estadísticas del gobierno
20. y tener capacidad para planear y administrar nuevos proyectos.

I. B.1. ... y revise sus respuestas

1. Leading industrial firm invites applications for the position of Chief Engineer in Electronics for its research department.
2. Successful candidates should be in their early thirties and preferably university graduates.
3. Fluency in English would be an advantage.
4. Starting salary according to age, qualifications and previous experience.
5. Company-financed pension fund.
6. Excellent career with good promotion prospects.
7. Apply in confidence giving full particulars to P.O.B. 2496 before June 15.
8. Application forms available at the Head Office.
9. Applications are invited from men aged 25/45 for appointments as Area Representatives.
10. Experience in hire purchase finance is desirable,
11. but we are willing to consider applications from representatives
12. with successful achievements in the field of Selling, or in the Banking or Insurance professions.
13. Current driving licence essential.
14. Written applications giving fullest details marked "Confidential" to be sent to...
15. A large group of Companies requires a statistician.
16. to take charge of its expanding statistical services and of its policy research unit.
17. The person appointed will have a good academic background in economic statistics.
18. and practical experience in their use.
19. He will be familiar with Government statistics,
20. and have the ability to plan and manage new projects.

I. B.2. **More ads...**

A. *Executive secretary*

World prominent firm establishing Latin-American headquarters in Brazil (Sao Paulo) needs executive secretaries with top skills. Positions are permanent and require highly experienced secretaries to serve executives of this firm. Requisites: high educational background, English, Portuguese or Spanish mother tongue; fluent in Portuguese and English, executive secretarial experience. Please call: New Mexico, 727-46-80, for an appointment.

B. *Industrial engineers*

We have vacancies for Industrial Engineers to study, recommend and assist management in the implementation of changes concerning the manufacturing processes of our expanding car body production shop.

Experience of the engine industry would be an advantage but is not essential.

We wish to interview candidates of top caliber and appropriate salaries will be paid. Pension, Life Assurance and Car Purchase Plans are offered and housing may be available.
Please apply giving brief details of age and experience.

I. B.2. **Más anuncios**

A. *Secretaria de Dirección*

Una empresa de primer plano mundial ubicada en Latinoamérica, con oficinas centrales en Brasil (San Paulo) se interesa en contratar secretarias de Dirección que reúnan habilidades técnicas superiores. Se ofrecen puestos permanentes que exigen de secretarias muy experimentadas para la atención de los ejecutivos de esta empresa. Las cualidades requeridas son las siguientes: un buen nivel de instrucción; lengua materna: Inglés, Portugués, o Español; el Inglés y el Portugués se deberán manejar con fluidez; se deberá tener experiencia como secretaria de Dirección. Sírvase llamar al 727-46-80 en Nuevo México, para concertar una cita.

prominent: prominente, de primer plano
headquarters: (en este caso) oficinas centrales, cuartel general
executive secretaries: secretarias de Dirección, secretarias Ejecutivas
requisites: (en este caso) cualidades requeridas
(top) skills: capacidades técnicas (superiores)

B. *Ingenieros Industriales*

Estamos dispuestos a contratar Ingenieros Industriales capacitados para realizar estudios, hacer recomendaciones, y apoyar a la administración en la implantación de cambios en los procesos de manufactura dentro de nuestro taller de producción de carrocerías de automóviles, actualmente en expansión.
El poseer alguna experiencia en la industria automotriz sería una ventaja, pero no es indispensable.

Deseamos entrevistar candidatos altamente capacitados. Se ofrecen salarios apropiados y también disponemos de Planes de Pensión, de Seguros de Vida, y de Compra de Automóviles. Además, es posible adquirir instalaciones de alojamiento.
Sírvase dirigirnos su candidatura proporcionándonos breves detalles acerca de su edad y de su experiencia.

Vacancies: puestos vacantes
to implement: implantar, poner en marcha, en práctica, aplicar
manufacturing processes: procesos de manufactura, procedimientos técnicos de fabricación
car body production shop: taller de producción de carrocerías de automóviles
top caliber: de nivel muy elevado, de alto calibre
pension: pensión de retiro, de jubilación
car purchase plan: plan de ayuda para la compra de automóviles
housing may be available: posibilidades de adquirir instalaciones de alojamiento

I. B.3. **European Executives worth their weight in gold**

A proficiency reading

It costs 27% more in salary terms to hire a top-marketing man in France than in the United Kingdom (U.K.) But the Frenchman's actual takehome pay is 80% higher and his fringe benefits–such as six weeks holiday and easier company loans to finance share option plans–are much more lavish. Companies in Britain tend to offer better life insurance and more company cars. However, they are still learning the gentle art of forging "the golden chains that bind". They are going to have to catch up fast with fringe benefits or face a braindrain to Europe, especially with the freeze making straight salary improvements so nearly impossible to win. And naturally, like everything else about joining Europe, it is going to be expensive. Yet executives work quite as long on both sides of the Channel.

But while they are working, effort is better rewarded on the Continent where a 13 months pay cheque is commonplace. In fact, in Belgium, Holland, Italy and Spain, senior executives can get 14 months payment in one year; a few top men in Italy can get even 15 or 16 months, 33% more than basic salary. They are often given a bigger share of the cake too. Whereas only one third of U.K. executives receive bonuses related to profits, all employees (not simply executives) in France are by law entitled to participate in profit sharing plans. In Germany, most general managers and top marketing men have incentives which range from 25% to 30% of their basic salary. One Dutch company has established a program which can increase basic salaries up to a 75%.

I. B.3. Ejecutivos europeos cuyo peso vale oro

Lectura de comprensión

En materia de salarios, la contratación de un experto de alto nivel en mercadotecnia cuesta un 27 por ciento más en Francia que en el Reino Unido, aunque el salario real neto[1] del francés es un 80 por ciento más alto y sus prestaciones laborales son mucho más generosas —tales como el disfrute de seis semanas de vacaciones pagadas y la concesión de facilidades de préstamos[2] de la empresa para el financiamiento de planes de compra de acciones—. En la Gran Bretaña, las compañías tienden a ofrecer mejores seguros de vida y más automóviles para los trabajadores de la empresa. Sin embargo, aún están aprendiendo el sutil arte de forjar "cadenas de oro que atan". Van a tener que colocarse rápidamente al mismo nivel en lo que se refiere a prestaciones laborales o tendrán que enfrentar una fuga de cerebros[3] hacia Europa, especialmente debido al congelamiento[4] que ha hecho prácticamente imposible la obtención de cualquier mejoría directa en los salarios. Y desde luego, al igual que todo aquello que tiene que ver con el ingreso a Europa, va a ser muy costoso. Sin embargo, los ejecutivos trabajan justamente la misma cantidad de tiempo en ambos lados del Canal.
Pero mientras trabajan, sus esfuerzos son mejor remunerados en aquel continente en el que la emisión de un cheque salarial mensual 13 veces por año es algo común. De hecho, en Bélgica, en Holanda, en Italia y en España, los ejecutivos senior pueden obtener hasta 14 meses de sueldo en un año. Algunos italianos, de muy alto nivel, pueden obtener aun 15 o 16 meses de sueldo. Es decir, un 33 por ciento más del salario básico. Con frecuencia obtienen una porción más grande del pastel. Mientras que tan sólo una tercera parte de los ejecutivos del Reino Unido reciben bonos relacionados con las utilidades, todos los empleados (y no solamente los ejecutivos) de Francia están legalmente facultados para beneficiarse del plan de participación en las utilidades de la empresa. En Alemania, la mayor parte de los directores Generales y de los altos Ejecutivos de mercado tienen incentivos que van desde el 25 por ciento hasta el 30 por ciento de su salario básico. Una cierta empresa holandesa ha establecido un sistema que puede llegar a conferir hasta un 75 por ciento en exceso de los salarios básicos.

---

(1) literalmente: la verdadera paga que el trabajador lleva a casa.
(2) literalmente: préstamos de las empresas concedidos a los trabajadores con grandes facilidades.
(3) *drain:* fuga, escape, expulsión (de recursos, de divisas, etc.).
(4) *freeze:* hielo, congelamiento - se emplea en sentido figurado para indicar que los precios, los salarios, etc. se encuentran estancados.

I. B.4. **Comprensión del texto I. B.3**

Para cada una de las preguntas, se deberá escoger entre tres soluciones (a, b o c). Tan sólo una es la correcta: escójala. (Las respuestas de este ejercicio pueden encontrarse en la Lección X bis).

1. "Actual" means
   a) present; b) real; c) modern.
2. What does "brain-drain" mean?
   a) ridicule; b) unbearable nervous tension; c) the emigration of the country's intellectuals and able business men.
3. What does "freeze" mean in this contex?
   a) inflation; b) a government restriction on the raising of salaries; c) a temporary ban on fringe benefits.
4. Explain the meaning of "lavish"
   a) limited; b) granted liberally; c) difficult to obtain.
5. What sort of financial reward do European executives expect?
   a) considerable tax relief; b) a thirteen months or more pay check; c) holidays abroad.
6. What does "they are often given a bigger share of the cake" mean?
   a) they paricipate in profit sharing schemes; b) they are given more work to do; c) they are expected to show more initiative.
7. Fringe benefits
   a) are more substantial in Great Britain than in France;
   b) are more substantial in France than in Great Britain;
   c) are more substantial in Great Britain than in the rest of Europe.
8. Only one third of U.K. executives
   a) get 33% more than their basic salary; b) get bonuses related to profits; c) work during the holiday season.
9. "The golden chain that binds" refers to
   a) fringe benefits as a means of tying the executives to the firm; b) the brain-drain; c)the need more company cars.
10. To hire a top marketing man
    a) costs a company 27% more in France than in the U.K.;
    b) costs a company 27% more in the U.K. than in France;
    c) costs a company 80% more in France than in the U.K.;

I. B.5. **Vocabulario**

advertisement, ad.	anuncio
ability	aptitud
in case the date and place should not suit you	en caso de que el día y la hora no le conviniera (a Ud.)
promotion	promoción
to be entitle to	tener derecho a
qualification	capacidad (laboral)
working conditions	condiciones de trabajo
deadline for application	fecha límite para la entrega de solicitudes (de empleo)
to ask for a raise, an increase	pedir un aumento
apply in confidence	discreción absoluta
to hire	contratar (laboralmente)
to be in one's early thirties	tener entre 30 y 35 años de edad
to be in one's mid 30's	tener entre 33 y 37 años de edad
to be in one's late 30's	tener entre 35 y 40 años de edad
to be a University graduate	ser un graduado universitario
previous experience	experiencia profesional
to work overtime	trabajar horas extras
adult vocational training	formación profesional de los adultos
salary bracket(s)	categoría salarial
junior	joven, principiante (adj.)
applications forms are available	los formularios están disponibles
at the head office	en el domicilio social
to apply for a job	presentar una solicitud de empleo
the successful candidates should...	para ser elegidos los candidatos deberán...
to retire	retirarse (de un empleo)
bonus (es)	bono(s), gratificación(es)
to fill (in) a form	llenar un formulario
company-financed pension fund	pensión financiada por el patrón
starting salary	salario inicial
marital status	situación familiar
incentives	estimulantes
senior	superior, senior
to earn a salary	ganar un salario

II

Business file two

The firm: organization chart and premises

(La empresa: organigrama e instalaciones)

A. Situations

A.1. Who does what?
A.2. The firm's organization chart
A.3. Visiting the premises
A.4. The head of Marketing and his secretary get installed

B. Records for further reference

B.1. Key sentences
B.2. Organization chart
B.3. Job definitions:
1. Chairman of the boar
2. Managing Director
3. Company Secretary
4. Personnel Manager
5. Marketing Manager
6. Sales Manager
B.4. The Secretary Circus
B.5. A Secretary's Diary (Exercice)
B.6. Vocabulary

I. A.

Storyline

Newly appointed M & P manager David Lavalle studies the firm's chart and visits the premises: he then installs his own office with his secretary.

Resumen

David Lavalle, recientemente nombrado Gerente de Mercadotecnia y de Nuevos Productos, estudia en este momento el organigrama de la empresa y visita sus instalaciones; posteriormente, procede a instalar su propia oficina junto con su secretaria.

II. A.1. **Who does what?**

After successfully going through the usual tests and interviews, David Lavalle has eventually been granted the job. His position is going to be that of Market and Product Manager, a newly created post since marketing studies were previously handled by the sales department — now within his responsibilities. His functions will include:

— Market analysis [ənaeləsəs].
— Development [divɛlapmant] and product launch.
— Forecasting and planning of new products.
— Sales testing, promotion and advertising.

He will have to work in close cooperation [kupa**rei**ʃan] with the Sales department under him, headed by Thomas O'Neal, a former salesman [s**ei**lzmən] now in his late 40's [leitfɔrtis] who has made it to the top the hard way, and with the Production Department, managed by Frank Ford, also in charge of purchasing [pɜrtʃəsiŋ*] and who has been with the firm for ten years and is very popular among the workers.

First, Joanna Gotlieb, the Public Relations Officer of the firm, takes him for a walk around the production facilities, to make him more familiar with the company's products and manufacturing processes [maenjəf**ae**ktʃariŋ* prasɛsiz].

Shortly afterwards [**ae**ftərwərdz], we find him busy organizing his own office and departments with Ann Perkinson, an experienced [ikspirienst] secretary who has been on the staff for a few years, and is now working with him.

II. A.1. ¿Quién hace qué?

Después de haber aprobado con éxito[1] las pruebas y entrevistas acostumbradas, David Lavalle ha conseguido finalmente el puesto. Sus funciones serán las de Gerente de Mercadotecnia y de Nuevos Productos, un cargo de nueva creación ya que, anteriormente, los estudios de mercadotecnia eran realizados por el Departamento de Ventas. En lo sucesivo, dichos estudios estarán bajo su responsabilidad. Sus funciones incluirán las siguientes tareas:

— Análisis de mercado
— Desarrollo y lanzamiento de nuevos productos
— Preparación de pronósticos y planeación de nuevos productos
— Control de las ventas, de la promoción y de la publicidad.

Tendrá que[2] trabajar en estrecha cooperación con el Departamento de Ventas bajo su cargo, el cual es dirigido por Thomas O'Neal, quien, contando casi con 50 años de edad[3], ha llegado a ocupar altos puestos administrativos gracias a su gran esfuerzo y dedicación; también tendrá que trabajar con el Departamento de Producción, dirigido por Frank Ford, quien también está a cargo del área de ventas, y quien ha permanecido en la empresa durante diez años[4], siendo actualmente muy popular entre los trabajadores.

Primeramente, Joanna Gotlieb, titular de Relaciones Públicas de la empresa, lo lleva a hacer un recorrido por las instalaciones de Producción, para familiarizarlo con los productos de la empresa y con sus procesos de manufactura.

Poco tiempo después, lo encontramos muy ocupado organizando su propia oficina y sus Departamentos junto con Ann Perkinson, una secretaria muy experimentada que ha formado parte del personal de la empresa desde años atrás, y ahora se encuentra trabajando con él.

---

(1) *After going through ...*
aquellos verbos que van antes de una preposición (*after, before, in, on, etc.*) deben terminar en *-ing.*
(2) *He will have to work: must* no tiene futuro y, por lo tanto, debe utilizarse el futuro de la fórmula de reemplazo *"to have to"*.
(3) *his late 40's* denota la parte final de los cuarenta años, poco antes de cumplir los cincuenta.
(4) *Who has been with the firm for ten years*
Who has been on the staff for a few years
present perfect + for + unidades de tiempo: una acción empezada en el pasado se expresa en presente.

II. A.2. **The firm's organization chart**

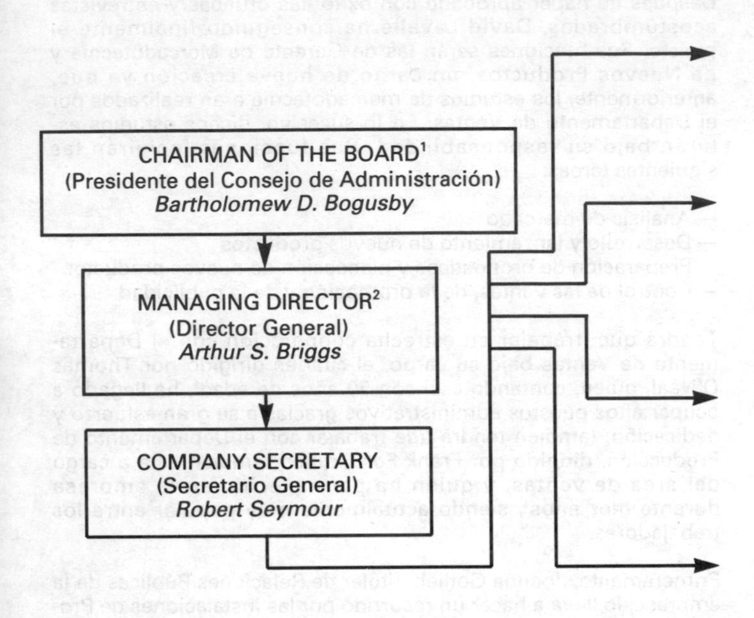

dairèkte	siou: perintèndent
sèkr*ete*ri	siou:pervaizez
pe: snèl	dizaïn
ekaountin*	èndjiniez
méïntnens	riprizèntetivz

(1) **The Board of Directors:** El Consejo de Administración
(2) **Managing Director**
En las Sociedades Anónimas de Estados Unidos, cuando el Presidente es también el Director General de la Empresa, se le llama **Chairman & Managing Director,** (Presidente-Director General).

II. A.2. **Organigrama de la empresa**

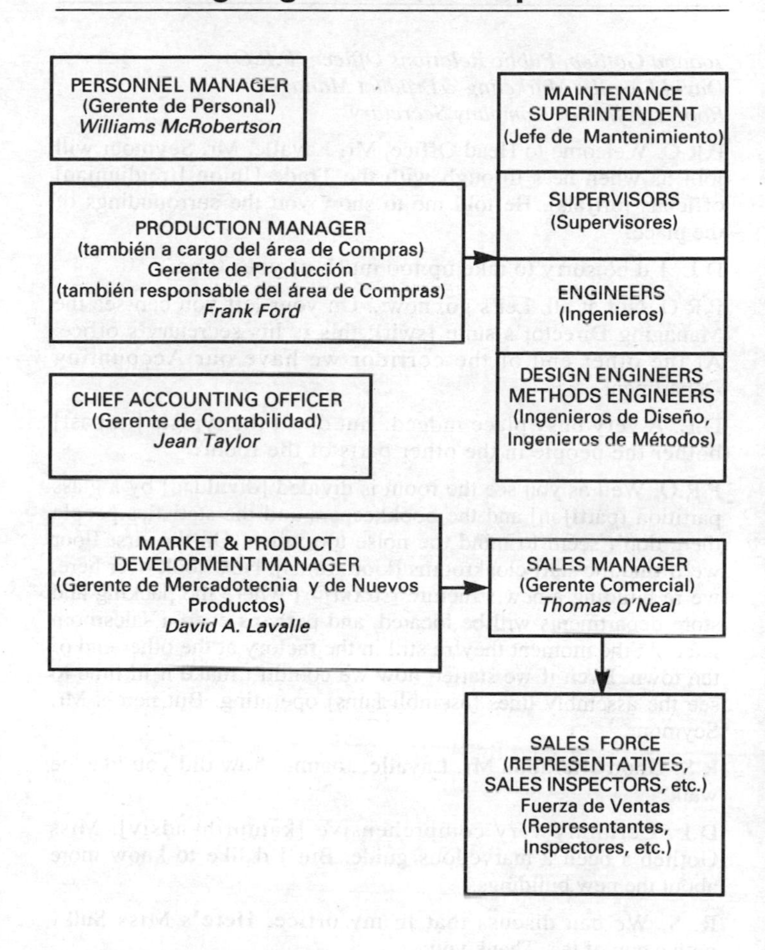

II. A.2. **Visiting the premises** [prɛməs]

Joanna Gotlieb, Public Relations Officer (P.R.O)
David Lavalle, Marketing &Product Manager
Robert Seymour, Company Secretary

P.R.O. Welcome to Head Office, Mr. Lavalle, Mr. Seymour will join us when he's through with the Trade-Union [treidjunjən] officials [əfi**ʃ**əls]. He told me to show you the surroundings of the place.

D.L. I'd be sorry to take up too much of your time.

P.R.O. Not at all. Let's go, now... On your left you can see the Managing Director's suite [swit]; this is his secretary's office. At the other end of the corridor we have our Accounting Department.

D.L. A very busy place indeed. But don't the typists [t**ai**pəst] bother the people in the other parts of the room?

P.R.O. Well as you see the room is divided [div**ai**dəd] by a glass partition [par**ti**ʃən] and the bookkeepers and the statistics people there don't seem to mind the noise too much. On the first floor we'll find the staff cloakrooms [kl**ou**krums]. Now look over here, we're building a new structure [strʌκtʃər] where the packing and store departments will be located, and perhaps even a salesroom later. At the moment they're still in the factory at the other end of the town. Even if we started now we couldn't make it in time to see the assembly lines [əsɛmbli lains] operating. But here's Mr. Seymour.

R.S. Good afternoon Mr. Lavalle, Joanna; how did you like the walk?

D.L. Certainly very comprehensive [kamprihɛndsiv]. Miss Gotlieb's been a marvellous guide. But I'd like to know more about the new buildings.

R. S. We can discuss that in my office. Here's Miss Sulky with a cup of tea. Thank you...

D.L. Haven't you considered computerizing [kamp**ju**təraisiŋ*] the accounts?

R.S. We're figuring it out at the moment, but there are still a few problems.

II. A.3. **Visita a las instalaciones**

Joanna Gotlieb, encargada del Departamento de Relaciones Públicas (P. R. O.) David Lavalle, Gerente de Mercadotecnia Robert Seymour, Secretario General

P. R. O. Bienvenido a las Oficinas Centrales, señor Lavalle. El señor Seymour se reunirá con nosotros cuando haya terminado[1] su plática con los líderes del sindicato. Me dijo que le llevara a hacer un recorrido por las instalaciones.

D. L. Verdaderamente me apena distraerle mucho[2] de sus ocupaciones.

P. R. O. De ninguna manera. Empecemos ya ...A (su) izquierda tiene la oficina del Director General; ésta es la oficina de su secretaria. En el otro extremo del corredor se encuentra nuestro Departamento de Contabilidad.

D. L. En realidad éste es un lugar con mucha agitación. ¿No molestan las mecanógrafas a las personas que están en las otras partes de la pieza?

P. R. O. Bueno, como usted puede ver, la pieza está dividida por un cancel de vidrio y los tenedores de libros y los estadígrafos que trabajan ahí no parecen molestarse mucho por el ruido. En el primer piso, pasaremos por los guardarropas del personal. Ahora mire por aquí, estamos construyendo una nueva estructura donde se ubicarán los departamentos de Empaquetado y de Almacenaje y tal vez también, más adelante, un salón de ventas al público. Por el momento, todavía se encuentran en la fábrica, en el otro extremo de la ciudad. Aun si saliéramos ahora mismo para allá, no podríamos llegar a tiempo para ver funcionando las líneas de montaje. Aquí está el señor Seymour.

R. S. Buenas tardes señor Lavalle, y también Joanna; ¿Qué les pareció el recorrido?

D. L. Ha sido ciertamente una visita muy amplia. La señorita Gotlieb ha sido una guía maravillosa. Pero me gustaría saber un poco más acerca de los nuevos edificios.

R. S. Podemos hablar de eso en mi oficina. Aquí está la señorita Sulky con una taza de té. Gracias ...

D. L. ¿No ha considerado usted la alternativa de computarizar la contabilidad?

R. S. Actualmente estamos pensando en ello, pero aún subsisten algunas dificultades.

---

(1) *When he's through:* cuando haya terminado; obsérvese la ausencia del futuro en una frase de tiempo subordinada que se introduce mediante el término *when.*

(2) *too much:* demasiado; *too long:* demasiado tiempo.

II. A.4. **The head of marketing and his secretary get installed**

D.L. Now Miss Perkinson, how shall we arrange our offices and all that?

A.P. Well Sir, I thought you might keep the larger office in such a way I would have the one next to the anteroom and I could make sure that the visitors are comfortable.

D.L. Quite, quite and make sure they have pegs, a couple of comfortable armchairs, and make a note to subscribe to a couple of Latin-American business reviews.

A.P. Also I could arrange for an umbrella stand...

D.L. Very good idea. Now about the furniture [fɜrnitʃər]. I don't think we should keep this, so send it back to the typing pool and make up a list of what you'll need in terms of filing cabinets, and office machines.

A.P. By the way Sir, I mean, would you mind terribly if I kept my old typewriter [taipr**ai**tər], I've grown used to it, it's a good one and well...

D.L. Oh yes of course. Well, send this one back, and have yours brought up from your old office. Now, I'd like you to have what's on this memo carried out carefully: it deals with the layout of my own office.

A.P. Well, I'll supervise everything personally.

D.L. Thank you. Now let's see to something I feel is very important: since I'll be receiving a number of persons from different firms, I want to be sure that no one bumps into someone he shouldn't... So please keep a close watch on my diary [daiəri]. Outgoing mail should be on my desk for signing [s**ai**gnin*] by 10:30. Monday and Thursday afternoons are out for appointments, since I'll be at meetings and at the factory on those days respectively.
Now, I want to give you my own views on a new system of filing and organising things here. Since it's a new outfit, I would prefer we set up something fully tailored to our needs, using all those new techniques [tɛkn**i**ks] in office management...

II. A.4. Instalación del director de mercadotecnia y de su secretaria

D. L. Y bien señorita Perkinson, ¿cómo vamos a arreglar nuestras oficinas y todo lo demás?

A. P. Pues bien, Señor, he pensado que usted podría quedarse con la oficina más grande[1]; de tal forma yo podría tomar la que está al lado de la sala de espera y ello me permitiría encargarme de que los visitantes estuvieran cómodos.

D. L. De acuerdo, de acuerdo ... Asegúrese de que tengan percheros, algunos sillones cómodos, y prepare un memorándum para suscribirse a un par de revistas de negocios latinoamericanas.

A. P. También podría encargarme de instalar un portaparaguas.

D. L. Muy buena idea. Hablemos ahora del mobiliario. Pienso que no deberíamos conservar éste, por lo tanto devuélvalo al secretariado central y haga una lista de aquello que se necesitará en términos de archiveros y máquinas de oficina.

A. P. A propósito, Señor, me gustaría preguntarle, ¿le molestaría mucho que conservara mi máquina de escribir antigua? Estoy muy acostumbrada a ella, funciona muy bien, y ...

D. L. Oh, desde luego que sí. Bueno, devuelva ésta, y haga que le suban la suya desde su oficina anterior. En este momento, me gustaría que hiciera ejecutar cuidadosamente lo que está escrito en este memorándum: tiene que ver con la distribución física de mi propia oficina.

A. P. Muy bien, supervisaré todo de manera personal.

D. L. Gracias. Veamos ahora algo que creo que es muy importante: He de recibir un número de personas de diferentes empresas y no quiero que ninguna de ellas se tope con alguien que no debiera encontrarse ... Por tanto, vigile muy de cerca mi diario. El correo de salida debe estar sobre mi escritorio a las 10 h. 30. Las tardes de los lunes y de los jueves no podrán asignarse para citas, puesto que esos días estaré en las reuniones y en la fábrica, respectivamente.
Por ahora, quiero darle mis propios puntos de vista con relación a un nuevo sistema para archivar y organizar las cosas aquí. Como se trata de un equipo nuevo, preferiría instalar algo totalmente adaptado a nuestras necesidades,[2] usando todas las técnicas innovativas de administración de oficinas

(1) *The larger office:* sobrentendido: *of the two.*
(2) *tailored to our needs*: sobre medida, a la medida (confeccionado de acuerdo con nuestras necesidades) sinónimos:
1. *made up to our specifications,*
2. *suited to our requirements.*

II. B.1. **Tradúzcanse las oraciones...**

1. Con un cancel (o pared) movible, estas dos oficinas podrían transformarse en una sala de juntas.
2. Ayer por la mañana puse su expediente (de él, de ella) en el cajón de arriba del archivero.
3. Añada una decena de expedientes a la lista de suministros que habrán de comprarse.
4. No pude lograr que sacaran una copia, hay una congestión en el cuarto de fotocopias.
5. Tengo al técnico en reparación de máquinas de escribiren el teléfono, ¿debo pedirle que venga?
6. Dígale a Marcelo que el nuevo papel carbón es inutilizable.
7. No me diga que no puede encontrar su ficha. Yo mismo la puse en el tarjetero ayer en la noche.
8. Algo se ha dicho acerca de que un especialista en reprografía sea llamado para reorganizar todo el departamento.
9. No puedo encontrar nada bajo el número 2 A.
10. Se ha dicho que todas las secretarias van a ser reordenadas dentro de un grupo.
11. Me dijeron que se había llevado todos sus muebles antiguos para amueblar su casa de campo.
12. Una vez más el gerente se ha quedado atrapado en el elevador.
13. Es mejor que verifique usted eso en el departamento de Contabilidad, no puedo comunicarme a su extensión.
14. ¿Sabía usted que se iba a nombrar un asistente para el Gerente de Personal?
15. El Secretario General solicitó que la sala de conferencias estuviera lista a las 4 de la tarde.
16. El personal de servicio de limpieza nunca llega antes de las 8 p.m.
17. El acceso al nuevo estacionamiento es aún más difícil que el del antiguo.
18. ¿Quién va a encargarse del mantenimiento y de la limpieza de las instalaciones?
19. El nuevo director maneja su automóvil por sí mismo.
20. No veo que mis estantes estén incluidos en su estimación presupuestaria.

II. B.1. ... y revise sus respuestas

1. With a sliding (folding) partition, these two offices could be made (transformed, turned) into a meeting room.
2. I put his (her) file in the top drawer of the filing cabinet yesterday morning.
3. Add a dozen folders in the list of supplies to be bought.
4. I could't have it duplicated (xeroxed, photo-copied), there's a congestion at the duplication room.
5. I have the typewriter repairman on the phone, should. I call him in (ask him to come, make him come)?
6. Tell Marcel the new carbon papers are no good.
7. Don't tell me you can't find his index card! I put it in the card box myself last night.
8. There's been some talk about a specialist in reprography coming in to reorganize the whole deparment.
9. I can find nothing under No 2 A.
10. It's been said that all the secretaries will be gathered (grouped) within one pool.
11. I was told he had taken away all the old furniture to furnish (equip) his country-house.
12. The manager got stuck in the elevator once again.
13. You'd better go to Accounting department for that, I can't get their extension.
14. Did you know that the Personnel Manager was to have an assistant appointed to him?
15. The Company Secretary asked for the conference room to be ready for (by) 4 o'clock.
16. The cleaning service people never come before 8 p.m.
17. It's even more difficult to drive into the new car park than into the old one.
18. Who will take care of the maintaining and cleaning of the premises?
19. The new manager drives his car (by) himself.
20. I don't see my shelves on your estimate.

II. B.2. **Organization charts**

In the best organizations people see themselves working in a circle as if (they were) around one table. One of the positions is designated chief executive officer, because somebody has to make all those tactical decisions that enable an organization to keep working. In this circular organization, leadership passes from one to another depending on the particular task being attacked–without any hangs-ups.

This is as it should be. In the hierarchical organization, it is difficult to imagine leadership anywhere but at the top of the various pyramids. And it's hard to visualize the leader of a small pyramid becoming temporarily the leader of a group of larger pyramid-leaders which includes the chief executive officer.

R. Townsend *(Up the Organization)*

II. B.3. **Job definitions**

1. Chairman of the board

He is the nominal head of the Company. He may often be a figurehead who takes no active part but presides as chairman at meetings of Directors.
An active Chairman is often both Chairman and Managing Director.

2. Managing director

He is the Director of a Company with specific responsibility in management. Apart from the Chairman, he is normally the senior person in the company. His task is to co-ordinate the various departments and put into practice the decisions of the Board. He reports directly to the Chairman.

II. B.2. **Organigramas**

En las mejores organizaciones, las personas se conciben a sí mismas trabajando en una especie de círculo, como si estuvieran alrededor de una mesa. Uno de los puestos se denomina Director Ejecutivo, porque alguien tiene que tomar todas las decisiones tácticas que capacitan a la organización para continuar su marcha. En este sistema de organización circular, el liderazgo se transmite de un individuo a otro dependiendo de la tarea específica que haya de llevarse a cabo, sin bloqueos ni detenciones imprevistas.[1]

Esto es la teoría.[2] En una organización de tipo jerárquico, es difícil concebir que el liderazgo se sitúe en otra parte que no sea el nivel superior de las diversas pirámides. Y es difícil imaginar al líder de una pequeña pirámide convirtiéndose temporalmente en el jefe de un grupo de líderes de pirámides más grandes en las que se incluye al Director Ejecutivo.

(1) *hang up*: bloqueos, detenciones imprevistas
(2) literalmente: esto es como debería ser

II. B.3. **Definiciones de puestos**

1. Presidente del Consejo de Administración

Es el Director titular de la empresa. Puede ser a menudo un personaje que no desempeñe un papel activo pero que haga las veces de Presidente durante las reuniones de los administradores. Un Presidente que se desempeña activamente es aquel que con frecuencia es a la vez el Presidente y el Director General de la empresa.

2. Director General

Es el Director de una empresa. Desempeña responsabilidades administrativas de tipo específico. Aparte del Presidente, comúnmente es el administrador de nivel más alto dentro de la jerarquía de la empresa. Su tarea consiste en coordinar los diversos departamentos y en poner en práctica las decisiones del Consejo de Administración. Reporta directamente al Presidente.

3. Company secretary

He is the person concerned with keeping the company's statutory books, and supervising the administration of its affairs in general. He organizes the Board Meetings. He keeps the minute books for board & company meetings, maintains the share register, sees to the payment of dividends, interests, etc.

4. Personnel manager

He is concerned with manpower planning, recruitment and selection, education and training, terms of employment, standards of pay, working conditions, consultations at and between all levels, wage negotiations, etc.

5. The marketing manager

He is responsible for the sales policy of the firm. His function comprises everything from market survey and prospection to product design, as well as the carrying out of the launching and follow-up of products; more generally, it is his job to define the commercial objectives of the firm.

6. The sales manager

He is responsible for contacts with the customers through the sales force consisting of representatives. He is more a man on the spot than a theoretician. If the firm has a Marketing Manager the Head of Sales will be under him. If it is not so, he may be in charge of promotion, launching operations, etc.

II. B.3. **Definiciones de puestos** (continuación)

3. Secretario General

Es aquella persona que se ocupa de la actualización y tenencia de los libros de actas de la empresa, así como de supervisar la administración de sus asuntos en general. Organiza las reuniones del Consejo de Administración. Se encarga de llevar los libros de minutas de las reuniones del Consejo de Administración y de la compañía, mantiene el registro de los accionistas, vigila el pago de los dividendos, de los intereses, etc.

4. Gerente de Personal

Se ocupa de la planeación de los recursos humanos, del reclutamiento y selección, de la capacitación y entrenamiento, de los problemas laborales, de los niveles de sueldos y salarios, de las condiciones de trabajo, de las consultas a diversos niveles y entre todos ellos, de las negociaciones de sueldos, etc.

5. Gerente de Mercadotecnia

Es el responsable de la política de ventas de la empresa. Su función abarca desde las encuestas y exploraciones de mercado hasta el diseño de los productos, así como la ejecución de las operaciones de lanzamiento y seguimiento de productos; de una manera más general, su trabajo consiste en definir los objetivos comerciales de la empresa.

6. Gerente Comercial

Es el responsable de los contactos que se hacen con los clientes a través de la fuerza de ventas. Ésta se integra de un conjunto de representantes. Es más bien una persona práctica que una persona teórica. Si la empresa tiene un gerente de Mercadotecnia, el jefe de Ventas estará bajo sus órdenes. En caso contrario, podrá estar a cargo de las operaciones de promoción, de lanzamiento, etc.

II. B.4. **The secretary circus**

The other day, it occurred to me that offices aren't what they used to be. When I started my job at the age of 17, I regarded everyone I met as sophisticated and knowledgeable. I called all the men, including the elevator operator, "Sir", and had palpitations if anyone noticed me. I was a junior shorthand typist, and far above me were the private secretaries to the directors.

In order to get a promotion, you had to work your way through an endless spiral of minor jobs and it was highly unlikely you'd get to the top before you were 40. If you got married, you'd never get there at all.

Today a humble junior is called a secretary. Her pay has quadrupled and she isn't nervous anymore. She can wear red eye-shadow and hot pants and call her boss by his first name. And what has happened to me now I've reached the other end of the ladder? I've lost the authority the dragons of my early years wielded with such zest. I do not intend to dismiss anyone: "They'll leave!" screech the horrified managers. So I restrain myself when someone slips out to the betting office, or to the coffee shop, or does a complete making up in the toilet from ten until one.

And what does my top job actually entail? I write my boss's letters, translate his foreign mail, make reservations for his trips, remind him of his family's birthdays, have his car serviced, have his pets sprayed, watch his diet and —make tea and coffee all day long. The wheel has come full circle.

Backed by a good secretary, many a man, with little other talent than a certain basic charm and the good sense not to thwart her, has achieved heights of eminence and power undreamed of by his more capable contemporaries

Eric Webster

II. B.4. **La revolución de las secretarias**

El otro día, me di cuenta de que las oficinas han dejado de ser lo que solían ser antes. Cuando empecé a trabajar a la edad de 17 años, consideraba a todas las personas que conocía como gentes finas y bien informadas. A todos los hombres los llamaba "Señor", incluyendo al muchacho del elevador, y me daban palpitaciones cuando alguien notaba mi presencia. Como taquimecanógrafa era apenas una principiante y, muy por arriba de mí, se encontraban las Secretarias privadas de los Directores.

Para lograr una promoción, había que abrirse camino a fuerza de trabajo y a través de una interminable espiral de tareas menores. Además, era muy improbable poder llegar a los niveles más altos antes de los 40 años. La que se casaba, nunca podía llegar hasta ahí.

Hoy en día, a una principiante e inexperta se le llama Secretaria. Su salario se ha cuadriplicado y ya no se siente nerviosa. Puede usar sombra roja para los ojos y pantalones cortos y llamar a su jefe por su nombre de pila. ¿Y qué me ha sucedido a mí ahora que he alcanzado el otro extremo de la escalera? Me encuentro privada de la autoridad que los dragones de mis primeros años esgrimían con tanto deleite. No tengo la intención de despedir a nadie: "Ellas van a darnos su renuncia", gritan con voz aguda los directores, temerosos. Además, me contengo cuando alguien se escapa disimuladamente para ir a jugar al salón de apuestas,[1] o para ir a la cafetería, o para hacerse un maquillaje completo en el tocador desde las 10 hasta las 13 h.

Y en realidad, ¿qué implicaciones tiene un puesto tan elevado como el mío? Escribo las cartas de mi patrón, traduzco su correo cuando debe enviarse al extranjero, hago sus reservaciones de viaje, le recuerdo las fechas de aniversario de su familia, vigilo el mantenimiento de su automóvil, mando bañar sus perros,[2] vigilo su dieta y hago té y café a lo largo de todo el día. La rueda ha dado una vuelta completa.

(1) *betting office (o betting shop)*: instalaciones o taquillas en las que el *"bookmaker"* toma los pares de apuestas de prácticamente todo tipo de evento, deportivo o no.
(2) *pets*: animales domésticos de las familias (perros, gatos, etc.).

Con el apoyo de una buena Secretaria, más de un hombre, sin ningún otro talento que un cierto encanto básico y un sentido común suficiente para no obstruirle el camino, ha logrado alcanzar puestos eminentes y un poder nunca soñado por sus contemporáneos más capaces.

II. B.5. **A secretary's diary** (Ejercicio)

Llene en Inglés la agenda de su Secretaria (Respuestas en X bis).

Día .... (extractos)

8 h.	Recoger el correo.
8:30 h.	Preparar la sala de reuniones.
9 h.	Telefonear a Atkinson para anular la cita, tomar nueva fecha.
9:15 h.	Reservar para el lunes un lugar en el vuelo 412 de Air France. Reservar el hotel.
9:30 h.	Mecanografiar correo y memoranda (recordatorio).
10:30 h.	Firma del correo expreso de la Sociedad A.S.M. (salida del correo: 11 h.).
11 h.	Invitar al señor Cooks de la Global Appliances. Preparar el té.
14 h.	Revisar el archivo con la señorita Bynns.
16 h.	Volver a llamar al señor Thompson para lo referente a los resultados de los contactos hechos con la Hubbard Firm.

II. B.6. **Vocabulary - The Firm**

1o *The Offices – Las oficinas*

breakdown	repartición, clasificación (de las tareas)
cash slip	estado de caja, reporte de caja
chief clerk	jefe de oficina
executive secretary	secretaria de dirección, secretaria ejecutiva
head of department	jefe de departamento
legal department	departamento legal
office boy	empleado de oficina, asistente de oficina
purchase dept.	departamento de Compras
records department	departamento de Archivos
upkeep (maintenance) department	departamento de Mantenimiento
blueprints	heliográficas
designers	diseñadores
drafts	planes, proyectos
draughtsmen	dibujantes
to draw up a plan	establecer un plan
stock card	tarjeta de almacén, de inventarios
stock card control	control mediante tarjetas de almacén
spot check	verificación por muestreo

II. B.7. **Vocabulary**

2o *The Workshop – El taller*

alignment	alineación
assembly line	línea de montaje
anvil	yunque
axle	eje
belt	correa
bottleneck	embotellamiento, cuello de botella, punto de estrangulamiento
bench	banco
blowtorch, blowlamp	lámpara de soldar
bolt	perno, cerrojo
to cast	fundir
to feed	alimentar
(to) file	limar, archivar
filings	limalla, acción de archivar
flaw	"paja", defecto
to forge	forjar
gears	engranajes
to grind	moler, rectificar
lathe	torno
machine-tool	máquina herramienta
nut	tuerca
pincers	tenazas
pit	fosa
plane	cepillo de carpintero
pliers	pinzas
pulley	polea
(to) rivet	remachar
rivetting gun	máquina remachadora
safety fuse	fusible
screw	tornillo
screwdriver	desarmador
sledge-hammer	mazo, pilón de martinete
to solder	soldar
soldering iron	plancha para soldar
spanner	llave de tuercas
adjustable spanner	llave inglesa
vice	torno, tornillo

III

Business file three

Market and product analysis

Análisis de productos y de mercados

III. A.

Storyline

David Lavalle's first move raises some sort of flurry: the precise questions he asks about some products get embarrassed answers until he insists on receiving a full memorandum.

He then discovers that there's a snag: complaints on the S/W 107 have been piling up.

Resumen

La primera intervención de David Lavalle da lugar a una cierta agitación: formula algunas preguntas precisas con relación a ciertos productos y recibe respuestas desconcertantes, hasta que finalmente ordena que se le presente un memorándum completo.

De esta forma descubre que hay un obstáculo oculto e ignorado: una acumulación constante de quejas con relación al S/W 107.

III. A.1. **A skeleton in the cupboard**

On taking up the job David Lavalle first decides to assess [əsɛs] the present situation of the firm in the home market, and seeks [siks] to collect all relevant [rɛləvənt] data [d**ei**tə] concerning the various products. He needs information from the Sales, the Production and the Accounting departments.

His task is not an easy one, and his colleagues, fearing perhaps the discovery [diskʌvəri] of faults or weaknesses, are far from being cooperative at first, and tend to withhold [wiθh**o**uld] information.

But Miss Perkinson who has been appointed as David Lavalle's secretary, and who used to work in the Sales department, reveals [ri**vi**ls] that customer complaints concerning one of the products (Product S/W 107) have been piling [p**ai**lin*] up for several months.

This gives David Lavalle a useful lead he intends to follow and he soon finds out that the documents which are reluctantly [rilʌktəntli] passed on to him confirm [kənfɜrm] the customers' dissatisfaction with product S/W 107: there has been a considerable fall off in sales... without anybody trying to reverse [rivɜis] the trend.

Murphy's law

1. Nothing is as easy as it looks.
2. Everything takes longer than one thinks.
3. If anything can go wrong, it will.

III. A.1. **Un esqueleto en el armario**

Al emprender[1] su trabajo, David Lavalle decide primeramente evaluar la situación actual de la empresa respecto del mercado nacional, y trata de reunir todos los datos relevantes[2] acerca de los diferentes productos. Necesitará información[3] de los departamentos de Ventas, de Producción y de Contabilidad.

Su tarea no es sencilla, y sus colegas, temiendo tal vez que se descubran errores o puntos débiles, al principio distan mucho de ser cooperativos[4], y tienden a retener información.

No obstante, la señorita Perkinson, quien ha sido nombrada secretaria de David Lavalle, y quien trabajaba[5] anteriormente en el departamento de Ventas, revela que durante varios meses[6] se han estado acumulando quejas de los clientes con relación a uno de los productos (el Producto S/W 107).

Esto le proporciona a David Lavalle un útil indicio el cual trata de seguir, y pronto descubre que los documentos que le transfieren en forma maldispuesta confirman la insatisfacción de los clientes con el producto S/W 107: ha habido un considerable descenso en las ventas... sin que nadie haya tratado de invertir tal tendencia.

---

(1) *on taking up*: la forma terminada en -ing constituye en este caso un nombre verbal precedido por una preposición; expresa el hecho de hacer alguna cosa.
(2) *relevant*: literalmente significa que tiene relación con, aplicable, pertinente; en este caso: útil.
(3) *information*: colectivo singular: informes.
(4) *far from being*: cf. 1
(5) *used to work*: forma que se traduce frecuentemente por el copretérito, expresa una repetición en el pasado.
(6) *have been piling up*: present perfect que se traduce por el presente del Español: una acción empezada en el pasado se expresa en el presente.

Leyes de Murphy

1. Nada es tan sencillo como parece.
2. Todo se lleva más tiempo de lo que uno piensa.
3. Cuando existe una posibilidad de que algo salga mal, así sucederá.

III. A.2. **In search of information**

A telephone conversation

— Hello Tom, this is David... I'm sorry to press you, Tom but you know I really need the memo I told you about before I can start anything here.

— You mean the one about the percentage [pərsɛntidʒ] of sales for the various channels and profit graphs per product?

— That's the one.

— Well, you see. I passed on your request to Scott in the accounting [əkautiŋ] department. He seemed to be a bit reluctant [rilʌktənt] about it. Said they were too busy at this time of year and that sort of thing. I'm beginning to suspect they haven't got the right data [deitə].

— Are you kidding? How can we know about the profitability of each product then? You're not implying we have no notion whether we make or lose money on a given item [aitəm], or whether we just break even, are you?

— It's probably not that bad. But I don't think they have the detailed information you want on the relative position of the various products.

— All the same, this is what I need here. Well, I think I'll get in touch with them personnally. Robert Scott's the one to talk to, isn't he?

— That's right. Meantime I'm going to supply [səplai] all I have concerning the results of our various outlets. The figures [figjərəs] for supermarket sales, etc. I guess that's what you need. You'll get them by tomorrow.

— That'll be very helpful, Tom. Thanks a lot. I'm going to get on to Robert Scott and see what he can contribute. I'll try to work out the details [diteils] myself...

— I hope you can manage. Please let me know if there's any other way I can help.

— Very kind of you. I'll certainly do that. Bye. Thanks.

III. A.2. En busca de información

Una conversación telefónica

— Hola, Tomás, habla David... Me da mucha pena apresurarte, pero, como sabes, verdaderamente necesito el memorándum de que te hablé. De otra forma, no podré empezar a hacer nada.

— ¿Te refieres a los porcentajes de ventas de los diferentes canales de productos y a las gráficas de utilidades por producto?

— Exactamente.

— Bueno, mira. Pasé tu solicitud a Scott, del departamento de Contabilidad. Se mostró un poco reticente a este respecto. Me dijo que estaban muy ocupados en esta época del año y otras cosas similares. Estoy empezando a sospechar que no tengan los datos correctos.

— ¿Es una broma? ¿Cómo podremos conocer así la rentabilidad de cada producto? No creo que quieras decir que no tengamos noción acerca de si estamos ganando o perdiendo dinero en un artículo determinado[1], o si tan sólo estamos alcanzando nuestro punto de equilibrio[2], ¿verdad?

— Probablemente las cosas no estén tan mal.[3] Pero no creo que tengan una información tan detallada como la que tú necesitas con relación a la posición relativa de los diversos productos.

— De todas formas, ésa es la información que necesito aquí. Pero bueno, pienso que me voy a poner personalmente en contacto con ellos. La persona a la que me tengo que dirigir[4] es Robert Scott, ¿verdad?

— En efecto. Mientras tanto, voy a proporcionarte[5] toda la información que tengo con relación a los resultados de nuestros diversos puntos de venta. Las cifras de ventas de los supermercados, etc. Me parece[6] que eso es lo que necesitas. Los tendrás para mañana.

— Me será muy útil, Tomás, muchas gracias. Me voy a poner en contacto con Robert Scott y voy a ver qué es lo que puede aportar. Voy a tratar de estudiar yo mismo los detalles.

— Espero que puedas lograrlo. Por favor, déjame saber si te puedo ayudar de alguna forma.

— Muy amable de tu parte. Así lo haré. Adiós y gracias.

---

(1) *item*: artículo, párrafo, renglón; *items on the agenda*: puntos del orden del día.
(2) *to break even*: recuperar gastos, llegar al punto de equilibrio. *Break even point (B.E.P.)*; punto de equilibrio.
(3) *that*: en este caso, adverbio demostrativo = tan, a tal punto, tanto.
(4) *Robert Scott's the one: Robert Scott is the one.*
(5) *supply (ies):* aprovisionamiento, suministro, abasto; *supply and demand* : la oferta y la demanda.
(6) *I guess*: pienso, creo, me parece.

III. A.3. **Memo**

... on the basis [b**ei**səs] of such documents.

Little information is available on customers' acceptance. No systematic assessment of progress or fall off in sales seems to have been undertaken so far on a permanent basis for individual products.

Significantly, we have no accurate [ækjərət] data on the results of the March/April advertising campaign, the only documents filed being letters from agents and dealers expressing satisfaction with the way it was conducted. But, again no quantified [kw**an**təfaid] survey of its consequences in terms of sales.

Accordingly, the only reliable [ril**ai**əbəl] documents are end-of-year results, from which it is easy to draw the following conclusions:

a) The electrical appliances [apl**ai**əns] department is doing very well, the X22 "switchet" heater being top of the list.

b) Household appliances and kitchen implements have been far from successful. And most of our lines no longer seem to be competitive. It would be advisable to narrow our range and concentrate on a few profitable lines, coffee grinders [gr**ai**nders] being one of them. A few models are definitely outmoded and highly overpriced, the worst example being our egg whipper, that some dealers now refuse to handle. I suggest it should be dropped immediately.

c) In the automotive field, small subcomponents seem to be doing better than such spare parts as headlights, bumpers, etc. This is probably due to the structure [strʌktsər] of our distribution network and paradoxically we seem to be more efficient when we work as subcontractors than when we distribute the products ourselves.

d) In the bicycle division, we have been doing surprisingly well, and the energy [ɛnərdʒi] crisis is likely to give us a big boost. Nevertheless, we get a lot of complaints about the gear-shift

III. A.3. **Memorándum**

... sobre la base de tales documentos

Se dispone de pocos informes respecto de la aceptación de los clientes. Hasta este momento, no parece haberse emprendido ninguna evaluación sistemática con relación al progreso o al descenso de las ventas partiendo de una base permanente y organizada en términos de productos individuales.

Un punto significativo es que no tenemos datos exactos acerca de los resultados de la campaña publicitaria de marzo/abril. Los únicos documentos que se han archivado consisten en cartas de los agentes y de los negociantes en las que se expresa su satisfacción por la forma en la que se condujo dicha campaña. Pero, sin embargo, no existe ninguna encuesta de tipo cuantitativo acerca de sus efectos en materia de ventas.

En consecuencia, los únicos documentos dignos de confianza son los resultados de fin de año, de cuyo estudio resulta sencillo derivar las siguientes conclusiones:

a) El departamento de Utensilios Eléctricos está funcionando muy bien, colocándose al principio de la lista el calentador "switchet X 22".

b) Los aparatos para el hogar y los utensilios de cocina distan mucho de tener éxito. La mayoría de nuestras líneas han dejado de ser competitivas. Sería recomendable restringir nuestra gama de productos y concentrarnos en unas cuantas líneas rentables. Una de ellas serían los molinos de café. Algunos modelos están definitivamente pasados de moda y su precio tiene un nivel muy exagerado. Entre éstos, el peor ejemplo sería el de nuestra batidora de huevos, la cual, algunos comerciantes se han rehusado a promover. Sugiero que sea eliminada de inmediato.

c) En el campo automotriz, los subcomponentes de tamaño pequeño parecen estar desempeñándose mejor que algunas refacciones tales como los faros, los parabrisas, etc. Esto se debe probablemente a la estructura de nuestra red de distribución y, paradójicamente, parece ser que somos más eficientes cuando trabajamos como subcontratistas que cuando distribuimos los productos por nuestro propio conducto.

d) En la división de bicicletas, nos hemos estado desempeñando en una forma sorprendentemente buena, y es probable que la crisis de energéticos nos conduzca a un nuevo auge. Sin embargo, recibimos muchas quejas con relación al mecanismo de las cajas de cambios, las cuales nos han sido suministradas durante años por J.J. Johnson Co. a precios favorables.

mechanism, which has been supplied for years by J.J. Johnson Co at favorable prices.

I would suggest however that we take up the matter with them, since customers complain about difficulties in changing gears and frequent [frikwɛnt] repairs on this gear shift.

Should the talks with them not result in an improvement [impruvmɛnt] of the system, a slight increase in cost would not constitute a problem since our margin is satisfactory here, and besides it could be passed on to the customers without impairing [imperiŋ] our position on the market. What is needed is a reliable machine, and people are willing to pay extra money to get it, since the present price is indeed very low.

I would suggest any one of the following steps:

1) subcontract with a different supplier,

2) manufacture the part ourselves,

3) rethink the system and see if R & D cannot come up with a more efficient new idea for this vexing problem of changing gears.

In any case I feel the market for bikes will develop at a tremendous pace in the years—not to say in the months —to come.

I would advise full priority [praiɔrəti] be given to the improvement of our present model, and the allocation of new facilities to its manufacturing as son as the results of the latest survey are in[1].

I enclose a detailed plan for a promotion campaign and a report on the "bike craze" in the United States. It is also bound to reach us very soon.

---

(1) Véase B.2.

III. A.3. **Memorándum** (continuación)

Por estas razones, yo sugeriría que tratáramos este asunto directamente con ellos, ya que los clientes se han estado quejando de diversas dificultades en los cambios de velocidades y de la necesidad de hacer reparaciones frecuentes a la caja de cambios.

Si las pláticas con ellos no dieran como resultado un mejoramiento del sistema, un ligero aumento de costos no sería problemático, ya que nuestro margen es satisfactorio y, además, dicho aumento podría repercutirse sobre los clientes sin dañar nuestra posición en el mercado. Lo que se necesita es una máquina confiable, y el público está dispuesto a pagar una cantidad adicional de dinero por ella, tanto más porque el precio actual es verdaderamente muy bajo.

Yo sugeriría cualquiera de los siguientes pasos:

1) Subcontratar otro proveedor.
2) Fabricar nosotros mismos las partes.
3) Revisar el sistema y ver si el departamento de Investigación y Desarrollo puede proporcionarnos una nueva idea más eficiente para el irritante problema de los cambios de velocidades.

En cualquier caso, considero que el mercado de las bicicletas se desarrollará a pasos agigantados en los años venideros, o tal vez en los próximos meses.

Aconsejaría que se diera una prioridad total al mejoramiento de nuestro modelo actual, y que tan pronto como estén disponibles los resultados de la última encuesta, se asignen nuevas instalaciones para su manufactura.

Acompaño aquí un plan detallado para el desarrollo de una campaña promocional y un reporte acerca de la "euforia por la bicicleta" en Estados Unidos,[1] la cual ha de invadirnos muy pronto también a nosotros.

(1) Véase B.2.

III. A.4. **Letters of complaint (claim letters)**

A

Dear Sirs:

The consignment [kənsainmənt] covering our order arrived yesterday.
We acknowledge [aeknalidʒ] receipt of the 100 "Lito" switchers and 12 "B22 Heaters".
But we were surprised to find that the shipment included 20 "Rippet" can openers. We had made it very clear that we wanted to discontinue our orders for this line, which no longer meets the quality standard expected by our customers.
We are therefore returning the goods to you by passenger train.
However in the event [ivent] a new model be launched we would be willing to place a trial [traiəl] order with you for the usual quantity (20).

Yours faithfully,

B

Dear Sirs:

This is to remind you of our latest order for 20 "Easy Rider" bicycles. The model is selling so well that our stock is running dangerously low, and we would be very grateful if delivery could take place on the 6th instead of the 12th of next month.
We would appreciate an early reply, since we do not want to give our customers inaccurate or misleading information.
At the present time, we are hardly in a position to accept new orders.
Incidentally, the only complaint we have had about this model concerns a faulty gear shift.
If that were mended, you could undoubtedly work up a still greater demand.
As you can see, we will be very happy to have the bicycles as early as possible.

Yours sincerely,

III. A.4. **Cartas de reclamaciones**

A

Muy Señores Nuestros:

El envío que cubre nuestra orden llegó el día de ayer.
Acusamos recibo de 100 interruptores tipo "Lito" y de 12 calentadores tipo "B22 Heaters".
Sin embargo, nos hemos sorprendido al descubrir que el embarque incluía también 20 abrelatas tipo "Rippet". Habíamos establecido en forma muy clara[1] que deseábamos descontinuar nuestras órdenes de esta línea, la cual ha dejado de satisfacer el nivel de calidad esperado por nuestros clientes.
Consecuentemente, les devolveremos estos artículos "a gran velocidad".
Sin embargo, en caso de que se lance un nuevo modelo, estaríamos dispuestos a colocar una orden de prueba por la cantidad acostumbrada (20).
Reciban ustedes nuestros saludos más afectuosos.

B

Muy señores nuestros:

Por este conducto les recordamos nuestro último pedido de 20 bicicletas del tipo "Easy Rider". Este modelo ha estado vendiéndose tan bien[2] que nuestro inventario está alcanzando niveles peligrosamente bajos, y les agradeceríamos mucho que la entrega pudiera efectuarse el día 6 en lugar del día 12 del mes próximo.
Apreciaríamos mucho que se nos proporcionara una respuesta rápida, puesto que no queremos dar a nuestros clientes información inexacta o engañosa.
En este momento, difícilmente estamos en una posición adecuada para aceptar nuevos pedidos.
De manera incidental, la única queja que hemos tenido con relación a este modelo se refiere a una caja de velocidades defectuosa.
Si ello se corrigiera[3], ustedes podrían sin duda alguna esperar una demanda aún mayor.
Como es evidente, estaremos muy contentos de recibir el pedido de bicicletas lo más pronto posible.
Reciban ustedes nuestros saludos más afectuosos.

(1) *We had made it very clear* : nótese la presencia de *it*, la cual anuncia lo que sigue a that...
(2) *This model is selling so well* : el verbo se construye con *well*. Recuérdese el término *"best-seller"* : (un artículo) que se vende con gran facilidad.
(3) *If that were mended* : el verbo *to be* está aquí en pretérito. Se trata de una hipótesis, no realizada hasta el momento presente.

III. A.5. **Vocabulary** (revisión)

A.1.

to assess	evaluar
to seek	buscar, investigar
data	datos, información
relevant	relevante, adecuado, pertinente
information	informes, información
faults	defectos, vicios
to withhold	retener, guardar para sí mismo
complaints	quejas, reclamaciones
lead	punto de partida
reluctantly	renuentemente
dissatisfaction	insatisfacción
fall off	descenso pronunciado, baja, caída
to reverse the trend	invertir la tendencia, revertir la evolución

A.2.

memo	memorándum, nota, reporte
channels	canales
profit	utilidad, beneficio
graph	diagrama, gráfica
request	solicitud, petición
accountancy	contabilidad
to imply	implicar, sobrentender
to break even	alcanzar el punto de equilibrio
break even point	punto de equilibrio
to supply	abastecer, suministrar, aprovisionar
outlets	distribuidores, puntos de venta, tiendas distribuidoras
figures	1) cifras, 2) figuras (en el sentido de silueta)
to get on to	pedir, solicitar, tomar contacto
to work out	estudiar, calcular

A.3.

available	disponible
accurate	preciso, exacto
advertising	publicidad
campaign	campaña
filed	archivado, clasificado
dealers	distribuidores, negociantes
quantified	cuantificado, expresado con cifras
survey	estudio, encuesta
reliable	serio, seguro, digno de confianza
appliances	aparatos
implements	instrumentos

competitive	competitivo
outmoded	pasado de moda, fuera de moda
overpriced	vendido a un precio muy alto, de precio inflado o excesivo
automotive	automóvil, automotriz
subcomponents	subcomponentes
boost	auge económico, ímpetu
repairs	reparaciones
improvement	mejoramiento, progreso
to impair	dañar, deteriorar
to subcontract	subcontratar
R & D: Research and Development	departamento de Investigación y Desarrollo
facilities	instalaciones
allocated	asignado, aplicado (dícese de los gastos y presupuestos)

A.4.

consignment	envío (de mercancías)
to acknowledge	reconocer, acusar recibo
to discontinue	descontinuar, interrumpir
line	línea (de productos)
event	caso, evento
inaccurate	impreciso, inexacto
misleading	engañoso, inexacto
to mend	reparar

III. B.1. **Tradúzcanse las oraciones...**

1. El consumo sigue aumentando.
2. Para estar en condiciones de hacer frente a nuestros compromisos, aún tenemos que aumentar el ritmo de la producción.
3. En la actualidad, los granjeros estadounidenses utilizan diez veces más el número de tractores que el que utilizaban antes de la guerra.
4. Dentro de los veinte años siguientes, se espera que la demanda de energía aumente casi dos tercios.
5. Las empresas más afectadas son aquellas que venden aparatos eléctricos y del hogar: su cifra de ventas ha disminuido en un 7 por ciento.
6. La ley de la oferta y de la demanda no explica tales fluctuaciones.
7. Esta escasez inesperada de materia prima está causando serias preocupaciones entre los productores.
8. La ubicación de nuestras fábricas nos permite comprar directamente nuestro pescado a los pescadores de la región.
9. El nuevo molino laminador será puesto en servicio a partir del 15 de mayo.
10. Con menos del 10 por ciento de su población activa ocupada en actividades agrícolas, lograron alimentar a 12 millones de personas.
11. Desde hace algún tiempo, la mayoría de los importadores de café han sufrido pérdidas de gran cuantía.
12. El gran aumento observado en los precios agrícolas tendrá que ser verificado antes del final del mes.
13. La producción de estructuras de acero ha estado aumentando uniformemente desde el descubrimiento de este nuevo proceso.
14. Tan pronto como hayan empezado a operar los nuevos hornos de gran capacidad, será posible procesar minerales de baja graduación.
15. Los mexicanos acaban de sacar (lanzar) un modelo que es dos veces más económico.
16. Nuestra razón de actividades (o de rotación) ha disminuido un 6 por ciento con relación a la del año pasado.
17. Las partes se producen en masa (o en serie) y se almacenan ahí mismo.
18. Cada una de las estaciones (o puestos) de trabajo de la línea de ensamble ha sido objeto de estudios muy cuidadosos.

III. B.1. ... y revise sus respuestas

1. Consumption keeps increasing.
2. We will have to step up production in order to meet our commitments.
3. American farmers today use ten times as many tractors as before the war.
4. The demand for energy is expected to increase by nearly two thirds within the next twenty years (the 20 years to come).
5. The worst hit firms are those selling electrical and domestic appliances: their sales figure has fallen (dropped, gone down...) by 7%.
6. The law of supply and demand does not account for such fluctuations.
7. This unexpected shortage of raw materials is causing serious concern among manufacturers.
8. The location of our factories makes it possible for us to buy our fish direct from local fishermen.
9. The new rolling-mill will start operating as early as May 15th.
10. With under 10% of their working population engaged in agriculture, they succeed in feeding (manage to feed) 12 million people.
11. For some time, most coffee importers have suffered (sustained) heavy losses.
12. The sudden (sharp, steep) rise in agricultural prices will have to be checked (stemmed) before the end of the month.
13. The output of the steel-works has been rising steadily since the discovery of this new process.
14. It will be possible to process low grade ores as soon as the new blast furnaces have started operating.
15. The Mexicans have just issued (launched) a model which is twice as cheap.
16. Our turnover is 6% down on last year('s).
17. The parts are mass-produced and stocked (stored) on the spot.
18. Each of the work-stations on the assembly-line has been subjected to careful studies.

III. B.2. **Bicycle boom still in high gear**

Bicycle riding is still showing a big upsurge [ʌ3p3rdʒ] across the nation—and new emphasis [ɛmfəsəs] on bikeways is expected to keep the trend going for some time to come. Close to 100 million Americans are now riding bikes, an increase of 20 million in two years.

This year, an estimated 15.4 million bicycles will be sold, a jump of 6.5 million since 1971. Sales will total 800 million dollars—including bike parts and accessories.

Bicycle enthusiasts [inθuziaests] gleefully point out that U.S. manufacturers are now making more bikes than automobiles. And bicycles-industry officials insist that only 5 per cent of their potential market has been reached.

Many predicted that the boom which began in the latter half of the 1960's would be over by now. But some recent developments have given new impetus [impətəs] to the pedal craze.

About 25 000 miles of bikeways are already in use, ranging from paths exclusively reserved for cyclists to routes marked for sharing with pedestrians and vehicles.

Just as the bike boom might have begun flattening out, the gasoline shortage hit, causing many Americans to renew their interest in cycling - both for getting to work and for pleasure.

Finally, many people are still turning to bikes for exercise [ɛksərsaiz], for reducing air pollution and for escaping the traffic crunch. Auto drivers long ago began to notice that cycling neighbors often beat them home from work because of traffic tie-ups.

One important factor in the increased popularity of bicycles, industry officials note, was the development of the 10 speed bike. This improvement made it easier to climb steep grades and helped create a large adult market.

III. B.2. El auge de la bicicleta aún está en velocidad máxima

La utilización de la bicicleta aún está mostrando un ascenso repentino a lo largo de toda la nación —y se espera que el nuevo énfasis que se ha puesto en las pistas de ciclismo mantenga esta tendencia durante un cierto tiempo—. Casi 100 millones de estadounidenses utilizan actualmente la bicicleta, lo cual significa un aumento de 20 millones en 2 años.

Se estima que este año se venderán 15.4 millones de bicicletas, y ello representa un aumento de 6.5 millones con relación a 1971. Las ventas alcanzarán un total de 800 millones de dólares —incluyendo partes y accesorios para bicicletas.

Los entusiastas del ciclismo señalan con alegría que los productores de los Estados Unidos están fabricando ahora más bicicletas que automóviles. Y los funcionarios de la industria bicicletera insisten en que solamente se ha alcanzado un 5 por ciento del mercado potencial.

Un gran número de individuos predijeron que el auge que empezó en la última mitad de la década de los sesentas terminaría por estos días. Pero algunos desarrollos recientes han conferido un nuevo impetu a la "euforia por el pedal".

Aproximadamente 25 000 millas[1] de pistas de ciclismo están ahora en servicio, las cuales incluyen desde rutas exclusivamente reservadas para los ciclistas hasta vías susceptibles de compartirse con los peatones y los vehículos.

Justamente en el momento en que el auge por la bicicleta hubiera podido empezar a estabilizarse, hizo acto de presencia la escasez de la gasolina, ocasionando con ello que muchos estadounidenses renovaran su interés en el ciclismo —tanto para ir al trabajo como para hacer deporte.

En definitiva, muchas personas están aún recurriendo a las bicicletas para hacer ejercicio, para reducir la contaminación atmosférica, y para evitar los congestionamientos de tráfico. Hace mucho tiempo los automovilistas empezaron a notar que aquellos de sus vecinos que utilizaban la bicicleta, frecuentemente regresaban del trabajo a sus casas antes que ellos mismos, principalmente debido a los embotellamientos del trafico.

Un factor importante en el aumento de la popularidad del ciclismo, afirman los funcionarios de esta industria, ha sido el desarrollo de la bicicleta de 10 velocidades. Este mejoramiento ha hecho más fácil el ascenso de las cuestas inclinadas y ha ayudado a crear un gran mercado entre los adultos.

---

(1) 1 milla = 1 609 m.

III. B.3. **The U.S. consumer**

There are times when the U.S. consumer seems doomed [dumǝd] to constant annoyance from the things he buys and the people who sell them to him.

The customer can complain, but very often his complaint will end up in a computer, which will analyze [ǝnaelǝsǝ], quantify and correlate it before shooting back a form reply that never quite touches on the original problem.

There are countless examples of what some observers interpret as an alarming erosion [irouzǝn] of quality —both in products themselves and in the management of people who make, distribute and service the products. In New York, garment retailers were complaining about a rash of missing buttons, faulty zippers and crooked seams. One store had returned 16 000 dresses in a three-month period.

A Houston professor ordered a carpet and received the wrong one, bought an assembled dresser, but received a disassembled one with missing pieces. Undaunted [ʌndɔntǝd], he returned to the same store to buy tires, only to receive three good ones and a fourth that was out of round.

In Atlanta, a home builder confessed that quality workmanship [wɜrkmansip] is no longer the rule. "Nobody gives a damn anymore about his job", he wailed. "I'm trying to build a quality house but it's driving me crazy. If we could take the materials [mǝtiriǝls] we have now and put them together with the labor force we had 30 years ago, we'd really have something".

III. B.3. **El consumidor estadounidense**

Existen momentos en los que el consumidor estadounidense parece estar condenado constantemente a verse contrariado por las cosas que compra y por las personas que se las venden.

El cliente tiene la posibilidad de quejarse, pero con gran frecuencia su queja terminará en un computador que la analizará, la convertirá en cifras, y la correlacionará antes de que se ejecute una respuesta automatizada que no trata casi nunca el problema original.

Existen innumerables ejemplos de aquello que ciertos observadores interpretan como una erosión alarmante de la calidad —tanto en los productos mismos como en la conducta de las personas que los fabrican, los distribuyen, y les dan servicio—. En Nueva York, las tiendas de ropa al menudeo se quejan de la existencia de una epidemia de escasez de botones, de cierres defectuosos y de costuras mal hechas. Una tienda devolvió 16 000 vestidos en un periodo de tres meses.

Un profesor de Houston ordenó un cierto tapete y recibió otro; compró una mesa de cocina armada de fábrica, y recibió una mesa desarmada a la que la faltaban piezas. Intrépidamente, regresó a la misma tienda para comprar un juego de llantas, y solamente recibió tres de ellas en buen estado, toda vez que la cuarta carecía de curvatura.

En Atlanta, un constructor de casas habitación nos confesaba que el trabajo cuidadoso había dejado de ser la norma. "A nadie le interesa ya su empleo", nos dijo después lamentándose. "Estoy tratando de construir casas de calidad y me estoy volviendo loco. Si pudiéramos utilizar los materiales de los que disponemos hoy en día y armarlos con la mano de obra que teníamos hace 30 años, verdaderamente haríamos cosas extraordinarias."

III. A.1. **A skeleton in the cupboard**

Elija la respuesta correcta (Solución en X bis).

1 - *According to the author of the passage*

a) There are too few computers to deal with the consumers complaints.
b) Computers are always useless because they shoot back a false reply.
c) Very often, the reply to a consumer's complaint is irrelevant.
d) Computers are useless because their programming is wrong.

2 - *Garment retailers were complaining*

a) About crooks.
b) About defects in the quality of the articles they were supplied with.
c) Because 40 zippers and 16 000 dresses had been returned.
d) Because they could not sell 16 000 dresses in a three-month period.

3 - *According to the author, the professor returned to the same store because*

a) he wanted 3 good tyres.
b) he was not discouraged.
c) he had received a disassembled dresser.
d) there were only three shops round the corner.

4 - *According to a home builder in Atlanta*

a) Quality workmanship is general today.
b) Qualified workmen are very hard to train.
c) Quality workmanship is rare today.
d) Workmen are not to be trusted.

5 - *According to some observers, the erosion of quality is especially obvious*

a) In New York, Atlanta and Houston.
b) Not in products themselves, but in the management of people who make, distribute and service the products.
c) In the products themselves, but also in management and services.
d) In a limited number of instances, which are nevertheless alarming.

III. B.4. **Prueba de comprensión sobre III. B.3.** (continuación)

6 - *A dresser is*

a) A three-piece suit.
b) The professional garb of a university professor.
c) A piece of furniture.
d) A clothes dryer.

7 - *According to a home builder*

a) The materials we have to-day cannot compare with those used 30 years ago.
b) To-day's materials are better, but to-day's labor force is not so good as that of 30 years ago.
c) Ordinary workers are better, but qualified labor is not so good as 30 years ago.
d) To-day's workers are sometimes better than those of 30 years ago but they don't care about their jobs.

8 - *This text is mainly*

a) A condemnation of computers, which are responsible for most of the mistakes in delivery.
b) A complaint about the low quality of service in big department stores.
c) A description of the plight of the honest trader.
d) Concerned with a diminution in the quality of goods and services.

9 - *A rash is*

a) A sad event.
b) The act of tearing something off.
c) A shortage.
d) A large number of instances or manifestations in the same period.

10 - *A professor*

a) Ordered a new carpet and received one which was already worn.
b) Ordered a carpet and did not receive the model he was expecting.
c) Ordered a carpet and received something else.
d) Received a carpet with a faulty design.

IV

Business file four

Meetings-Patents

Juntas-Patentes

A. Situations

B. Records

IV. A. SITUATIONS

Storyline

As a result [rizʌlt] of David Lavalle's memo, Arthur S. Briggs, Managing Director, decides to call a meeting to gather the bosses of thc departments concerned.

Most of the discussion is going to focus [foukəs] on how to boost bicycle sales and particularly [partikjələrli] on how to improve the current models. A new patent [paetən] is presented.

Resumen

Como resultado del memorándum de David Lavalle, Arthur S. Briggs, Director General, decide convocar a una junta para reunir a los jefes de los departamentos interesados.

La mayor parte de la discusión se centrará sobre la forma de desarrollar las ventas de bicicletas y, particularmente, sobre la forma de mejorar los modelos actuales. Se presentará una nueva patente.

IV. A.1. **Meeting at Global Tools**

Arthur S. Briggs	*Managing Director*
David A. Lavalle	*Marketing Manager*
Frank Ford	*Production Manager*
Samuel Taylor	*Chief accountant*
Robert Seymour	*Company Secretary*

A.S.B. ... Now I suggest we discuss David's proposals [prəpouzəls] concerning the Easy Rider model.

D.L. Now, please, if you allow me, I feel it can hardly be called a proposal. My idea was simply to answer the situation in terms of possible alternatives [ɔltɜrnativəs]. But...

F.F. I'm sorry to interrupt, but do we all agree on giving priority [praiɔrəti] to the production of this model?

A.S.B. This is actually what we are here to discuss today.

S.T. On the basis of sales figures, there certainly is a strong case for pushing this model. And in view of the present situation, the prospects seem to be quite good for the next five years at least.

F.F. Seem to be? That's the point. Can we launch into this, I mean disrupt production of other models, allocate new facilities, increase the workload and so on without a more scientific [s**ai**əntifik] assessment of the situation? That's a leap in the dark!

A.S.B. I take your point, F.F., I think we all agree we need more concrete data about consumer [kənsumər] trends, economic forecasts and so on before we give top priority to the marketing of this model.

R.S. ...and anyway such an option would have to be submitted to the Board of Directors.

A.S.B. ... of course. But the decision we have to make today is different: we are only here to determine what we are going to do about this faulty gear shift. Whether we decide to increase production or not, we have to do something about it. The question of an overall promotion campaign will have to be solved later, in the light of further developments, such as consumer reactions, etc.

IV. A.1. **La junta de Global Tools**

Arthur S. Briggs	*Director General*
David A. Lavalle	*Gerente de Mercadotecnia*
Frank Ford	*Gerente de Producción*
Samuel Taylor	*Gerente de Contabilidad*
Robert Seymour	*Secretario General*

A.S.B ... Sugiero que empecemos por discutir las propuestas de David con relación al modelo Easy Rider.
D.L. Si usted me permite, tengo la impresión de que difícilmente podría hablarse de una propuesta. Mi idea ha sido simplemente el dar una respuesta a la situación en términos de las alternativas posibles. Sin embargo ...
F.F. Siento mucho interrumpirle, pero ¿estamos todos de acuerdo en darle prioridad a la producción de este modelo?
A.S.B. Ésta es exactamente la razón por la cual nos hemos reunido aquí para discutir el día de hoy.
S.T. Tomando como base las cifras de ventas, ciertamente hay buenas razones[1] para impulsar este modelo. Y en vista de la situación actual, las perspectivas parecen ser bastante buenas por lo menos para los cinco próximos años.
F.F. ¿Parecen ser muy buenas? He ahí el punto que debemos discutir. ¿Podemos lanzar[2] este proyecto, quiero decir, interrumpir la producción de otros modelos, asignar nuevas instalaciones, incrementar la carga de trabajo y todo lo que ello implica sin tener una evaluación más científica de la situación? ¡Me parece una aventura hacia lo desconocido[3]!
A.S.B. Entiendo tu punto de vista, F.F.; creo que todos estamos de acuerdo en el hecho de que necesitamos datos más concretos acerca de las tendencias del consumidor, pronósticos económicos y demás aspectos similares para estar en condiciones de dar la prioridad más alta a la comercialización de este modelo.
R.S. ...y de todas formas, tal opción tendría que ser sometida al consejo de Administración.
A.S.B. ... naturalmente. Sin embargo, la decisión que tenemos que tomar el día de hoy es diferente: nos hemos reunido aquí tan sólo para determinar lo que vamos a hacer con relación al mecanismo defectuoso de cambios de velocidades. Indistintamente de que decidamos incrementar la producción o no, tenemos que hacer algo en lo que se refiere a este asunto. La cuestión tocante a una campaña promocional de tipo genérico tendrá que resolverse más tarde, a la luz de los nuevos desarrollos, tales como las reacciones de los consumidores, etc.

---

(1) *a strong case*: una buena razón *(to put a strong case for*: proporcionar argumentos sólidos a favor de).
(2) *to launch into*: lanzarse (a).
(3) *a leap in the dark*: literalmente: un salto en la obscuridad.

D.L. Yes, but it is my job to propose new policies and I think we should not wait too long before we decide whether to concentrate on this model. We now have the edge on our competitors. I'm not sure the situation will be the same after a sixmonth leadtime.

A.S.B. All right. This problem of priorities will have to be solved at Board Level. Robert, put it on the agenda [ədʒɛndə] for the next meeting. It's due to take place on the 6th if I remember right.

R.S. Right. I'll do that.

A.S.B. But today's problem is definitely this gear shift. Could you summarize [sʌmərąiz] the various possibilities we are faced with, David?

D.L. Yes. Either we have the present model improved, or we find another supplier, or else we manufacture it ourselves.

A.S.B. I don't think we've got any choice actually. This part is supplied by Dickinson & Co, and we have been dealing with them for over ten years to our mutual satisfaction. And we need them for a number of other items [**a**itəms] we have to subcontract.

F.F. You may be right, Sir. But I must say they haven't proved to be very cooperative on this. Last time I was talking to their works manager on the phone, he almost told me to go to hell. He said this part was only a sideline [s**ai**dlain] for them, and they were not willing to spend any amount of money to improve it. He implied [impl**ai**d] they only manufactured the part as a special favor [f**ei**vər] to us.

D.L. If that's how they feel about it, we might as well tell them we are no longer interested in this line... Now don't get excited Frank. There is no question of scrapping our other contracts with them. I'm pretty sure you can handle them smoothly [sm**uo**li]. They might even be relieved [ril**i**ved].

A.S.B. Well then I think we ought to have Research and Development in on this. We can't go much further without them...

IV. A.2. **La junta** (continuación)

D.L. Sí, mas mi trabajo es proponer nuevas políticas y mi opinión es que no deberíamos esperar demasiado tiempo para decidir si debemos concentrarnos en este modelo o no. Por el momento les llevamos ventaja a nuestros competidores. No estoy seguro de que la situación sea la misma de aquí a seis meses.

A.S.B. De acuerdo. Este problema de prioridades tendrá que ser resuelto al nivel del Consejo de Administración. Robert, póngalo en el orden del día de la próxima junta. Si bien recuerdo, deberá llevarse a cabo el día 6.

R.S. Muy bien. Así lo haré.

A.S.B. Pero el problema del momento es definitivamente el de la caja de velocidades. ¿Podria usted, David, hacernos un resumen acerca de las diversas posibilidades que se nos presentan?

D.L. Sí. O hacemos que mejore el modelo actual, o encontramos otro proveedor, o bien, lo manufacturamos nosotros mismos.

R.S. En realidad, no creo que tengamos alternativa. Esta parte es suministrada por Dickinson & Co. y hemos estado tratando con ellos durante más de 10 años, a nuestra mutua satisfacción. Además, los necesitamos para el abastecimiento de un cierto número de otros artículos que tenemos que subcontratar.

F.F. Tal vez tenga usted razón, Señor. Pero debo decir que no se han mostrado muy cooperativos a este respecto. La última vez que hablé por teléfono con el gerente de Fabricación casi me dijo que me fuera al diablo.[1] Me dijo que esta pieza era para ellos tan sólo una fabricación de compromiso, y que no estaban dispuestos a invertir la más mínima cantidad de dinero para mejorarla. Nos dio a entender que ellos fabricaban esta parte tan sólo como un favor muy especial para nosotros.

D.L. Si eso es lo que sienten en realidad, bien podríamos decirles que ya no estamos interesados en esta línea... Así que no te desesperes, Frank. No hay razon para dañar[2] nuestros demás contactos con ellos. Tengo la plena seguridad de que puedes manejar este asunto con delicadeza. Podría[3] suceder incluso que se sintieran mejor así.

A.S.B. Bien, entonces pienso que deberíamos poner a trabajar en esto al Departamento de Investigación y Desarrollo. No podremos ir muy lejos[4] sin ellos...

(1) *to go to hell:* irse al diablo.
(2) *to scrap*: echar a la basura, echar a perder (*scrap metal*: chatarra).
(3) *They might be ...*; podría ser que ellos estuvieran ...
(4) *much further*: literalmente, mucho más lejos.

IV. A.3. **A new patent**

The management meeting eventually resulted in R. & D.[1] *being requested to look for a technically sound solution. They did better than that, since they came out with a revolutionary* [revəlusəneri] *invention—an automatic* [ɔtəmaetik] *gear shift (or derailler)* [direilər]*—soon to be patented.*

Extract of patent specification: automatic gearshift for bicycle

Its working principle is as follows:

The transmission chain[1] moved by the crank gear[2] operates a rear sprocket[3] mounted on the axis[4] of the rear wheel. The torque applied to the rear sprocket is measured by a mechanical torque-meter [torkmitər][5]. Onto the rear axis a speed variator[6] is mounted, which is operated:

— either by the torque-meter[5]
— or by a direct lever[7].

When the torque-meter detects for instance, an increase in the torque value [vaelju:] C, it forces the speed variator to shift to a lower gear. Thus when the bicycle operator reaches a gradient [greidiənt], the gear changes to a lower ratio [reisou] (through faster pedalling resulting in adverse slackening of speed of bicycle), in such a way that the power transmitted to the rear sprocket reaches up to balanced position B (the technical manufacturing of the device [divais] can make the differences in power weaker than the corresponding changes of speed).

(1) Research and Development.

IV. A.3. **Una nueva patente**

La Junta Administrativa finalmente condujo a que se encargara al Departamento de Investigación y Desarrollo la búsqueda de una solución técnicamente adecuada. Pero sus ingenieros lograron algo mejor que eso, puesto que crearon un invento revolucionario —una caja de cambios automática— la cual deberá patentarse muy pronto.

Extracto de la especificación de la patente: caja de cambios automática para bicicleta.

Su principio funcional es el siguiente:

La cadena de la transmisión[1] es accionada por el engrane del cigüeñal (la pedalera)[2] y opera un diente de rueda de cadena posterior[3] montado sobre el eje[4] de la rueda trasera. La fuerza de torsión aplicada al diente de rueda de cadena posterior se cuantifica a través de un medidor de torsión rotativa[5]. Sobre el eje trasero se monta un dispositivo de variación de velocidad[6] el cual es operado:

— por el medidor de torsión rotativa[5],
— o por una palanca directa[7].

Cuando el medidor de torsión rotativa detecta, por ejemplo, un incremento en el valor de la fuerza de torsión C, impulsa al dispositivo de variación de velocidad para que haga un cambio hacia el engrane más chico. De esta forma, cuando el operador de la bicicleta tiene que subir una cuesta inclinada, el engranaje cambia hacia una rueda dentada más pequeña (a través de un pedaleo más rápido que da como resultado una disminución de la velocidad de la bicicleta), de tal forma que la potencia transmitida al diente de rueda de cadena posterior aumente hasta la posición de equilibrio B. (La manufactura técnica del sistema puede causar que las diferencias de potencia sean más débiles que los cambios de velocidad correspondientes.)

FIGURE 1
FIGURA 1

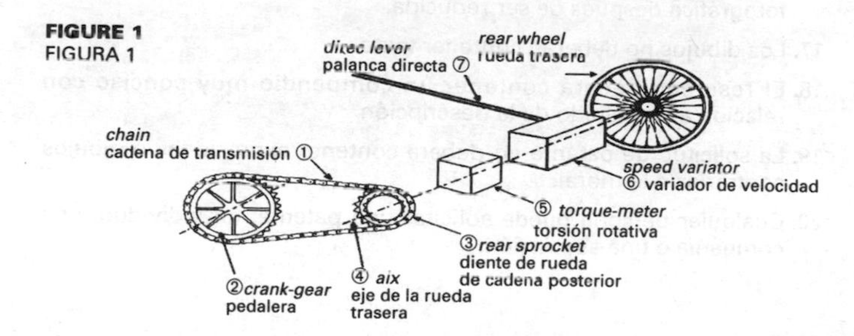

IV. B.1. **Tradúzcanse las oraciones...**

1. Las juntas pueden ocupar hasta el 60 por ciento del tiempo de los altos ejecutivos.
2. En las juntas, uno puede perder del 40 al 80 por ciento de su tiempo.
3. A veces, las personas asisten a las juntas porque no tienen otra cosa que hacer.
4. Los que deberían asistir están a menudo demasiado ocupados para hacerlo.
5. Algunas veces se discuten asuntos sin importancia mientras que las decisiones más importantes se toman en forma apresurada.
6. Con frecuencia, el tema principal del debate es cuidadosamente esquivado.
7. De hecho, el evitar la discusión del problema a la mano da la impresión de que el asunto ya está decidido.
8. El movimiento ha sido impulsado con un margen adecuado.
9. Él le había prometido a las dos partes que las mantendría.
10. En esta reunión, hubo algunos que no escucharon lo que se decía, y otros que no entendieron, aun cuando sí pudieron escuchar.
11. Se pondrán formas impresas a disposición de los solicitantes, libres de todo cargo.
12. La solicitud deberá contener el título del invento.
13. El cual debe mostrar en forma clara y concisa la designación técnica del inventor.
14. La descripción deberá especificar el campo técnico con el cual se relaciona el invento.
15. Los dibujos no deberán contener textos excepto cuando ello sea absolutamente indispensable.
16. La escala del dibujo deberá permitir una clara reproducción fotográfica después de ser reducida.
17. Los dibujos no deberán contener texto.
18. El resumen deberá contener un compendio muy conciso con relación al contenido de la descripción.
19. La solicitud de patente no deberá contener expresiones o dibujos contrarios a la moral.
20. Cualquier persona puede solicitar una patente: un individuo, una compañía o una asociación.

IV. B.1. **... y revise sus respuestas**

1. Meetings can occupy up to 60% of a top executive's time.
2. Forty to eighty per cent of one's time can be wasted in meetings.
3. Sometimes, people will attend a meeting because they have nothing else to do.
4. Those who ought to attend are often too busy to do it.
5. Unimportant subjects will sometimes be eargely discussed while major decisions will be taken hastily.
6. Often the main subject of the debate is carefully avoided.
7. In fact, to avoid discussing the matter at issue produces the impression that the thing is already decided.
8. The motion has been carried with a comfortable margin.
9. He had promised both parties to support them.
10. In this meeting, there were the ones who could not hear what was beeing said, and those who could not understand even if they could hear.
11. Printed forms shall be made available to applicants free of charge.
12. The request shall contain the title of the invention.
13. Which shall clearly and concisely state the technical designation of the inventor.
14. The description shall specify the technical field to which the invention relates.
15. The drawings shall not contain text-matter except when absolutely indispensable.
16. The scale of the drawing shall permit a clear photographic reproduction after reduction.
17. The drawings shall not contain text-matter.
18. The abstract shall contain a concise summary of what is contained in the description.
19. The patent application shall not contain expressions or drawings contrary to morality.
20. Anyone can apply for a patent: an individual, a company or an association.

IV. B.2. **How to avoid wasting time**

A committee is a group which keeps minutes and loses hours. (Milton Berle)

1. Never get people together if a series of phone calls to individuals would serve your purpose.
2. Never invite anyone who is not essential, but make sure you include all who are.
3. Insist on punctuality. If you are two minutes late for a twenty-man meeting you waste forty manminutes.
4. There will usually be some people who will only be needed to help settle certain specific matters. Arrange for them to stand by to be called in when required.
5. Keep the purpose of your meeting firmly in mind and make sure it is capable of achievement. Meeting may be held to inform, to discuss, to advise or decide but not—with the one notable exception of brainstorming sessions—to originate or create anything.
6. Draft an agenda that breaks all subjects down into their simplest constituents. A lengthy agenda, if well constructed, often means a short meeting.
7. Before sending out your agenda, read it all through from start to finish and examine all the points that can be misunderstood. In most meetings, most disagreements occur because people are not talking about the same thing. If the issues are crystal clear, the muddlers will have less chance of confusing them.
8. See that the agenda is circulated in sufficient time for people to read it before they come, but not so far ahead that they will have forgotten all about it by the time they arrive.
9. Set time limits for each section of the discussion. Make sure there is a clock everyone can see. Discussion, like work, expands to fill the time available.
10. When the action is agreed, always give one man the clear responsibility for carrying it out.

Eric Webster *How to win the business battle,* Penguin

IV. B.2. **Cómo evitar perder el tiempo**

Un comité es un grupo que conserva los minutos y pierde las horas.

1. Nunca reúna a la gente cuando una serie de llamadas telefónicas individuales sean suficientes para cumplir su objetivo.
2. Nunca invite a alguien que no sea esencial, pero asegúrese de incluir a todos aquellos que sí lo sean.
3. Insista en la puntualidad. Si se llega dos minutos tarde a una reunión de veinte personas, se desperdiciarán cuarenta "minutos-hombre".
4. En general, habrá personas que solamente serán necesarias para ayudar a resolver ciertos asuntos específicos. Haga los arreglos que considere pertinentes para que estén listas para ser llamadas cuando se les requiera.
5. Mantenga bien en mente el propósito de su junta y asegúrese de que esté en condiciones de realizarlo. Las juntas se pueden realizar con el propósito de informar, de discutir, de aconsejar, o de decidir, pero nunca para originar o crear algo, con la única y notable excepción de las sesiones hechas para dar o sugerir ideas.
6. Redacte un orden del día en el que se dividan todos los temas de acuerdo con sus elementos constitutivos más sencillos. Cuando un orden del día muy elaborado se construye correctamente, a menudo conduce a una junta de corta duración.
7. Antes de divulgar su orden del día, léalo bien de un extremo al otro y examine todos los puntos que puedan prestarse a malos entendidos. En la mayoría de las juntas, la mayor parte de los desacuerdos ocurren porque las personas no están hablando de la misma cosa. Si los temas a discutir son tan claros como la luz del día, los ineptos tendrán menos oportunidades de confundirlos.
8. Vigile que el orden del día circule con suficiente anticipación para que la gente lo lea antes de que asista a la reunión, pero no con tanta antelación que cuando lleguen a la junta hayan olvidado los temas a tratar.
9. Fije límites de tiempo para cada parte de la discusión. Asegúrese de que haya un reloj que todo mundo pueda ver. Las discusiones, al igual que el trabajo, se extienden tanto como se necesita para llenar el tiempo disponible.
10. Cuando se llega a un acuerdo acerca de una acción, dése siempre a una persona la total responsabilidad de llevarla a cabo.

IV. B.3. **Patents**

A. proficiency reading

A number of Latin-American countries, desiring to strenghthen co-operation between each other in respect of the protection of inventions and desiring also that such protection may be obtained by a single procedure for the grant of patents, and by the establishment of certain standard rules governing patents so granted, have agreed on the following provisions:

— a system of law, common to the contracting countries, is established for the grant of patents for invention.
— Patents so granted shall be called Latin-American patents.
—A Latin-American Organization is established, common to the contracting countries, and endowed with administrative and financial autonomy.

Patentability

Patentable inventions.

1. Latin-American patents shall be granted for any inventions which are susceptible of industrial application, which are new and which involve an inventive step.

2. The following in particular shall not be regarded as inventions within the meaning of paragraph I:

a) Discoveries as such, scientific theories and mathematical methods.

b) Purely aesthetic creations.

c) Schemas, rules and methods for performing purely mental acts, for playing games or doing business, and programs for computers.

d) Methods for treatment of human or animal body by surgery or therapy, and diagnostic methods practised on the human or animal body.

e) Mere presentation of information.

IV. B.3. **Patentes**

Lectura de comprensión

Un cierto número de países latinoamericanos desean reforzar entre ellos la cooperación en el campo de la protección de los inventos. Desean también que tal protección pueda ser obtenida mediante un solo procedimiento de concesión de patentes y mediante el establecimiento de ciertas reglas uniformes que regularán las patentes concedidas por este conducto. Para tal propósito, han convenido en las siguientes disposiciones:

— el establecimiento de un derecho común en materia de concesión de patentes de invención y aplicable a los países contratantes.

— el convenio de que las patentes que se concedan por este conducto se denominarán patentes latinoamericanas.

— la fundación de una organización latinoamericana de patentes, común a todos los países contratantes, y dotada de autonomía administrativa y financiera.

Patentabilidad

Inventos patentables

1. Se concederán patentes latinoamericanas para cualesquiera inventos que sean susceptibles de aplicación industrial, que sean innovativos y que impliquen una actividad inventiva.

2. No se considerarán como inventos en términos del párrafo I, principalmente:

a) Los descubrimientos como tales, así como las teorías científicas y los métodos matemáticos.

b) Las creaciones puramente estéticas.

c) Los planes, las reglas y los métodos para ejecutar actos puramente mentales, para participar en juegos o para hacer negocios, y los programas para computadoras.

d) Los métodos de tratamiento quirúrgico o terapéutico para el cuerpo humano o animal, y los métodos de diagnóstico aplicados al cuerpo humano o animal.

e) Las meras presentaciones de información.

IV. B.4. **Exceptions to patentability**

Latin-American patents shall not be granted in respect of:

a) Inventions the publication or exploitation of which would be contrary to morality, provided that the exploitation shall not be deemed to be so contrary merely because it is prohibited by law or regulation in some or all of the contracting countries.

b) Plant or animal varieties or essentially biological processes for the production of plants or animals. This provision does not apply to microbiological processes or the products thereof.

Novelty

1. An invention shall be considered to be new if it does not form part of the state of the art.

2. The state of the art shall be held to comprise everything made available to the public by means of a written or oral description, by use, or in any other way, before the date of filing of the Latin-American patent application.

Inventive step

An invention shall be considered as involving an inventive step if, having regard to the state of this art, it is not obvious to a person skilled in the art.

Industrial Application

An invention shall be considered as susceptible of industrial application if it can be made or used in any kind of industry, including agriculture.

Entitlement to File a Latin-American Patent Application

A Latin-American patent application may be filed by any natural or legal person, or anybody equivalent to a legal person by virtue of the law governing it.

IV. B.4. **Excepciones a la patentabilidad**

No se concederán patentes latinoamericanas para:

a) Aquellas invenciones cuya publicación o explotación sea contraria a la moral, con la salvedad de que la puesta en práctica de un invento no podrá considerarse como tal por el solo hecho de que esté prohibida en todos los países contratantes o en uno o varios de ellos, ya sea por una disposición legal o reglamentaria.

b) Las variedades vegetales o las razas animales así como los procesos esencialmente biológicos para la obtención de vegetales o de animales. Esta disposición no se aplicará a los procesos microbiológicos o a sus productos derivados.

Novedades

1. Un invento se considerará como nuevo cuando no forme parte del estado de la técnica.

2. El estado de la técnica estará representado por todo aquello que haya sido puesto a disposición del público a través de una descripción oral o escrita, a través de un uso, o a través de cualquier otro medio, antes de la fecha de presentación de la solicitud de obtención de patente latinoamericana.

Actividad inventiva

Se considerará que un invento implica una actividad inventiva cuando, teniendo relación con el estado de tal o cual técnica, no resulte obvio para una persona capacitada en ese campo.

Aplicación industrial

Se considerará que un invento es susceptible de aplicación industrial cuando pueda ser fabricado o utilizado en cualquier tipo de industria, incluyendo la agricultura.

Autorización para presentar una solicitud de patente latinoamericana

Toda persona física o moral, o cualquier individuo quo haga las veces de una persona moral en virtud de la ley de la materia, estará facultada para solicitar una patente latinoamericana.

IV. B.4. **Vocabulary** (revisión)

A.1.

hardly	apenas, difícilmente
to be agreed	estar de acuerdo
actually	en realidad, en verdad
prospects	prospectos, perspectivas
to disrupt	desorganizar, interrumpir
assessment	evaluación
to agree	estar de acuerdo
data	datos
trends	tendencias
forecasts	pronósticos, previsiones
and so forth	y así sucesivamente
whether	si (si... o no)
overall	global, general
to solve	resolver

A.2.

policy(ies)	política(s)
to have the edge or	tener ventaja sobre
competitor	competidor, concurrente
agenda	orden del día
to be due	deber, estar previsto para
to summarize	resumir, compendiar
to be faced with	estar confrontado con
to improve	mejorar
supplier	proveedor
to deal with	tratar con, tratarse de
item	artículo; rúbrica; renglón
to subcontract	subcontratar
sideline	al lado, complementario, por compromiso
to imply	dar a entender, implicar
line	artículo; línea (de productos)
to handle	manejar, maniobrar
smoothly	con delicadeza, suavemente
to relieve	calmar, tranquilizar

A.3.

eventually	a fin de cuentas, finalmente
gear shift	cambio de velocidades
either…or	o...o
gradient	pendiente, cuesta inclinada
sprocket	diente de rueda de cadena, piñón
device	dispositivo, procedimiento, sistema
balance	equilibrio
abstract	resumen, compendio

IV. B.5. **Vocabulary** *Patents - Patentes*

advantageous effects	efectos ventajosos
assignment	cesión
applicant	solicitante
apparatus	dispositivo
arbitration court	tribunal de arbitraje
appeal	recurso, apelación
board of appeal	junta de apelación
catchword	palabra clave, contraseña
citation	cita, emplazamiento
claim	reclamación
conservation of evidence	conservación de la prueba
date of filing	fecha de presentación, fecha de depósito
disclosure	divulgación, revelación
dispute	disputa, discusión
deletion	supresión, eliminación
deficiency	deficiencia, irregularidad
earlier application	solicitud inicial
entries	inscripciones, registros
to fall due	llegar al vencimiento
grant	concesión
hearing	audiencia
to incur	incurrir, dar lugar (a)
irregularity	irregularidad, deficiencia, vicio
infringement	infracción, violación
identification (of the inventor)	identificación (del inventor)
provisions	disposiciones, cláusulas
patent application	solicitud de patente
period	periodo, término, fin
priority right	derecho de prioridad
request for grant	solicitud de concesión
renewal fees	derechos por renovación
revocation proceedings	actas de revocación, de anulación
rights of earlier date	derechos anteriores
representative	representante
registration	inscripción, registro
successor	sucesor, heredero
state of the art	estado de la técnica
search division	división de Investigación
summons (to oral procedure)	citación, requerimiento (a un procedimiento oral)
technical features	características técnicas
time limit (extension of—)	límite de tiempo (extensión de)
to take out a patent	obtener una patente
waiving	renuncia (a un derecho)

V

Business file five

Labor and employment

Mano de obra empleo

V. A.

Storyline

For technical reasons (the redesigning of one of the assembly lines), a number of workers will have to be retrained [ritreind]. But some unskilled operators are not eligible [ɛlidʒəbəl] for the training program and will be dismissed.
Despite the granting of dismissal payment this step is very unpopular with the labor force in general, and the firm is about to face labor troubles.

Resumen

Por razones de carácter técnico (el rediseño de una de las líneas de montaje), un cierto número de trabajadores tendrá que ser nuevamente capacitado. Sin embargo, algunos operadores no calificados no serán llamados al plan de entrenamiento y serán despedidos de su empleo.
A pesar del otorgamiento de un pago de indemnización por despido laboral, esta medida es muy impopular entre los trabajadores en general, y la empresa está a punto de afrontar problemas de tipo laboral.

V. A.1. **A dispute in sight**

— Hello Bart, this is Ray speaking. I'm afraid we're in for trouble. Bill Evans, the shop steward [sapstuard], has just been here. Seems we have a dispute [disp**ju**t] on our hands... Overtime ban!
— You mean to say the workers won't go along with the proposed schedule [iskɛdzul]?
— Seems they (are all set against) have made up their minds against it. Their main complaint seems to be the forthcoming (announced) dismissals. They claim there's enough work for everybody and they won't do overtime [**ou**vərtaim], if it means somebody's going to lose his job.
— Can you join me in my office right away?
— I'd rather ask you to come over here—I'm expecting a visit from Bill Biggs, the foreman. He will report on the situation.
— All right. I'm on my way up.
— Have you told Jerry and David about the ban?
— Not yet. I'm getting on to them immediately.

V. A.2. **A discussion**

William McRobertson, the Personnel Manager, is discussing with Bart Johnson and Bill Evans, the shop stewards, about the overtime ban.

W.M.R. ... Now Johnson, you know the situation as well as I do. Either we meet the deadline [dɛdlain] or we will have to pay a heavy penalty, and probably lose an important customer into the bargain.
B.J. ... You can't blame Management's errors on the workers. We never signed [sainəd] the contract.
W.M.R. Now what about the stoppages [st**ou**pidʒ] of work we've had in the last few weeks, and the negotiations [nigouʃi**ei**ʃən] about the tea-break? You can't deny that's what caused the delay in production.
B.E. In any case, there's no getting away from the present situation: either the men get more for overtime, or they won't do any.

V. A.1. **Un conflicto a la vista**

— Hola Bart, habla Ray. Me temo que estamos a punto de tener problemas. Bill Evans, el delegado sindical del taller acaba de estar aquí. Parece ser que tenemos un conflicto a la vista... ¡Prohibición de horas extras!
— ¿Significa esto que los trabajadores no van a cumplir el horario propuesto?
— Parece ser (todos se han unido en contra) que se han decidido contra ello. La principal queja parece estar dada por los próximos despidos laborales (anunciados). Alegan que hay suficiente trabajo para todo mundo y se rehúsan a trabajar horas extras, si ello significa que alguien vaya a perder su trabajo.
— ¿Puede usted venir a mi oficina en este momento?
— Preferiría pedirle que fuera usted quien viniera a la mía. Estoy esperando una visita de Bill Biggs, el capataz. Va a presentar su reporte acerca de la situación.
— De acuerdo. Voy para allá.
— ¿Has hablado con Jerry y con David acerca de la prohibición de horas extras?
— Todavía no. Voy a ponerme en contacto con ellos inmediatamente.

V. A.2. **Una discusión**

William McRobertson, el Gerente de Personal, está discutiendo con Bart Johnson y con Bill Evans, los responsables (sindicales) de los talleres, acerca de la prohibición para trabajar horas extras.

W.M.R. ... Veamos Johnson, usted conoce la situación tan bien como la conozco yo. O cumplimos con la fecha del fin del plazo o tendremos que pagar una fuerte multa, y además es probable que perdamos un cliente importante.

B.J. ... No es posible imputar a los trabajadores los errores de la Administración. Nosotros nunca firmamos el contrato.

W.M.R. Por otra parte, ¿qué hay acerca de los paros laborales que hemos tenido en las últimas semanas y de las negociaciones acerca de los descansos? No puede negarse que eso haya sido lo que causó la demora en producción.

B.E. En cualquier caso, no hay forma de escapar de la situación actual: o se les da a los trabajadores un aumento por las horas extras, o no harán nada.

V. A.2. **Discussion** (continued)

W.M.R. It's my duty to warn you. If Barnay & Nicholas stop ordering from us, it might mean financial [fənaenʃəl] trouble for the company... and dismissals.

B.J. Is that a threat?

B.E. I call it blackmail. But I don't think it's going to frighten [fr**ai**tən] anybody.

W.M.R. I'm just being realistic [riəl**i**stik]. I wish you people could do the same.

B.J. It's my duty to warn you too: this could develop into something big...

W.M.R. Meaning?

B.J. Other plants are keeping a close watch. This hère is not the only place where workers have strong feelings about overtime. The whole thing may spread.

W.M.R. It seems high time I spoke to the workers. Somebody's got to give them the management's side of the story...

B.E. They're not going to change their minds about it. If you don't come up with precise proposals pretty soon you're going to wind [waind] up with a strike on your hands.

B.J. The general view seems to be: we don't want to strike on this if we can avoid it. But we'll certainly walk out if we have to.

B.E. ... and go to arbitration.

W.M.R. I'll speak to the men tomorrow, and I'm pretty sure their views are more moderate than yours.

B.J. Do you mean to say we don't represent the feeling on the shopfloor?

B.E. As elected representatives [riprizɛntətiv], we...

W.M.R. All I mean is I want to have a chance to talk to the people in this plant, before you put them on strike. After all I am the Personnel Manager. And now I must get in touch [tʌts] with the Board of Directors.

B.E. Does that mean you are prepared to negotiate?

W.M.R. I simply want the situation to be clear for everybody in case we actually start discussions...

V. A.2. **Una discusión** (continuación)

W.M.R. Es mi deber advertirle. Si Barnay y Nicholas dejan de hacernos pedidos, ello podría causarle problemas financieros a la empresa... así como indemnizaciones por despido laboral.

B.J. ¿Es una amenaza?

B. E. Yo le llamaría chantaje. Pero no creo que vaya a asustar a nadie.

W.M.R. Solamente soy realista. Quisiera que ustedes pudieran serlo también.

B. J. Asimismo, es mi deber advertirle que esto podría salir mal[1].

W.M.R. ¿Qué significa eso?

B.J. Otras fábricas están vigilando este asunto muy de cerca. No es aquí el único lugar en el que los trabajadores son muy sensibles a la cuestión de las horas extras. Todo este asunto puede propagarse.

W.M.R. Tengo la impresión de que verdaderamente es hora de que hable con los trabajadores. Es necesario que alguien les proporcione la versión administrativa del problema...

B.E. No van a cambiar de idea. Si usted no se presenta rápido con proposiciones precisas, muy pronto tendrá una huelga en sus manos.

B.J. A este respecto, la postura general parece ser: No queremos la huelga si podemos evitarla. Sin embargo, suspenderemos las labores si ello es necesario.

B.E. ... y recurriremos al arbitraje.

W.M.R. Hablaré con los trabajadores mañana. Estoy casi seguro de que sus puntos de vista son más moderados que los de ustedes.

B.J. ¿Quiere usted decir que no representamos los sentimientos de la mayoría?

B.E. Como representantes electos, nosotros...

W.M.R. Todo lo que quiero es tener la oportunidad de hablar con las personas de esta fábrica, antes de que usted las ponga en huelga. Después de todo, soy el gerente de personal. Y ahora debo ponerme en contacto con el Consejo de Administración.

B. E. ¿Significa ello que ya están ustedes listos para negociar?

W.M.R. En caso de que verdaderamente empecemos a discutir, simplemente quiero que, la situación quede clara para todo mundo.

---

(1) literalmente: convertirse en algo importante.

V. A.3. **Deadlock**

In a statement released [rilisəd] yesterday, a management spokesman put the blame for the present deadlock on irresponsible [irispansəbəl] behavior [biheivjə] by some Union members.

"Contacts are being maintained, he said.

But the threat of a stoppage of work will do nothing to improve prospects. A meeting between Unions officials [əfiʃəls] and the management is due to take place tomorrow, and we are hopeful that a satisfactory compromise [kampremaiz] will be arrived at."

Addressing a meeting of all the factory workers the shop steward said:

"We don't want to go on strike at this stage. We simply want management to recognize our rights and give us a fair hearing, but if it's forced on us, we'll certainly accept the fight, and this might grow into (result in) one of the worst labor disputes in the history of the firm.

We are going to stand our ground; and we shan't be satisfied with vague promises. We want a formal agreement whereby [hwerbai] no dismissal will take place in connection with the reorganization of the workshops (with automation). The management will have to commit themselves on that, if they want the talks to resume."

V. A.3. **Un callejón sin salida**

En una declaración publicada el día de ayer, un vocero de la Administración atribuyó la existencia del actual callejón sin salida a la actitud irresponsable de ciertos miembros del sindicato.

"Los contactos se están manteniendo", añadió el vocero.

"Pero la amenaza de un paro laboral no hará nada por mejorar las perspectivas. Mañana deberá tener lugar una reunión entre los responsables del sindicato y la Administración, y tenemos la esperanza de que lleguemos a un arreglo satisfactorio."

El delegado del sindicato, dirigiéndose al conjunto de los trabajadores reunidos, declaró lo siguiente:

"No queremos ponernos en huelga en este momento. Simplemente queremos que la Administración reconozca nuestros derechos y nos conceda una audiencia justa; pero si se nos obliga, ciertamente aceptaremos la contienda, y ello podría transformarse en uno de los conflictos laborales más violentos habidos a lo largo de la historia de esta empresa. Vamos a sostener nuestras bases; y no vamos a quedarnos satisfechos con promesas vagas.

Queremos lograr un acuerdo formal en el que se convenga que no habrá indemnizaciones laborales en conexión con la reorganización de los talleres (con la automatización). La Administración tendrá que comprometerse a ello, si quiere que se vuelvan a entablar las pláticas."

V. A.4. **Statements**

A new meeting has ended in deadlock, and the workers have actually gone on strike... New statements are issued to the Press.

1. *Spokesman for the Management*

... It has been made very clear that resumption [rizʌmpʃən] of work is a prerequisite [prirɛkwəzət] to the reopening of the talks.

Although all attempts at serious discussion have failed so far, the management is ready to start negotiating the very moment work resumes.

It is in the interests of both parties to break the present deadlock and work out a realistic compromise. We only hope union representatives will now prove more responsible than at the beginning of the dispute.

If no solution is reached in a matter of days the plant may have to be closed for as long as it proves to be necessary.

2. *Spokesman for the workers*

... Right from the start, the management has refused to negotiate.

First they've tried to bypass our elected representatives, now they want to divide us: they hope to frighten some of us into resuming work. But we've stayed united, and we'll remain united until our demands are met. A tremendous [trimɛndəs] amount of support is building up for us. And the management would be well advised to come to terms now, before the strike spreads to other areas and to the industry as a whole.

V. A.4. **Declaraciones**

Una nueva reunión ha conducido a un callejón sin salida, y los trabajadores se han puesto efectivamente en huelga... Se comunican nuevas declaraciones a la prensa.

1. *El Vocero de la Administración*

... Se ha establecido con toda claridad que el retorno al trabajo es un prerrequisito para la reapertura de las pláticas.

Aunque todos los intentos por lograr una discusión seria han fracasado hasta ahora, la Administración está dispuesta a empezar a negociar en el mismo momento en que se vuelva a las labores.

Es por el interés de ambas partes el tratar de dar una solución al presente conflicto y establecer un compromiso realista. Tan sólo esperamos que los representantes del sindicato se muestren ahora más responsables que al principio de la disputa.

Si no se llega a una solución en cuestión de días, es posible que la planta tenga que ser cerrada durante todo el tiempo que sea necesario.

2. *El Vocero de los trabajadores*

... Desde el principio, la Administración se ha estado negando a negociar.

En primer término, ha tratado de pasar por alto a nuestros representantes electos, y ahora quiere dividirnos: espera lograr que algunos de nosotros volvamos al trabajo por medio de la intimidación. Pero hemos permanecido unidos, y permaneceremos unidos hasta que se satisfagan nuestras exigencias. Está surgiendo un apoyo formidable alrededor de nosotros. Y la Administración haría bien en llegar a un acuerdo en este momento, antes de que la huelga se propague a otros sectores y a la industria en su totalidad.

V. B.1. **Tradúzcanse de las oraciones...**

1. Todavía no he visto nada interesante en los anuncios.
2. Empresa industrial líder en su ramo busca Ejecutivo de Producto.
3. Para ser elegidos, los candidatos deberán tener entre 35 y 40 años de edad y de preferencia tener un grado universitario.
4. El salario inicial dependerá de la edad, la capacidad y la experiencia anterior.
5. El aumento en el número de desempleados está empezando a volverse preocupante.
6. No tenemos vacantes en este momento, pero de todos modos puede usted presentar su solicitud.
7. ¿Cómo es posible que se hayan quedado sin trabajo de la noche a la mañana?
8. Teníamos la costumbre de pagar un sueldo a los candidatos sujetos a entrenamiento. Hoy en día, ya no es posible contratar uno solo de ellos, aún sin paga salarial.
9. ¿Desde hace cuánto tiempo están (ellos) en huelga?
10. No entiendo por qué quiere (él) renunciar; yo creía que (él) ganaba un buen salario.
11. Me gustaría solicitar el puesto de capataz, el cual está actualmente vacante en su empresa.
12. Este sistema de primas motivacionales solamente ha estado en vigor desde enero.
13. Él todavía no le ha dicho a su esposa que fue despedido.
14. Los delegados del taller no son responsables por los paros laborales.
15. Es la segunda vez que se rehúsan a conceder un aumento de salario.
16. Se ha anunciado ya el reinicio de las pláticas.

V. B.1. . . . y revise sus respuestas

1. I haven't seen anything interesting yet in the ads.
2. Leading (large major) industrial firm seeks Product Executive.
3. Successful candidates (applicants) should be in their late thirties preferably have a university degree (preferably university graduates).
4. Starting (initial, commencing) salary commensurate with (depending on, in relation to) age, qualifications and previous experience.
5. The increase in unemployment figures (the rise in the jobless rate, in the number of unemployed) is beginning to be worrisome.
6. We have no vacancies (vacancy) at the moment, but you may still apply.
7. How is it (How come) they found themselves without jobs (jobless, workless, unemployed) overnight?
8. We used to pay the trainees. Today, it's not even possible to take on a single one, even without paying him.
9. How long have they been on strike?
10. I can't see why he wants to resign: I thought he was drawing good wages (earning a good salary).
11. I wish to apply for the position of foreman which is now vacant in your firm.
12. This incentive bonus plan has only been applied (in force) since January.
13. He has not yet told his wife that he had been dismissed (laid off, fired, sacked).
14. The shop-stewards are not responsible for the stoppages of work.
15. It's the second time they have refused to grant a wage increase.
16. The resumption of (the) talks (negotiations) has been announced.

V. B.1. **Tradúzcanse las oraciones...**

17. El comité ha fracasado en su intento de conciliación.
18. ¿Desde hace cuánto tiempo ha estado (él) incapacitado por enfermedad?
19. De acuerdo con el vocero de la Administración, el conflicto dista mucho de ser resuelto.
20. El origen del conflicto es el rechazo que han hecho los sindicatos con relación a las horas extras.
21. Los trabajadores de la industria ferroviaria han decidido organizar una huelga por negarse a trabajar horas extras.
22. El seguro contra accidentes de trabajo es hoy en día obligatorio.
23. ¿Tiene (él) derecho a un pago por despido laboral?
24. En un comunicado difundido el día de ayer, la Administración anunció que las pláticas habían caído en un callejón sin salida.
25. Este proyecto merece llevar el nombre de programa de bienestar social: trata a fondo los problemas de la edad avanzada, de las enfermedades y de la orientación vocacional.
26. Lo que realmente necesitamos no son ejecutivos, sino trabajadores calificados.
27. Desde hace algún tiempo, la empresa ha estado operando su propio fondo de retiro.
28. Un retiro laboral obligatorio a los cincuenta y cinco años daría lugar a numerosos problemas económicos y sociales.
29. La mayor parte de los patrones quieren que sus trabajadores se retiren a la edad de los 65 años.
30. Va a ser necesario aumentar las cotizaciones (o cuotas) sindicales.

V. B.1. . . . y revise sus respuestas

17. The committee have failed in their attempt at conciliation (mediation).
18. How long has he been on sick leave?
19. According to the management spokesman, the dispute is far from being settled.
20. The origin of the conflict is (the conflict stems from, has arisen from) the overtime ban by the unions.
21. The Railway workers have staged (decided to organize) a work to rule.
22. Insurance against industrial injuries is now compulsory. (Workmen's compensation is...).
23. Is he entitled to (eligible for) dismissal payment (severance pay, redundancy payment)?
24. In a statement issued (released) yesterday, the management announced that the talks were deadlocked.
25. The project deserves to be called a welfare program: it deals in depth with the problems of old age, sickness and vocational training.
26. What we actually need is not executives, but skilled workers.
27. For some time, the firm has been operating its own pension fund (superannuation fund).
28. Compulsory (enforced) retirement at fifty-five would raise numerous economic and social problems.
29. Most employers wont their workers to retire at 65.
30. Union fees (Union dues) will have to be raised.

V. B.2. **The rise of the unions**

A trade union is an association of wage-earners whose purpose is to improve the conditions of their working lives. As long as terms of employment were settled between an employer and an individual workman, the latter's position was weak, especially in times of unemployment. The employer could dictate his own terms, whereas if workmen combined together and all agreed to stick by the same demands, then their negotiating (or bargaining) power would be greatly increased.

Certain acts, passed around 1871 and 1875 established the legality of trade unions beyond dispute, along with the right to conduct strikes. Now the unions have come a long way since the days when they had to work underground. Their legal standing and their rights are well established; they are as lawful and as respectable as banks. Their power and influence have never been greater. They have spread far beyond the ranks of the skilled craftsmen, where their early activity was centred. From 1890, unions of unskilled workmen began to appear. Then they spread to the non-manual workers: teachers, local government workers, public officials.

At present a large number of people, i.e. an important percentage of the working population, belong to a union. Governments consult them carefully, employers treat them with respect. They wield a powerful influence on certain political parties. Their leaders are better known and more often in the public eye than most politicians and play a prominent part in public life...

In the U.S.A. the biggest labor organization is called the A.F.L.-C.I.O. It gathers the members of the former American Federation of Labor (1886) and of the Congress of Industrial Organizations (1938).

The Teamsters and railway labor unions, are the most important of the organized labor groups outside the A.F.L.-C.I.O.

V. B.2. **El nacimiento de los sindicatos**

Un sindicato es una asociación de personas asalariadas. Tiene como propósito el mejoramiento de las condiciones de trabajo de sus agremiados. En otro tiempo, cuando las condiciones de trabajo se regulaban entre un patrón y un trabajador en forma aislada, la posición de este último era débil, especialmente durante los periodos de desempleo. El patrón podía dictar sus propias condiciones, mientras que si los trabajadores se asociaban y se ponían de acuerdo para regirse mediante las mismas exigencias, su poder de negociación se veía notablemente aumentado.

Una serie de leyes, promulgadas en 1871 y en 1875, establecieron sin lugar a discusión la legalidad de los sindicatos laborales, paralelamente al derecho a la huelga. Hoy en día, los sindicatos han progresado mucho, en comparación de los días en que debían trabajar clandestinamente. Su estatus jurídico y sus derechos están firmemente establecidos: son tan lícitos y tan respetables como los bancos. Su poder y su influencia nunca han sido más grandes. Se han extendido mucho más allá de los rangos de obreros calificados, área en la que se concentraron sus primeras actividades. A partir de 1890, empezaron a aparecer los sindicatos de trabajadores no calificados. Posteriormente se extendieron a los trabajadores que no desempeñaban tareas de tipo manual, tales como: profesores, empleados del gobierno local, funcionarios, etc.

En la actualidad, un elevado número de personas, es decir, un importante porcentaje de la población económicamente activa, pertenece a un sindicato. Los gobiernos los consultan en una forma muy cuidadosa, los patrones los tratan con respeto. Ejercen una poderosa influencia sobre ciertos partidos políticos (el partido laboralista). Sus líderes son más conocidos que la mayoría de los políticos y con gran frecuencia la opinión pública los sigue más de cerca. Además, desempeñan un papel prominente en la vida pública ...

En Estados Unidos, la organización de trabajadores más grande se denomina A.F.L.-C.I.O. Esta institución reúne a los miembros de la antigua American Federation of Labor (1886) y a los del Congress of Industrial Organization (1938).

De los grupos de sindicatos organizados fuera de la A.F.L.-C.I.O. El sindicato de transportadores y el de los trabajadores de la industria ferroviaria son los más importantes.

V. B.3. **Vocabulary**

absenteeism	ausentismo
absence without leave	ausencia injustificada, ausencia sin permiso
according to seniority	por rango de antigüedad, de acuerdo con la antigüedad
to advertise a vacancy	anunciar una vacante, anunciar un puesto vacante
allowance	indemnización, provisión
apprentice	aprendiz, novicio, principiante
arbitration	arbitraje
assembly line production	producción por líneas de ensamble, producción en serie
attempt at mediation	tentativa de mediación, intento de mediación
automation	automatización
break	pausa, interrupción
blue collar	trabajador manual
bonus	bono, prima
ca'canny strike	huelga por dignidad
to call a strike	decretar una huelga, declarar una huelga
clerical work	trabajo de oficina
closing of plants	cierre de una empresa
closing time	hora de cierre
collective (labor) agreement	contrato colectivo (de trabajo)
collective bargaining	negociaciones colectivas
contractor	contratista, empresario
cost-of-living allowance	provisión para el costo de la vida
craft union	sindicato de oficio
daily wage	salario por día
to deduct from wages	deducir de los salarios, retener sobre los salarios
to discharge, to dismiss	dar de baja, despedir (de un empleo)
to discharge without notice	dar de baja sin aviso previo
dispute	conflicto, disputa
dismissal	despido (laboral)
disablement, disability	incapacidad, inhabilitación (para el trabajo)
to draw wages	percibir un salario
dole	indemnización por desempleo
dues	cotizaciones
earnings, earned income	ganancias, ingreso ganado
efficiency bonus	bono de eficiencia, prima de rendimiento
employees, employed (the)	trabajadores, asalariados
employee's association	asociación de trabajadores
employment	empleo, puesto, plaza
employment agency (or exchange)	agencia de colocaciones, bolsa de trabajo

V. B.3. Vocabulary

to engage on probation	contratación por resultados de pruebas
engagement	contratación, compromiso
factory hand	obrero de fábrica
farm laborer	obrero agrícola
to fill a vacancy	llenar una vacante
to find employment for workers	colocar obreros, encontrar empleo para obreros
to fire	correr (despedir de un empleo)
five-day week	semana de cinco días
flow production	producción en flujo, producción en serie, producción en cadena
to form a trade union	sindicarse, formar un sindicato
foreman	capataz
full employment	empleo de tiempo completo
to give a 3 months' notice	dar un preaviso de 3 meses, dar un aviso con tres meses de anticipación
to go on strike	ponerse en huelga, hacer huelga
go-slow strike	huelga por celos
grievance	conflicto, diferencia
grievance committee	comité de arbitraje, comisión de arbitraje
gross wages	salario bruto
hand	maniobra, trabajador de fuerza
to have a day off	tener un día de vacaciones
to hire labor	contratar obreros
holiday	día de fiesta por Ley
holiday with pay	vacaciones pagadas
hourly wage	salario por hora
incentive	incentivo, prima de motivación
incentive bonus -(wage)	salario por incentivos, bono motivacional
illicit work	trabajo ilícto, trabajo ilegal
incapacitation for work	incapacidad para el trabajo
increases in wages	aumentos salariales
industrial relations	relaciones industriales
industrial injury	accidentes de trabajo
jobless	desempleado, sin trabajo
joint-management	administración conjunta
junior clerk	empleado de oficina
to knock off work	cesar el trabajo
labor	1. trabajo, labor, esfuerzo 2. mano de obra
labor claims	reclamaciones obreras, reclamaciones laborales
labor costs	costo de la mano de obra
labor court	cortes laborales
labor contract	contrato de trabajo

V. B.3. **Vocabulary**

labor forces	fuerzas laborales, obreros efectivos
labor law	derecho del trabajo
labor market	mercado de trabajo
labor office	oficina de colocaciones
labor shortage	escasez de mano de obra
labor union	sindicato laboral
laborer	peón, jornalero, operario
last in-first out basis	retiros laborales sobre la base de "últimas contrataciones—primeros despidos"
to launch a strike	lanzar una huelga
to lay off	despedir (por reducción de personal)
leave	licencia, permiso laboral
legal holiday	día de fiesta establecido por la Ley
lightning strike	huelga sorpresiva
lodge	sección sindical
to look for a job	buscar trabajo, buscar empleo
lump-sum settlement	liquidación acumulada
manpower	mano de obra
mass dismissal	despido en masa, despido colectivo
maximum wage	salario máximo
minimum guaranteed wage	salario mínimo garantizado
net wages (cf. gross w.)	salario neto (después de retenciones)
night shift	equipo nocturno, turno de la noche
night work bonus	prima (o bono) por trabajo laboral nocturno
notice of dismissal	notificación de despido
occupational hazards	riesgos laborales, riesgos de la profesión
office hours	horas de oficina
old age pension	pensión por edad avanzada
organized labor	fuerzas laborales organizadas sindicatos
overtime	horas extras
paid leave	licencia de retiro laboral con goce de sueldo
part-time workers	trabajadores contratados a tiempo parcial
pay-day	día de paga
pay-deduction	retenciones sobre el salario, deducciones sobre el salario
pension fund	fondo de retiro
to pension (off)	jubilar (a alguien)
personnel representative	representante de personal
to picket a factory	cercar una fábrica con un grupo de huelguistas
piece work	trabajo por pieza, trabajo a destajo
piece (work) wage	salario por pieza

V. B.3. **Vocabulary**

plant manager	gerento de la fábrica
probation period	periodo de prueba, periodo de ensayo
to promote s.o. (s.o. = some one)	dar una promoción a alguien
promotion by seniority	promoción por antigüedad
protest strike	huelga de protesta
to quit	dejar el trabajo, abandonar el empleo
dismissal (redundancy)	indemnización (indemnizaciones) por despido laboral
to resign	renunciar (a un empleo)
resignation	renuncia
to resume work	volver al trabajo, volver a emprender actividades
resumption of work	reanudación del trabajo
to retire (on a pension)	retirarse, jubilarse (con una pensión)
retirement pension	pensión de retiro
right to social insurance benefits	derecho a las prestaciones sociales (prestaciones de seguros)
right to strike	derecho a la huelga
salaried worker	trabajador asalariado
to screen applicants scab	seleccionar candidatos, trabajador no afiliado a un sindicato que reemplaza a los trabajadores sindicados durante una huelga
semi-skilled worker	obrero semicalificado
senior clerk	jefe de oficina
seniority pay	prima de antigüedad, pago por antigüedad
severance pay	prima por despido (laboral)
shop steward	delegado sindical
shop superintendent	jefe de taller
shut-down of plant	cierre de la empresa
sick leave	incapacidad por enfermedad
sickness benefit	indemnización por enfermedad
skilled worker	obrero calificado
social insurance (legislation)	seguro social (legislación del)
social law	derecho social
social policy	política social
social welfare	bienestar social
staff	el personal de una empresa (con frecuencia en el sentido de niveles administrativos altos)
to stage a demonstration	organizar una manifestación
stoppage of work	paro laboral
to stop work	dejar de trabajar
stay-in strike	huelga permanente
strike	huelga
to be on strike, to strike	estar en huelga, hacer huelga

striker	huelguista
strike breaker	quebrantador de una huelga
strike fund	fondo de huelga
strike notice	aviso de huelga
strike picket	cerco de huelguista
supervisor	supervisor, jefe de taller
supervisory personnel	personal de supervisión
superannuation fund	fondo de jubilación, fondo de retiro
sympathetic strike	huelga de solidaridad
team work	trabajo en equipo
to tender one's resignation	presentar (uno) su renuncia
term of notice	plazo de notificación
3-shift system	sistema de 3 turnos
token strike	huelga simbólica
top wages	salario máximo
trade union	sindicato de trabajadores
to transfer s.o.	transferir (a alguien)
travelling allowance	provisión para viaje, provisión de gastos de viaje
to trigger a strike	desencadenar una huelga
underemployment	subempleo
unemployment	desempleo
unemployment benefit	pensión por desempleo
the unemployed	los desempleados
unionism, union movement	sindicalismo, movimiento sindical
unionist	sindicalista
union member	miembro de un sindicato
union leader	líder del sindicato, dirigente del sindicato
union officials	funcionarios de un sindicato, responsables de un sindicato
union representative	delegado sindical, representante de un sindicato
union organization	organización sindical
union contribution	cotización sindical, cuota sindical
unfit for work	inepto para el trabajo
unskilled worker	obrero no calificado
vacation	vacaciones
wage(s)	salario, paga
wage agreement	acuerdo salarial
wage claims (demands)	reclamaciones salariales
wage control, freeze, stop	control salarial, congelamiento de sueldos
wage costs	cargos salariales, costos del salario
wage dispute	disputa salarial, conflicto salarial

V. B.3. **Vocabulary**

wage-earner	asalariado
wage packet	paquete de sueldo
wage policy	política salarial, política de sueldos
wage-price spiral	espiral de precios y salarios
warning strike	huelga preventiva
welfare state	estado de bienestar
welfare worker	asistente social, trabajador social
white collar worker	empleado de oficina
wildcat strike	huelga salvaje, agresiva
to withold from wages	retener del salario, deducir del salario
worker, working man	obrero
work(ing) day	día laborable
working hours	horario de trabajo
to work overtime	trabajar horas extras
work(ing) to rule	huelga de celos
work in shift	trabajo de equipo, trabajo por turno
works	fábrica, taller
works manager	gerente de fábrica

V. B.3. **Vocabulary** (revisión)

A.2.

deadline	fecha límite
to warn	prevenir, advertir
blackmail	chantaje
to wind up	acabar, terminar
plant	fábrica, planta (industrial, manufacturera, procesadora, etc.)
threat	amenaza

A.3.

statement	declaración, afirmación, comunicado
released	publicado
behavior	comportamiento, conducta, actitud
to give a hearing	dar una audiencia, conceder una audiencia
to stand one's ground	mantener (uno) sus propias bases, sus propios argumentos
to commit	comprometerse

A.4.

resumption	acto de volver a tomar o a emprender algo, reinicio
prerequisite	prerrequisito, requisito previo
to fail	fallar, fracasar
to work out	elaborar, resolver, solucionar
to prove	comprobar, demostrar, probar
to bypass	pasar por alto, ignorar, hacer caso omiso de

VI

Business file six

Tapping a new market Economic survey

Exploración de nuevos mercados - Encuestas económicas

A. Situations

B. Records

VI. A.

Storyline

The company has now obtained a satisfactory share of the home market and is turning towards exports. Detailed studies are carried out to select the most profitable markets. A few countries are shortlisted, and one is eventually chosen.

The next step is to devise [divaiz] an efficient distribution policy, and to set up the appropriate [əprouprìət] network of retail outlets.

Resumen

La empresa ha obtenido ya una parte satisfactoria del mercado nacional y ahora se está encaminando hacia las exportaciones. Para seleccionar los mercados más rentables, se llevan a cabo algunos estudios muy profundos. Se listan unos cuantos países, y finalmente se elige uno de ellos.

El siguiente paso consiste en diseñar una política eficiente de distribución y en establecer una red apropiada para los puntos de venta al menudeo.

VI. A.1. **Summary**

For several months, the factories have been working at full capacity [kep**ae**sati], and the company is now faced with the problem of growth [gr**ou**θ]. New facilities [fə**ci**lətis] have been purchased to meet the needs of an expanding production, and means are being sought to optimize [aptəmaiz] this new plant and equipment.

The company already has a large share of the home market in the fields where production is profitable (household appliances [əpl**ai**əns], see marketing report) and any attempts [ətɛmpts] at increasing this share would require such great efforts for doubtful results that they wouldn't be worthwhile [w3rθhw**ai**l].

Therefore, the decision has been made to tap new markets, and one of the most likely product to be exported appears to be electric coffee-grinders, for the following reasons:

1) This item is technologically advanced and technically faultless.

2) Its present selling price is highly competitive [kəmpɛtətiv], by international standards.

3) The profit margin is more than satisfactory [saetəsf**ae**ktəri].

4) There are good prospects in many Latin-American countries, and in developed countries, for the marketing of such an article.

Two countries, Mexico and Guatemala, have been selected because they seem to offer favorable conditions in terms of their economic situation and consumer trends.

Below is a report on general economic conditions in one of them.

VI. A.1. **Resumen**

Desde hace algunos meses, las fábricas han estado trabajando a toda su capacidad, y la compañía se está enfrentando ahora al problema del crecimiento. Para satisfacer las necesidades inherentes a una producción en constante desarrollo, se han comprado nuevas instalaciones[1] y se están buscando los medios adecuados para optimizar la nueva planta y equipo.

La compañía ya posee una porción grande del mercado nacional en los campos en los que la producción es rentable (aparatos para el hogar, véase reporte de mercadotecnia) y cualquier intento por incrementar esta porción requeriría de esfuerzos tan grandes que no valdrían la pena, dada la muy dudosa validez de los resultados potenciales.

Consecuentemente, se ha tomado la decisión de explorar nuevos mercados y el más probable de los productos que han de ser exportados parece ser la moledora eléctrica de café, debido a las siguientes razones:

1) Este artículo tiene un nivel tecnológico avanzado y técnicamente es irreprochable.

2) Su precio de venta actual es altamente competitivo, de acuerdo con las normas internacionales.

3) El margen de utilidad es más que satisfactorio.

4) Hay buenos prospectos en muchos países Latinoamericanos, y en los países desarrollados, para la comercialización[2] de tal artículo.

Se han seleccionado dos países, México y Guatemala, porque parecen ofrecer condiciones favorables en términos de su situación económica y de las tendencias de los consumidores.

Más abajo se presenta un reporte acerca de las condiciones económicas generales que existen en uno de ellos.

---

(1) *Facilities* : instalaciones, medios disponibles, etc. Término que no debe asociarse con la expresión Española "facilidades", como en "facilidades de pago", lo cual se diría más bien: *deferred payment* o *hire purchase terms available.*

(2) *Marketing* : además de su sentido clásico actual conexo con la investigación, se refiere también a la concepción y realización de productos después de un estudio de mercado. En inglés también puede describir el resultado final de una serie de operaciones de mercadotecnia: la puesta o implantación en el mercado. Además, es una forma derivada del verbo *to market* (comercializar) y no del sustantivo *marketing.*

VI. A.2. **Economic trends in Mexico**

On the whole, 1991 continued the profits performance [pərfɔrməns] that might have been expected in the first years of recovery from recession and devaluation. It is unusual to have two years of such rapid profit growth back-to-back, but 1990 was remarkably free of strikes and marked by an important [igz**u**bərənt] rise in orders, production and sales. Along with expanding output came the above-average [əbʌv**aev**əridʒ] increases in productivity [proudʌkt**i**vəti] usually associated with the early stages of recovery.

The preliminary reports of some Mexican annual surveys show a rise in corporate [kɜrpərət] aftertax earnings of several percentage points over those of 1980.

The improvement in earnings was evident among firms of all sizes. In fact, it appears that small and mediumsized [m**i**diəmsaizd] companies had better fourthquarter gains than some of the biggest ones.

The prevailing mood among consumers is confidence and optimism. The rise in the standard of living and the availability of credit have resulted in some sectors in a genuine [dʒɛnjən] spending spree. Textiles, household goods and electrical appliances have been some of the main beneficiaries [bɛnəf**i**ʃiɛriəs]...

The restrictive policies concerning foreign investments and the installation of foreign firms are being reconsidered, although steps have been taken to prevent the national economy from becoming too dependent on foreign supplies in such sectors as foodstuffs and chemicals. But the demand for consumer goods is increasing so fast that there seems to be plenty of room for foreign manufactures.

Marketing tests will now be carried out to determine the right channels of distribution, pricing policy, packaging [p**ae**kidʒiŋ] and display, etc.

VI. A.2. **Tendencias económicas en México**

En conjunto, 1991 vio la continuidad en la generación de utilidades, tal y como se hubiera podido haber esperado, en los primeros años de recuperación después de la recesión y la devaluación. Es poco común que haya dos años consecutivos en los que se presente un crecimiento de utilidades tan rápido, aunque 1990 se vio notablemente libre de huelgas y también se distinguió por un aumento importante en los pedidos, en la producción y en las ventas. En forma paralela al incremento en la producción, se presentaron varios aumentos en productividad superiores al promedio, los cuales se asociaron en su mayoría con las primeras etapas de la recuperación económica.

Los resultados preliminares de algunas encuestas anuales mexicanas mostraron un aumento en las utilidades corporativas después de impuestos de varios puntos porcentuales con relación en los resultados de 1980.

Esta mejoría en utilidades fue evidente entre empresas de todo tamaño. De hecho, parece ser que en el cuarto trimestre las compañías de tamaño pequeño y mediano tuvieron mejores utilidades que algunas de las compañías más grandes.

El sentimiento que prevalece entre los consumidores está dado por la confianza y por el optimismo. El aumento en el nivel de vida y la disponibilidad del crédito han dado como resultado el advenimiento de una verdadera ola de gastos y compras en ciertos sectores. Los textiles, los artículos para el hogar, y los aparatos electrodomésticos han sido algunos de los principales productos beneficiados.

Las políticas que restringen y regulan las inversiones extranjeras y la instalación de empresas del exterior están siendo reconsideradas, aunque se han tomado ciertas medidas para prevenir que la economía nacional se vuelva demasiado dependiente en lo relativo a suministros del exterior, principalmente en sectores tales como la alimentación y los productos químicos. No obstante, la demanda por los bienes de consumo está aumentando tan rápido que parece haber un gran espacio disponible para las manufacturas extranjeras.

En este momento se van a llevar a cabo varias pruebas de mercadotecnia para determinar los canales correctos de distribución, la política de precios más adecuada, el empaquetamiento y la presentación más convenientes, etc.

VI. A.3. **Selecting a test area**

Conversation between Marketing Manager (D.L.) and Sales Manager (Tom O'Neal).

D.L. It is obvious [**a**bviəs] we cannot open our own retail outlets throughout [θr**u**aut] Mexico.

T.O'N. But we cannot rely entirely on one agent.

D.L. No, we can't. Besides, that would mean losing control over the marketing of our products.

T.O'N. And then, do we want to have a nation-wide launch, or do we want to try our product locally first?

D.L. Yes. A test area [ɛriə]. We don't know the market well enough to take risks without such preliminary testing.

T.O'N. In the report about consumer habits and preferences, it says that our product is likely to sell more in department stores and multiple shops.

D.L. This is why I think the best idea would be to negotiate a contract with one of the big chains. They could launch the product,in one specific area to start with, and then market it throughout the country.

T.O'N. You mean they would have exclusive right of sale?

D.L. Whether or not they would be our sole agents, and for what period, remains to be seen. Another point is that we should be careful not to leave all the planning to them. We must have our say in such matters as pricing policy, packaging, advertising, etc. We must be responsible for our own strategy [str**ae**tədzi]. Besides our brand image is at stake [ste**i**k].

T.O'N. I agree entirely. As you always say, if we really want to learn something about the market, we must have some control over the distribution of our products, and keep in touch with the consumers.

VI. A.3. **Selección de un área de prueba**

Conversación entre el Gerente de Mercadotecnia (David Lavalle) y el Gerente de Ventas (Tom O'Neal).

D.L. Es obvio que no podremos abrir nuestra propia red de detallistas a través de todo México.

T.O'N. Pero no podemos depender totalmente de un solo agente.

D.L. No, no podemos. Además, ello significaría que perderíamos el control sobre la comercialización de nuestros productos.

T.O'N. Por otra parte, ¿deseamos realizar un lanzamiento a nivel nacional, o deseamos probar primero nuestro producto en forma local?

D.L. Sí. Un área de prueba... No conocemos suficientemente bien el mercado como para asumir riesgos sin antes hacer una prueba preliminar.

T.O'N. En el reporte acerca de los hábitos y preferencias de los consumidores, se dice que es probable que nuestro producto se venda mejor en las tiendas de departamentos y en las tiendas de sucursales múltiples.

D.L. Ésta es la razón por la cual pienso que la mejor idea sería negociar un contrato con una de las cadenas grandes. Para empezar, podrían lanzar el producto en un área específica, y posteriormente comercializarlo a través de todo el país.

T.O'N. ¿Quiere usted decir que tendrían un derecho exclusivo de venta?

D.L. El que ellos vayan a ser o no nuestros únicos agentes, y por qué duración, es un punto sujeto a discusión. Otro aspecto es que deberíamos ser lo suficientemente cuidadosos y no dejarles toda la planeación a ellos. Es necesario que expongamos nuestro punto de vista con relación a cuestiones tales como la política de precios, el empaquetamiento, la publicidad, etc. Debemos ser responsables por nuestra propia estrategia. Además, es nuestra imagen de marca lo que está en juego.

T.O'N. Estoy totalmente de acuerdo. Como dice usted siempre, si verdaderamente queremos aprender algo acerca del mercado, debemos tener algún control sobre la distribución de nuestros productos, y mantenernos en contacto con los consumidores.

VI. B.1. **Tradúzcanse las oraciones...**

1. En el curso de los últimos meses la situación económica no ha sido motivadora.
2. La morosidad ha persistido durante todo el año.
3. La mayor parte de las estimaciones tuvieron que ser revisadas y disminuidas en forma acorde.
4. Las perspectivas inmediatas son sombrías.
5. Hay una preocupación muy difundida por un posible agravamiento en la recesión de los negocios.
6. Los negocios están en punto muerto (estancados).
7. Una devaluación daría a los exportadores una ventaja sobre sus competidores.
8. Las consecuencias de una devaluación son a menudo un incremento en los costos de producción, en los precios y en los sueldos.
9. Vamos directamente a la crisis.
10. La situación se ha complicado (se ha vuelto más preocupante) por la influencia de la inflación y de los problemas sociales.
11. La estanflación ha llegado a una rampa. (Estamos en plena estanflación.)
12. Existen informes inquietantes acerca de un caos creciente y de despidos generalizados.
13. El desempleo ha aumentado paulatinamente a lo largo de todo el año.
14. Los industriales que se sienten sitiados buscan con desesperación los medios más adecuados para hacer frente a esta ola de huelgas salvajes.
15. La creciente marea inflacionista tendrá que ser detenida.
16. Se debería convencer a los sindicatos de que deben dejar de acelerar la espiral salarios-precios.
17. Si la demanda de los consumidores se estabiliza o disminuye, los patrones no tendrán más remedio que reducir su personal (su nómina).
18. El gobierno está contemplando actualmente un congelamiento de los salarios.
19. Se tendrán que tomar medidas adicionales para reducir las presiones inflacionarias sobre los costos y los precios.
20. La Asociación Sindical Interamericana y el Congreso de Industrias Latinoamericanas deberían establecer las bases de una política común de relaciones industriales.

VI. B.1. . . . y revise sus respuestas

1. The economy's performance in the last few months has not been encouraging.
2. Sluggishness has persisted throughout the year.
3. Most estimates have had to be revised downward.
4. The immediate outlook is gloomy.
5. There is widespread concern over a deepening of the business slowdown.
6. Business is at a standstill.
7. A devaluation would give exporters a competitive edge.
8. The aftermath of a devaluation is often a rise in production costs, prices and wages.
9. We are headed for a slump.
10. The situation is compounded by inflation and labor unrest.
11. Stagflation is rampant.
12. There are worrisome reports of a growing chaos and widespread lay-offs.
13. Unemployment has been inching up all year.
14. Beleaguered industrialists are casting about for means of coping with the rash of wildcat strikes.
15. The rising tide of inflation will have to be stemmed.
16. Unions should be discouraged from speeding up the wage-price spiral.
17. If consumer demand levels off or falls, employers will eventually have no alternative but to cut their payrolls.
18. The government is now contemplating a wagefreeze.
19. Additional measures will have to be taken to reduce upward pressures on costs and prices.
20. The Inter-American Union Association and the Congress of Latin-American Industries should work out guidelines for a common policy on industrial relations.

VI. B.1. **Tradúzcanse las oraciones...**

21. Las expectativas de una recuperación próxima de la economía ya han sido descartadas.
22. Muchos economistas estiman que una estimulación artificial de la demanda es preferible a una economía en decadencia.
23. La única solución consiste en estimular una economía que está perdiendo fuerza.
24. Será necesario recurrir a un cierto número de medidas de reimpulso si verdaderamente se desea reestablecer el equilibrio del país.
25. El país parece estar en el camino correcto para la recuperación.
26. Se ha estado desarrollando un notable movimiento de compras.
27. Los consumidores se han vuelto presas de un frenesí de compras.
28. La recuperación se confirma (alcanza nuevos sectores), aun cuando el país es víctima de la inflación.
29. A pesar del optimismo oficial, todavía no es muy evidente que la economía se esté recuperando de su recesión relativa.
30. Las ventas al menudeo han aumentado solamente en un 3 por ciento con relación a las del año pasado —lo cual representa una baja real de volumen después de descontar los efectos de la inflación.
31. Los nuevos incentivos para el fomento de las inversiones de capital están siendo actualmente sometidos a un serio estudio.
32. Es necesario reimpulsar el empleo y el consumo.
33. La pregunta es: ¿Cómo mantener la prosperidad y reprimir a la vez la inflación?
34. El saber si el Fed (1) va a ablandar el crédito es un punto de controversia.
35. Los hombres de negocios (los industriales) se han visto poco inclinados a utilizar el crédito que ya está disponible.
36. Con la baja de las tasas de interés en los Estados Unidos, los capitales de especulación se dirigirían hacia los mercados de dinero extranjeros en busca de rendimientos más altos.
37. La confianza no se puede reestablecer de la noche a la mañana.
38. La recesión en los negocios está causando serias preocupaciones en los círculos gubernamentales.
39. El Producto Nacional Bruto (P. N. B.) ha aumentado en un 5 por ciento.

VI. B.1. . . . y revise sus respuestas

21. Expectations of an early rebound in the economy have been disappointed.
22. Many economists feel that artificially stimulated demand is preferable to a slack economy.
23. There is no alternative but to spur the lagging economy.
24. Some amount of pump-priming will be needed if the country is to be set on its feet again.
25. The country now seems on its way to recovery.
26. A powerful surge of buying has been developing.
27. (The) consumers have gone on a spending-spree.
28. The revival spreads, although the country is still plagued by inflation.
29. Despite official optimism, it is still far from sure that the economy is recovering from its mild recession.
30. Retail sales are up only 3% over last year — an actual drop in volume after discounting inflation.
31. New incentives to spur capital spending are currently under active consideration.
32. There is a need to beef up employment and consumption.
33. The question is: how to retain prosperity while curbing inflation (while checking inflation).
34. Whether the Fed[1] will open the money tap wider remains open to question.
35. Businessmen have been loath to use the credit already available.
36. With U.S. interest rates falling, hot money would flow to foreign money markets looking for higher returns.
37. Confidence cannot be restored overnight.
38. The business slowdown is causing serious concern in government circles.
39. The Gross National Product (G.N.P.) has increased by 5%.

---

(1) *The Fed:* The Federal Reserve Board (U.S.), institución que actúa como organismo bancario federal y que se encarga de regular el mercado monerario y financiero.

VI. B.2. **What is economics about?**

Economics is about the everyday things of life; how we get our living and why sometimes we get more and sometimes less. Nowadays everybody realizes the important part played in their lives by economic factors, because nothing seems to remain in the same place for more than a few weeks on end. Prices are continually changing, generally upwards, and no sooner do we congratulate ourselves on being a bit better off than we seem to lose all we have gained because of having to pay more for everything we want. Industries, such as coal mines and railways, which we have taken for granted as a natural part of the scene, decline in size, and other quite new ones, electronics [ilɛktraniks] and plastics and so on, take their place as big fields of employment; and these changes in size directly affect the lives of hundreds of thousands of families.

Those of us who are now middle-aged can recall the shock we had during the war when the scarcity [skɛrsəti] of so many of the goods we needed for our day-today living made us understand how much we depend on the four corners of the world for all the things we normally use without generally giving a moment's thought to their origin.

There was a time when each family actually produced for itself most of the things it needed for its everyday life. In the modern world, the relationship between work and wants is much less direct than it used to be, for most of us spend our time making things for sale and not for our own use. This specialization, which is the characteristic of the modern economy, enables us to enjoy things of which our grandfathers never dreamed, motor-driven bicycles and planes, vacuum cleaners and refrigerators [rifridʒerəitərs], rayon and plastic clothing, more varied [vɛrid] foods, and all sorts of other goods, but it also makes the world very much more complex.

Gertrude Williams
(The Economics of Everyday Life)

VI. B.2. **¿Qué es la economía?**

La economía trata de las cosas ordinarias de la vida; cómo nos ganamos nuestro sustento y por qué a veces obtenemos más y otras veces obtenemos menos de nuestro trabajo. Hoy en día todo mundo comprende el importante papel que desempeñan los factores económicos en la vida de cada quien, porque nada parece permanecer en el mismo lugar después de algunas semanas. Los precios cambian sin cesar, generalmente con movimientos hacia el alza, y cuando apenas podemos felicitarnos de haber logrado una poca de mejoría, parecemos perderlo todo al tener que pagar un precio más caro por las cosas que necesitamos. Algunas industrias, tales como las minas de carbón y los ferrocarriles, que se nos presentan como un elemento familiar de nuestro medio ambiente, disminuyen de importancia, y otras industrias totalmente nuevas, tales como la electrónica, los plásticos, y otras similares, toman su lugar como grandes sectores de empleo; y estas variaciones de volumen afectan directamente las vidas de cientos de miles de familias.

Aquellos de nosotros que tienen actualmente una edad mediana podrán recordar el sobresalto que tuvimos durante la guerra, cuando la escasez de tantos de los productos que necesitábamos para nuestra vida cotidiana nos hizo comprender hasta qué punto dependíamos del resto del mundo con relación a todas las cosas que utilizamos normalmente, sin dar la menor consideración a su origen. Hubo un tiempo en el que cada familia producía por sí misma la mayoría de las cosas que necesitaba para su vida cotidiana.

En el mundo moderno, la relación entre el trabajo y las necesidades es mucho menos directa de lo que solía ser, porque la mayoría de nosotros pasa su tiempo fabricando objetos destinados a la venta y no a nuestro propio uso. Esta especialización, que es la característica de la vida moderna, nos capacita para disfrutar de muchas cosas con las que nuestros padres nunca soñaron: automóviles, bicimotos y aviones; aspiradoras y refrigeradores; textiles artificiales y tejidos sintéticos, los alimentos más variados, y todo tipo de productos; pero esto también hace que nuestro mundo sea mucho más complicado.

VI. B.3. **Definitions**

(Free) Market Economy

An economic system in which the market—that is the relations between producers and consumers, buyers and sellers, investors and workers, management and labor [l**ei**bər]—is supposed to be regulated by the law [lɔ] of supply [səpl**ai**] and demand. Business firms are supposed to compete freely, and any attempt at hindering free competition ("restrictive practices") is punishable by law.

Direct government intervention is theoretically [θiərɛtikəli] ruled out although the government will influence the economic situation through its fiscal and budgetary policies.

Planned economy

A system whereby [hwɛrbai] the structure of the market is deliberately planned by the state, in which production and consumption quotas are fixed beforehand, and where there is no real competition between industrial or commercial organizations. In the Soviet model, for instance, all the means of production and the channels of distribution were state controlled. Private ownership [**ou**nərʃip] didn't exist in this field.
In practice, there is a wide gap between the theoretical models and economic realities: the so-called market economies rely more and more on Government planning and intervention, whereas in planned economies, such capitalistic [kaepətələstik] notions as profit tend to be reintroduced [riintrə**du**sd].

National income

It is the Gross National Product less sums set aside for depreciation and indirect taxes, plus state subsidies.

VI. B.3. **Definiciones**

Economía (libre) de mercado

Sistema económico en el cual el mercado, es decir, las relaciones entre los productores y los consumidores, los compradores y los vendedores, los inversionistas y los trabajadores, los administradores y los asalariados, están teóricamente regulados por la ley de la oferta y de la demanda. Además, las empresas de negocios pueden competir libremente, y cualquier intento por obstaculizar la libre competencia ("las prácticas restrictivas") está penado por la ley.
Asimismo, en una economía de mercado la intervención directa del gobierno está teóricamente prohibida por la ley, aunque el gobierno influye sobre la situación económica a través de su política fiscal y monetaria.

Economía planificada

Sistema a través del cual la estructura del mercado es deliberadamente planificada por el Estado. Las tasas de producción y de consumo son fijadas en forma anticipada, y no hay competencia real entre las organizaciones industriales o comerciales. En el modelo Soviético, por ejemplo, todos los medios de producción y todos los canales de distribución eran controlados por el Estado. La propiedad privada no existía en este contexto.
En la práctica, existe un gran distanciamiento entre los modelos teóricos y las realidades económicas: las pretendidas economías de mercado dependen cada vez más de la planeación y de la intervención del gobierno, mientras que en las economías planificadas ciertas nociones capitalistas, tales como el concepto de utilidad, tienden a ser introducidas de nuevo.

Ingreso nacional

Es igual al Producto Nacional Bruto (P. N. B.) disminuido por las depreciaciones y los impuestos indirectos y aumentado por los subsidios gubernamentales.

VI. B.4. **Keynes´s principles**

Some economists suggest that the economics of plenty may have to be superseded [supərsidəd]—at least for a while—by the economics of scarcity.

In the 1930s, English economist John Maynard Keynes touched off a revolution in economic policy making by demonstrating that, left to their own devices, a nation's people often saved too much and spent too little of their earnings [ɜrninz] to keep all its farms, factories and workers busy.

Therefore, Mr. Keynes showed, by borrowing some of the public's excess [iksɛs] savings—that is, by running budget deficits—governments could increase their spending to create jobs and provide new services for the public without putting undue [ʌrdu] strain on the economy.

Or, if they chose, governments could simply cut taxes, thereby transferring new spending power to consumers and increasing purchases and employment that way.

Introduced in the administration of Franklin D. Roosevelt, these principles have found increasing acceptance in the United States. They have been widely credited with fostering prosperity and dampening recessions in the years since World War II.

Now, however, there are signs [sains] that the conditions Mr. Keynes observed [əbzɜrvd] may have changed. Savings, which were excessive in Mr. Keynes's day, now may not be fully adequate to finance the nation's investment needs, some economists say.

VI. B.4. **Los principios de Keynes**

Ciertos economistas indican que la economía de la abundancia puede tener que ser reemplazada, al menos provisionalmente, por la economía de la escasez.

En los años treintas, el economista inglés John Maynard Keynes desencadenó una revolución en lo relativo a la elaboración de la política económica al demostrar que, cuando una nación se atiene a sus propias posibilidades, con frecuencia sus habitantes ahorran una parte muy importante de sus ingresos y gastan una parte muy pequeña, principalmente con el propósito de mantener en pleno empleo a los agricultores, a las fábricas y a los trabajadores.

Por consiguiente, el señor Keynes demostró, que al tomar en préstamo una parte de los excesos en los ahorros del público —es decir, mediante la administración del déficit presupuestal— los gobiernos podían incrementar sus gastos con la finalidad de crear empleos y proporcionar nuevos servicios para el público sin ejercer una presión indebida sobre la economía.

O bien, si así lo eligen, los gobiernos pueden simplemente reducir los impuestos, transfiriendo de esta manera un nuevo poder de compra a los consumidores, para incrementar de esta manera los gastos y, consecuentemente, el empleo.

Estos principios, habiendo sido introducidos durante la administración de Franklin D. Roosevelt, han encontrado una creciente aceptación en Estados Unidos. Generalmente se les ha atribuido el mérito de haber favorecido la prosperidad y de haber atenuado las recesiones a lo largo de los años que siguieron a la Segunda Guerra Mundial.

Sin embargo, hoy en día, existen signos que indican que las condiciones que observó el señor Keynes pueden haber cambiado. Los ahorros pueden haber sido excesivos en la época de Keynes, pero hoy en día puede no ser del todo adecuado financiar las necesidades de inversión de un país, indican algunos economistas.

VI. B.5. **Vocabulary** (revision)

A.1.

household appliances	aparatos para el hogar
doubtful (dubious)	inciertos, dudosos
to be worthwhile	valer la pena
to tap	explorar, atacar (un mercado)
grinders	moledor, molino
item	artículo, renglón, concepto
faultless	perfecto, sin defecto
competitive	competitivo, bien colocado
profit margin	margen de utilidad
prospects	1. perspectivas 2. clientes potenciales
in terms of	desde el punto de vista de, en términos de
trends	tendencias

A.2.

performance	1. ejecución, desempeño 2. representación 3. resultado
output	rendimiento, producción
average	promedio
survey	encuesta, estudio
corporate	corporativo, perteneciente a la empresa
earnings	ganancias, utilidades
improvement	mejoramiento, mejoría
gains	ganancias, utilidades
confidence	confianza
availability of credit	facilidades de crédito, disponibilidad de crédito, crédito posible
genuine	genuino, auténtico, legítimo
foodstuffs	productos alimentarios
to carry out	llevar a cabo, efectuar
packaging	empaquetamiento, acondicionamiento

A.3.

obvious	obvio, evidente
throughout	a través
to rely (on)	depender de, basarse en
besides	además, por otra parte
nation-wide	nacional, por toda la nación
area	zona, sector, área
likely (to)	susceptible de, con probabilidades de
multiple shops	tiendas múltiples,
(multiples)	tiendas de sucursales
sole agents	agentes, concesionarios exclusivos
brand image	imagen de marca
to be at stake	estar en juego
to keep in touch	mantenerse en contacto con

VI. B.5. **Vocabulary - Economics**

affluent society	sociedad afluente, sociedad donde persevera la abundancia
average returns	rendimiento(s) promedio
barter transaction (= deal)	operación de trueque
boom	prosperidad, auge
booming	en expansión, en pleno auge
budget policy	política presupuestaria
the building-trade	la industria de la construcción
busines quarters (= circles)	medio ambiente de los negocios (medio ambiente económico)
capital expenditure (= investment)	inversiones, gastos de capital
capital goods	bienes de inversión, bienes de capital
capital investment	inversiones de capital
capitalistic system	sistema capitalista
consumer goods	bienes de consumo
consumerism	defensa del consumidor
(state) controlled economy	economía dirigida, economía controlada por el Estado
corporate income tax (U.S.)	impuesto al ingreso de las empresas
credit squeeze	estrangulamiento del crédito
crisis, slump	crisis
to curb (to check), inflation	combatir la inflación
to stem, to halt inflation	detener la inflación
downward trend	tendencia a la baja
economic	económico (que se refiere a la economía, que tiene relación con la economía)
economical	a) que origina un ahorro b) rentable
economics	a) economía política b) ciencia de la economía
the economy	estado de la economía de un país en un momento determinado
employer's social security contribution	cuota patronal para el seguro social

VI. B.5. **Vocabulary - Economics** (continuación)

entrepreneur	patrón, jefe de la empresa, empresario
escalator clause	cláusulas de indexación, de escalación, de escala móvil
excess demand	demanda excesiva
expected future trend (of the market) economic outlook (= prospects)	perspectivas económicas con relación a las tendencias esperadas en el futuro (= prospectos)
financial columns (newspapers)	columnas financieras (en los periódicos)
fisheries	pescados, pesca
free market economy	economía de libre concurrencia
competitive profit system	sistema de utilidades competitivas
general slackness	recesión general, depresión general
government planning	planeación gubernamental
to grant government subsidies	conceder subsidios gubernamentales
the Gross National Product (G.N.P.)	(el) Producto Nacional Bruto (P. N. B.)
growth	crecimiento
homebuilding (U.S.)	construcción de casas, construcción de viviendas
household budget	presupuesto familiar
housing policy (shortage)	política de vivienda (escasez o crisis)
to improve the living standard	mejorar el nivel de vida
incomes policy	política de ingresos
increase in productivity	incremento en la productividad
the iron and steel industry	la siderurgia, la industria del fierro y del acero
laws affecting business	legislación mercantil, derecho mercantil
to lay off	despedir (por reducción de personal)
the manufacturing (= processing) industries market (= sale) value	valor de mercado (= de venta) de las industrias de manufactura (= de procesamiento)
national product	producto nacional

VI. B.5. **Vocabulary - Economics** (continuación)

the oil industry	la industria petrolera
overall demand	demanda nacional, demanda general
per capita consumption	consumo per cápita
the power industry	la industria energética
power resources	recursos energéticos
pressure group, lobby	grupo de presión, grupo de intereses
price-freeze	congelamiento de precios
profit, returns, proceeds,	utilidad, rendimiento(s)
produce, yield	fondos, producto(s), réditos
public utilities	(empresas) de servicios públicos
rally	reinicio, recalentamiento (principalmente bursátil)
real estate	inmobiliario, bienes raíces
recovery, upturn, revival	recuperación, resurgimiento, reinicio, repunte
rebound	reinicio, reimpulsión, rebote
dismissals	despedidos (laborales), personas despedidas
to restrain competition	restringir la competencia
runaway inflation	inflación galopante
self-sufficient economy	economía auto-suficiente
shortage	faltante (de efectivo, de inventarios, etc.)
stagflation	crisis, escasez, estanflación (estancamiento más inflación)
stalemate	estancación, paralización
standard of living	nivel de vida
standstill	detención, punto muerto, inmovilización
strain	tensiones, dificultades
subsidy, grant, subvention	subsidio, concesión, subvención
surplus production	exceso de producción, excedentes de producción
tariff policy	política aduanera, política arancelaria
tax (ation) (= fiscal) policy	política fiscal
unemployment	desempleo
underproduction	subproducción
wage and price spiral	espiral de precios y salarios
wage-freeze	congelamiento de sueldos
wage-scale	escala de salarios

VII

Business file seven

Preparing a business trip

Preparación de un viaje de negocios

A. Situations

A.1. Preparing a schedule (I)
A.2. Preparing a schedule (II)
A.3. Reserving a hotel room
a) in writing
b) on the phone

B. Records

B.1. Key sentences (1)
B.2. Key sentences (2)
B.3. Taxation, inflation & the expense account
B.4. Vocabulary

VII. A.

Storyline

David Lavalle now has to go abroad, in order to ensure contacts with potential agents throughout Latin America. He asks his secretary to make all necessary arrangements [əreindʒmənt] for a short but fruitful [frutfəl] business trip.

Resumen

David Lavalle debe ahora emprender un viaje al extranjero, con el propósito de asegurar los contactos con los agentes potenciales a través de Latinoamérica. Le pide a su secretaria que haga todos los arreglos necesarios para un viaje de negocios que será corto pero fructífero.

VII. A.1. **Preparing a schedule** (1)

David Lavalle, Marketing Manager
Ann Perkinson, his private secretary

D.L. Will you repeat what you've just noted down about all the reservations, Ann? Then get in touch with Ronnie Peterson at World Travels; he handles G.T.'s budget there.

A.P. Of course, Sir. You want to be in Mexico City on the 22nd lunchtime, spend the afternoon on our stand at the Trade Fair, overnight, [ouvərnait] and leave in the morning for Tegucigalpa, Honduras. You'll spend the day there and drive over to San José, Costa Rica in a rental car.
You'll have to eat and sleep in town, and leave early the next morning to see our local agent whose offices are in the suburbs [sʌbɜrbs]. He'll keep you there all day, and put you on the evening plane to the City of Panama. Hired car to be returned to the airport office. That will be the 24th. You'll be leaving in the evening for Caracas, Venezuela, by car, to stay overnight and spend the morning there, then you'll drive to Bogotá, Colombia in the afternoon. You'll be sleeping there and you'll fly back here the following evening. Your flight should be in no later than 6 p.m. Is there anything I forgot Sir?

D.L. No, that's perfect, Ann. I wish I had more time to spend on this trip. I'd hate to miss the ball simply because things are running behind schedule [skɛdʒul] here and I must be back on Friday 26th. Make sure you keep a close track of my itinerary [aitinərɛri] in case there should be any need to get in touch with me.

Before the war you took you secretary abroad and called her your wife.
Now for tax purposes, you travel with your wife and call her your secretary.

Punch

VII. A.1. **Preparación de un programa** (1)

David Lavalle, Gerente de Mercadotecnia
Ann Perkinson, su secretaria privada

D.L. ¿Quiere usted por favor repetir[1] lo que acaba de hacer notar con relación a todas las reservaciones, Ann? Póngase después en contacto con Ronnie Peterson de World Travels; él es quien se ocupa del presupuesto de la Global Tools.

A.P. Desde luego, señor. Usted quiere llegar a la Ciudad de México el día 22 al mediodía, quedarse por la tarde junto a nuestro mostrador en la Feria Comercial, pasar la noche en la ciudad y partir la mañana siguiente para Tegucigalpa, Honduras. Usted pasará ahí el día, y después se marchará para San José, Costa Rica en un automóvil rentado.
Usted desea comer y dormir en la ciudad, y partir por la mañana siguiente a muy temprana hora para reunirse con nuestro agente local cuyas oficinas están en las afueras. Él lo alojará ahí durante todo el día, y lo acompañará a tomar el avión de la tarde con destino a la Ciudad de Panamá. El automóvil rentado será devuelto en la oficina del aeropuerto.[2] Esto será el día 24. En la tarde, usted saldrá para Caracas, Venezuela en automóvil, pasará ahí la noche y la mañana, y después, en la tarde, partirá también en automóvil para Bogotá, Colombia. Pasará la noche ahí y regresará por avión la tarde siguiente. Su vuelo deberá aterrizar[3] a las 6 p.m. a más tardar. ¿Hay algo que haya olvidado, señor?

D.L. No, Ann, todo está bien. Cómo me gustaría que dispusiera de más tiempo para hacer este viaje...[4] Lamentaría mucho que se perdiera el asunto únicamente porque las cosas se han atrasado aquí y porque debo estar de regreso el viernes 26. Asegúrese de no perder de vista mi itinerario por si llega a ser imprescindible[5] que se ponga en contacto conmigo.

---

(1) *will you repeat*: este futuro equivale a una forma de cortesía.
(2) *Hired car to be returned*: estilo telegráfico sin artículo que equivale a : *the car is to ... To be to*: deber con el sentido de "incluido en el programa", "en el orden de las cosas".
(3) *to be in*: en este caso se sobrentiende *at the airport*. En síntesis, es sinónimo de: *to arrive*.
(4) *I wish I had more time*: expresa el pesar o la pena por lo que no puede suceder.
(5) *in case there should be: there should be* se traduce por un condicional, e implica una hipótesis poco probable, pero que uno prefiere considerar.

Antes de la guerra uno llevaba a su secretaria al extranjero haciéndola pasar por la esposa.
Hoy en día, por razones de carácter fiscal, uno viaja con su esposa y la hace pasar por la secretaria.

VII. A.2. **Preparing a schedule** (2)

(Same Characters [k**ae**riktərs])

A.P. Now about hotels [h**o**utels], do you have any preference [prɛfərəns] Sir?

D.L. Not at all, there's no question of disrupting [disrʌptiŋ] the routine [rutin], especially since we have so little room for errors and last minute snags—even minor ones. But make sure there's a telex in each of them, though, and possibly good secretarial help. I'm going to miss you there. In the future [f**ju**tsər], I won't have such hurried [hɜrid] trips anymore, and I may have you come along on some of them.

A.P. Thank you Sir, how kind of you!

D.L. Ah Ah! Don't thank me, you'd be surprised how tiring travelling on business can be. What with all those changes in times, foods, clothes, especially when you leave the United States.

A.P. I know Sir, Mr. Seymour took me along to an International Conference in Mexico, since I can speak Spanish.

D.L. That so? It may be useful for me too. We'll see anyhow. Ah, what you could also manage would be sorting out all the specification sheets and pamphlets in relation to the Trade Fair in Mexico City. They're in my "New Processes" [pr**a**sɛsəs] file. I never seem to find the time to look at what's really interesting in that.

A.P. Certainly Sir. Will you phone here while you're away?

D.L. I think so, but, I intend to send you a tape every other day with my report recorded on it.

A.P. A tape or a cassette [kəsɛt] Sir? They have very convenient new cassette recorders at the General Office I could borrow one for you, couldn't I?

D.L. Very good idea, they're easier for you and me to handle, aren't they ? Now I'd like you to type my reports as they come in, so that I have only a few details to add in on my return...

VII. A.2. **Preparación de un programa** (2)

(*Mismos personajes*)

A.P. Con relación a los hoteles, ¿tiene usted alguna preferencia, señor?

D.L. Ninguna, no debemos interrumpir la rutina, especialmente porque tenemos muy poco tiempo disponible para incurrir en errores y molestias de última hora —aun cuando sean errores y molestias pequeñas—. Sin embargo, asegúrese de que haya telex en cada uno de los hoteles y, posiblemente, una buena asistencia secretarial. Me va usted a hacer falta por allá.[1] En el futuro, me voy a rehusar a hacer viajes tan apresurados,[2] y es posible que le pida a usted que me acompañe en algunos de ellos.

A.P. Gracias señor, es muy amable de su parte.

D.L. ¡Oh no! No me dé las gracias. Usted se sorprenderá cuando vea lo agotadores que pueden ser los viajes de negocios. Especialmente con todos esos cambios de horarios, de alimentos, y de ropas, sobretodo cuando se sale de Estados Unidos.

A.P. Lo sé, señor. Hablo español y el señor Seymour me llevó una vez a un Congreso Internacional en México.

D.L. ¿Ah si? Ello también podría serme útil a mí. Ya veremos. Bien, otra cosa que usted podría hacer en este momento sería clasificar todas las hojas de especificación y los folletos relacionados con la Feria Comercial de la Ciudad de México. Están en mi expediente de "Nuevos Procesos". Podría decirse que nunca he tenido tiempo de mirar lo que verdaderamente hay de interesante ahí.

A.P. Ciertamente, señor. ¿Telefoneará usted durante su ausencia?

D.L. Pienso que sí, pero tengo la intención de enviarle de vez en cuando una cinta magnetofónica, con la grabación de mi reporte.

A.P. ¿Una cinta magnetofónica o un casete, señor? En la oficina general tienen un nuevo y muy conveniente tipo de grabadoras de cassetes. ¿Podría pedir prestada una para usted, verdad?

D.L. Muy buena idea. Estas nuevas grabadoras serán más fáciles de manejar tanto para usted como para mí. ¿Verdad? También me gustaría que mecanografiara mis reportes a medida que los recibiera, de modo que solamente tenga que añadirles unos cuantos detalles a mi regreso...

---

(1) *To miss somebody* se construye como "extrañar a alguien" en español.

(2) I *won't have such trips*: *"I won't"* toma frecuentemente el significado de "me rehuso (a)".

VII. A.3. **Booking a hotel room**

A. In writing

The Manager
Hotel Carlton

June 15th, 199–

Dear Sir:

We should like to reserve (to book) a single room with bath from July 2nd until July 4th after breakfast. The reservation is to be made in the name of James K. Eastman.

Mr. Eastman will check in on the morning of the 2nd; he will require secretarial help for two days, together with a qualified English/Spanish interpreter familiar with the electronics industry. Telex facilities would also be a help.

Should there be no vacancies on these dates, would you be so kind as to suggest possible alternatives sufficiently in advance so that the necessary arrangements can be made here?

We look forward to an early reply.

Yours sincerely,

B. On the telephone

Hotel Carlton: Reception, how can I help you?
David Lavalle: Yes, I'd like to speak to the Manager, if it's possible.

H.C. Hold on a moment Sir, I'll ask if Mr. Johnson is in at the moment... Yes, you're through now...

D.L. Hello Mr. Johnson, this is David Lavalle, how are you? ... Fine thank you. Listen, I have a small party of experts from Mexico City coming to visit us; could you arrange something extra special for them?... I mean, red carpet and all that... Well normally there should be seven of them, and they should stay about five days... That's a good idea, and there should be a grand dinner with our own people, too, on the last night preferably. No problem? ... I'll send over my secretary with the whole schedule, and the details of names, dates and the like. I know you'll do your usual best. I'll drop in myself to say hello sometime next week. Bye bye for now.

VII. A.3. **Reservación de una habitación (de hotel)**

A. *Por escrito*

Señor Administrador
Hotel Carlton
15 de junio de 199—

Muy Señor Mío:

Deseamos reservar una habitación con baño para una persona. La reservación irá del 2 al 4 de julio incluyendo hasta el desayuno de este último día. Deberá hacerse a nombre de James K. Eastman.

El señor Eastman se registrará en el hotel el día 2 por la mañana, requerirá asistencia secretarial durante dos días, así como la ayuda de un intérprete calificado inglés/español que conozca la industria electrónica. Igualmente, sería muy útil el poder disponer de instalaciones de Telex.

En caso de que usted no tuviera habitaciones disponibles por estas fechas, ¿tendría usted la gentileza de sugerirnos con suficiente anticipación algunas alternativas posibles, de modo que podamos hacer rápidamente los arreglos necesarios al respecto? Esperamos tener una rápida respuesta por parte de ustedes.

Afectuosamente

B. *Por teléfono*

Hotel Carlton: Recepción, ¿Podemos servirle en algo?

David Lavalle: Si, me gustaría hablar con el Administrador, si ello es posible.

H.C. Espere usted un momentito señor, voy a preguntar si el señor Johnson está por aquí en este momento... Sí, lo comunico...

D.L. ¿Qué tal señor Johnson?, habla David Lavalle, ¿Cómo está usted? ... Muy bien gracias. Escuche, tengo un pequeño grupo de expertos de la Ciudad de México que han venido a visitarnos; ¿podría usted arreglar algo verdaderamente extraordinario para ellos?... Quiero decir, por ejemplo, colocar una alfombra roja y todo lo demás... Bien, los huéspedes deben ser siete, y deberán quedarse aproximadamente cinco días ... Es una idea excelente, y también sería necesario ofrecerles una cena de gala con ambiente hogareño, de preferencia en su última noche. ¿Algún problema? ... Le voy a enviar a mi secretaria con el programa completo, y los detalles de los nombres, las fechas y todo lo demás. Sé muy bien que hará usted su mejor esfuerzo, como siempre. Algún día de la semana próxima me voy a dar una vuelta por su oficina para saludarle. Por lo pronto, hasta luego.

VII. B.1. **Tradúzcanse las oraciones...**

1. ¿Ha hecho la agencia el depósito de los boletos?
2. El vuelo fue cancelado a causa de la neblina.
3. Que no me pongan en el mismo hotel que la última vez, estaba demasiado lejos.
4. Será más fácil rentar un automóvil ahí mismo.
5. No olvide usted llevar algunas monedas sueltas si desea telefonear desde el aeropuerto.
6. El jueves no hay vuelo directo a la Ciudad de México, será necesario cambiar de avión en Laredo, Texas.
7. Usted puede utilizar su tarjeta de crédito para rentar un automóvil sin depósito.
8. Tengo una carta de crédito girada contra el Bank of Commerce: ¿Piensa usted que pueda convertirla en efectivo en el B.I.P.?
9. Si usted parte el martes por la noche ganará un día más.
10. Si usted pierde sus cheques de viajero, nosotros se los reemplazaremos de inmediato.
11. ¿Tiene usted su Certificado Internacional de Salud? Recuerde que ciertas vacunas son obligatorias.
12. La Cámara de Comercio organiza visitas a las instalaciones portuarias mediante previa cita.
13. El seminario se llevará a cabo del 19 al 20 en el Hotel Los Gitanos de Cancún.
14. Todavía no me han sido devueltos (reembolsados, reintegrados) mis gastos de viaje.
15. Solamente lo pude ver dos horas en la Ciudad de México, estaba de paso y a punto de partir para Guatemala.
16. No olvide mandar reconfirmar su regreso.
17. Con un poco de suerte usted terminará por recuperar su equipaje: el mío llegó el último día de mi estancia.
18. No entiendo por qué me pusieron en una habitación doble, ya que yo pedí claramente una habitación con baño para una sola persona.
19. No tendré tiempo de pasar a mi oficina antes de mi salida; prepare mi expediente de inmediato.
20. ¿Dónde están los sanitarios, por favor?

VII. B.1. . . . y revise sus respuestas

1. Did the agency have the tickets left (brought)?
2. The flight was cancelled because of the fog.
3. Don't let them put me in the same hotel as last time, it was much too far away.
4. It'll be easier to hire (rent) a car on the spot.
5. Don't forget to get (some) change if you want to phone (make phone calls) from the airport.
6. There's no through flight to Mexico City on Thursdays, you'll have to change planes in Laredo, Texas.
7. You can use your credit card to rent (hire) a car with no deposit.
8. I have a letter of credit on the Bank of Commerce: do you think I will be able to cash money at the B.I.P.?
9. If you leave on Tuesday night you'll gain an extra day.
10. If you lose your Traveller's cheques (U.S.: Traveler's checks), we shall replace them at once.
11. Have you got (do you have) an International Health Certificate? Remember (Don't forget) that some vaccinations are compulsory.
12. The Chamber of Commerce will organize visits of the Harbor on (by) appointment.
13. The seminar will take place from the 19th until the 20th at Hotel Los Gitanos in Cancún.
14. My travel expenses haven't been paid back (reimbursed, refunded) to me yet.
15. I could only see him for two hours in Mexico City, he was on transit and about to leave for Guatemala.
16. Don't forget to have your home (return) flight (re-) confirmed.
17. With a little (bit of) luck you will eventually find (retrieve) your luggage again: mine was delivered (mine turned up) on the last day of my stay.
18. I can't understand why I've been put in a double room, I did ask for a single room with bath, though.
19. I won't have time to call at the office before I leave; get the dossier (file) ready at once.
20. Where's the loo (U.S.: john)?

VII. B.2. **Tradúzcanse las oraciones...**

1. Lo siento, pero su tarjeta de crédito ya expiró (ya no tiene validez).
2. Yo liquidaré mi nota con un comprobante de agencia.
3. Todo se liquidó en forma anticipada con una orden de pago internacional.
4. Me temo que no sé si este comprobante es por porte pagado o por depósito.
5. ¿Quiere usted por favor endosar estos cheques de viajero y mostrarme alguna identificación?
6. Si usted desea rentar un automóvil, puede usar una tarjeta internacional de crédito, o dejar un depósito en efectivo.
7. El medio más seguro para que usted obtenga efectivo rápidamente consiste en hacerle llegar por expreso una carta de crédito girada contra una de las sucursales locales de un banco internacional.
8. Quisiera por favor un duplicado de mi nota (factura).
9. ¿Cuál es actualmente el tipo de cambio para el peso mexicano?
10. Cambiaremos sus dólares al tipo de cambio oficial.
11. Usted no olvidó cargar mis llamadas a mi cuenta telefónica, ¿verdad?
12. Me temo que no veo con claridad lo que representa este concepto dentro de mi nota.
13. ¿A dónde puedo rentar un automóvil con chofer?
14. ¿Hace usted seminarios residenciales aquí?
15. Aceptamos fiestas por cita.
16. Necesitaría una secretaria bilingüe durante dos días.
17. Esta tarde dejaron un mensaje para usted.
18. ¿Podría usted hacer lo necesario para que me hicieran una reservación en un hotel de su cadena en Buenos Aires?
19. Si tomo en la terminal aérea el camión de las 7 h. que va hacia el aeropuerto, ¿llegaré a tiempo para tomar el avión de las 7:45 h. con destino a Chicago?
20. ¿A qué hora debe llegar este tren a la estación principal de Nueva York?

VII. B.2. **. . . y revise sus respuestas**

1. We are sorry but this credit card is no longer valid.
2. I'll be settling my bill with an agency voucher.
3. Everything was paid for in advance with an I.M.O. (International Money Order).
4. I'm afraid I don't know whether this voucher is a prepaid or a deposit one.
5. Will you please endorse these traveller's cheques and show me some identification?
6. If you want to hire a car, you can either use an international credential card, or leave a deposit in cash.
7. The safest way for you to get cash promptly would be to have a letter of credit sent to you express at the local branch of an international bank.
8. I want a copy (duplicate) of my bill (invoice).
9. What's the exchange rate for the Mexican peso these days?
10. We'll exchange your dollars at the official rate.
11. You didn't forget to charge my phone calls on my account, did you?
12. I'm afraid I don't clearly see what this item on my bill is for.
13. Where can I hire a automobile with chauffeur?
14. Do you arrange for residential seminars here?
15. We cater for parties by appointment.
16. I would need a bilingual secretary for two days.
17. There's been a message for you this afternoon.
18. Could you arrange a reservation for me in a hotel of your chain in Buenos Aires?
19. If I leave the Air Terminal on the 7 o'clock bus to the Airport, shall I make it in good time for the 7.45 plane to Chicago?
20. What time is this train due at New York Central Station?

VII. B.2. **Tradúzcanse las oraciones. . .** (2)

21. Recuerde usted que en Alemania el tiempo local de verano marcha con una hora de retraso respecto de la hora universal (Hora Promedio de Greenwich).
22. En París, la hora del invierno marcha una hora por delante del tiempo del meridiano de Greenwich.
23. La hora del invierno (literalmente: la hora que economiza la luz del día) cambia el día de hoy en este estado.
24. Si usted renta un automóvil sin chofer, observe los límites de velocidad: es muy fácil que le pongan a uno una multa por exceso de velocidad, y son muy costosas.
25. Fuera de las zonas urbanas, algunas autopistas mexicanas (en Estados Unidos: supercarreteras, caminos de alta velocidad, carreteras de peaje, pero no carreteras libres en este caso) están sujetas al pago de cuotas.
26. Un viaje de ida y vuelta se dice round-trip en inglés estadounidense, y return-ticket en el inglés de Inglaterra.
27. Nuestra nueva tarifa APEX entrará en vigor el 1o. de Enero de 1992.
28. Estas tarifas ofrecen descuentos especiales cuando se hacen reservaciones anticipadas.
29. Justamente en el último momento, el lugar en el que debía llevarse a cabo la conferencia se cambió de un hotel del centro de la ciudad a la sala menor de congresos de la Cámara de Comercio.
30. Los documentos que se presentaron en las diversas sesiones serán publicados en los reportes oficiales del congreso, los cuales pueden enviarse a cada participante por petición expresa.
31. La feria se realiza cada primavera en un terreno al aire libre situado a orillas de la carretera periférica.

21. Remember summer local time in Germany is one hour behind G.M.T. or U.T. (Greenwich Mean Time or Universal Time.)
22. Paris time is one hour ahead of G.M.T in winter.
23. Daylight Saving Time starts today in this state.
24. If you rent a self-drive car, mind the speed limits: tickets are easy to get for speeding, and the fines are heavy.
25. Some Mexican highways (U.S.: expressways, speedways, tollways, but not freeways here) are subject to toll outside urban areas.
26. Rounds trips in the U.S. are the same as return tickets in England.
27. Our new APEX fares will apply as of Jan.1st, 1992.
28. These farcs offer special reductions for advanced reservation.
29. At the very last minute, the conference venuc was changed from a downtown hotel to the Junior Chamber of Commerce Convention Hall.
30. The papers presented at the various sessions will be published in the official proceedings of the convention, which can be sent to each participant on request.
31. The fair is held each spring on open grounds located along the ring-road.

VII. B.3. **Taxation, inflation and the expense account**

What happens when direct taxation takes as much as 25% of the national income was first noticed by Lord Keynes in about 1923. It was he who pointed out that taxation, beyond a certain point, is the cause of inflation. When there is a high tax on the profits of industry, employers can reduce the tax by distributing the profits among their staff; a form of generosity which costs little. With this lessened resistance to wage demands, the value of the currency declines. One way in which profits can be distributed is through entertainment. Some American observers have already called attention to the inflationary effect of the 'expense account economy'. Many minor executives prefer a generous expense account to a raise in salary which would be heavily taxed and more soberly spent. It is they who support the so-called 'expense account restaurants', places of exotic decoration where patrons lunch in a darkness which is all but complete. They cannot see to read the prices on the menu but these, in the special circumstances, are irrelevant. For the company, it is a less expensive form of remuneration. For the community it is yet another, if minor, cause of inflation. As inflation progresses, a policy of devaluation then finds general support, with the result that the State's creditors, the investors in government stock, are cheated in what has become the normal fashion.

C. Northcote Parkinson
(The Law of Delay)

C.N. Parkinson, born in 1909 has taught history at Cambridge and at the University of California at Berkeley. In 1957 he published *Parkinson's Law* where, among others, he demonstrated that officials want to multiply subordinates, not rivals and that they make work for each other...

VII. B.3. **Los impuestos, la inflación y la cuenta de gastos**

En el año de 1923, Lord Keynes fue el primero en notar que cuando se descuenta en impuestos directos hasta un 25 por ciento del ingreso nacional, se producen ciertos efectos. Fue él quien señaló que, más allá de cierto límite, los impuestos son la causa de la inflación. Cuando los impuestos sobre las utilidades de la industria son altos, los patrones pueden reducir la carga fiscal distribuyendo las utilidades entre los trabajadores, lo cual es una forma de generosidad que no es cara. Con esta resistencia aminorada a las demandas salariales, el valor de la moneda disminuye. Una forma en la cual se pueden distribuir las utilidades es a través del entretenimiento y la diversión. Algunos observadores estadounidenses han llamado la atención de todos insistiendo en los efectos inflacionarios que produce una "economía basada en cuentas de gastos personales." Un buen número de ejecutivos de nivel medio prefieren disponer de una cuenta de gastos generosa en lugar de obtener un aumento salarial, el cual daría lugar a severos impuestos y a posibilidades de gastos modestos. Son ellos quienes mantienen a los así llamados "restaurantes de cuentas de gastos", lugares de exótica decoración donde los patrones almuerzan en una obscuridad casi total. No pueden ver lo suficiente para leer los precios del menú, aunque éstos, dadas las muy especiales circunstancias, no tienen ninguna importancia. Para la empresa, es una forma de remuneración menos costosa. Para la comunidad, es otra causa de inflación complementaria, aun cuando su magnitud sea menor. A medida que avanza la inflación, la idea de una devaluación se vuelve consecuentemente aceptable, con el resultado de que los acreedores del Estado, es decir, quienes invierten en acciones del gobierno, son defraudados en una forma que se ha vuelto normal.

C. Northcote Parkinson
(La Ley de la Demora)

C.N. Parkinson. Nacido en 1909. Impartió la materia de Historia en Cambridge y en la Universidad de California (Berkeley). En 1957, publicó la *"Ley de Parkinson"* donde, entre otras cosas, demostró que los funcionarios tratan de multiplicar a sus subordinados y no a sus rivales. También demostró que "se dan trabajo mutuamente... ".

VII. B.4. **Vocabulary**

Fairs and Exhibitions	*Ferias y exposiciones*
admission	entrada, admisión
assignment of space	repartición del espacio, distribución del espacio
attendance to, participation in	asistencia, participación en
Mexican food fair	feria de alimentos mexicanos
Mexican Industries Fair	feria de industrias mexicanas
buyer's pass	tarjeta de comprador, pase de comprador
to cancel one's registration	anular (uno) su inscripción, cancelar (uno) su registro
closing date, registration deadline	fecha de cierre, fecha límite de registro o de inscripción
deadline for applications	fecha límite de solicitud
day ticket	tarjeta (de entrada única)
entrance fee	derecho de entrada, derecho de admisión
events organized in connection with the fair	eventos organizados en conexión con la feria
to exhibit, to participate in an exhibition	exhibir, mostrar, participar en una exhibición
exhibit(ion), show	exhibición, exposición
exhibition of domestic arts	exhibición de artes domésticos
household appliances show	exhibición de aparatos para el hogar
exhibition site	área de exposición, sitio de exhibición
exhibition space (floor)	espacio de exposición, superficie de exhibición
exhibitor	exhibidor, exponente
exhibitor's pass	tarjeta de exponente, pase de exhibidor
(trade) fair	feria (comercial)
fair directory, list of exhibitors	directorio de exponentes, lista de exhibidores
fair grounds	área de la feria
fair pass, season ticket	tarjeta permanente
foreing exhibitors	exhibidores extranjeros
free (complimentary) ticket	entrada gratuita, boleto de cortesía
to hold an exhibition	mantener una exhibición
ideal home exhibition	exhibición de artes para el hogar
information center	oficina de informes, centro de información
machine tool exhibition	exposición de máquinas herramienta (máquinas que se utilizan como herramienta para el trabajo)
motor show	exposición de automóviles, salón de automóviles
outdoor locations	instalaciones al aire libre
peak attendance	récord de asistencia, asistencia máxima
permanent exhibition	exposición permanente
to put up, to remove a stand	montar, desmontar un puesto de exhibición (un estante)
to register, to apply for space	inscribirse para una feria, solicitar espacio

VII. B.4. **Vocabulary**

show hall	sala de exposición, sala de exhibición
stand, stall, booth (U.S.)	puesto, estante, caseta
a throng of visitors	afluencia de visitantes
travelling exhibition	exposición del itinerario exposición del recorrido
visitor, fairgoer	visitante, huésped de la feria
Transports	*Transportes*
affreightment	fletamento
aircraft, airplane, aeroplane	avión, aeroplano
air liner	avión de línea (regular)
as per B/L	por conocimiento de carga
barge	cliente, pinaza
bulk cargo	carga a granel
to bulk (U.S.: consolidate) shipments	agrupar los envíos, consolidar los embarques
by fast freight (U.S.)	por flete rápido, a gran velocidad
by slow freight (U.S.)	por flete lento, a poca velocidad
cargo pit (hold)	pañol de carga
carriage forward	porte adeudado, porte por pagar
carriage paid	porte pagado
carrier's liability	responsabilidad del transportista
to check one's luggage	registrar (uno) su equipaje
consignee	consignatario, destinatario
consigner	consignador, expedidor
consignment note, waybill	nota de consignación, hoja de ruta, itinerario, nota de embarque, conocimiento de embarque
railroad bill of lading (U.S.)	nota de embarque ferroviario, conocimiento de embarque ferroviario
conveyance (carriage, transport) of goods	transporte (acarreo) de mercancías
coach, bus (U.S.)	camión
dock	muelle
longshoreman (U.S.) docker, dock worker	estibador, trabajador de muelle
draught	corriente de agua (también de aire)
dry dock	dique de carena/(dique seco)
exchange station	estación de transbordo
express train	tren expreso
fast train	tren rápido (tren bala)
flag of convenience	pabellón de complacencias

VII. B.4. **Vocabulary**

fleet of vehicles	flota de automóviles
freight assessed by weight	flete al peso, flete tasado por peso
freight rate	tasa de flete, tarifa de flete
freight yard (U.S.)	estación de mercancías, de baja velocidad
gauge	medida, norma, separación
haulage contractor, (road)	empresario de transportes, transportista (de carreteras)
haulier	transportista
hold	dique, cuña
hull	casco (de un buque)
inland navigation	navegación fluvial
junction line	vía de entronque
liner	buque de una línea establecida
lock	presa, esclusa
main line, trunk line	vía principal
marshalling yard	estación de escrutinio
means of transport,	medios de transporte
transportation facilities	instalaciones de transporte
to moor	amarrar
oil-tanker	petrolero
parcels train	tren de bultos, de paquetería
piggy-back	se refiere al transporte de vehículos en un vagón dotado con una plataforma de fierro. Llevar o cargar sobre los hombros, llevar a cuestas
port dues (= charges)	derecho de puerto
port facilities	instalaciones portuarias
port of call	puerto de escala (donde los buques hacen sonar su sirena)
quay (wharf)	andén
railroad network U.S.)	red ferroviaria
railway junction	entronque ferroviario
railroad, railway	vía de ferrocarril, vía ferroviaria
route	ruta, itinerario, trayecto, recorrido
semi-trailer	semi-remolque
short (long) hauls	transportes a corta (a larga) distancia
shunting yard (U.S.)	estación de escrutinio
side-track, siding	vía secundaria, vía de garage
slow train	ómnibus
steamship (S/S)	barco de vapor
stower, stevedore	estibador

VII. B.4. **Vocabulary**

tapering rates	tarifas decrecientes
to taxi	andar o ir en taxi, transportar por tierra o por agua
taxiway	pista de arrollamiento
through train	tren directo
track	pista, vía
trailer	remolque
tramp	vapor volandero (navío)
truck	camión (de carga pesada)
tug (boat)	remolque (de mar)

Vocabulary (revisión)

A.1.

to handle	manejar, ocuparse de,
rental	encargarse de alquiler
suburbs	suburbios, alrededores (de una ciudad)
schedule	horario, programa

A.2.

characters	personajes
specsheets (specification sheets)	hojas de especificación
pamphlets	prospectos, folletos
processes	procesos, sistemas (técnicos)
tape	cinta, banda magnética
recorder	grabadora, magnetófono

A.3.

single room	habitación para una persona
(single)	habitación individual
to check in	presentarse en la recepción de un hotel, registrarse, darse de alta
electronics	electrónica
alternative	alternativa, alternativo
to look forward	tener un placer en, esperar, contar con
to be through	terminar, tener en la línea, estar conectado
party	grupo, reunión, recepción, fiesta
grand	grandioso, de gala
preferably	preferiblemente

VIII

Business file eight

Contract of distribution Buying and selling Wholesale and retail

Contrato de distribución compra y venta al mayoreo y menudeo

A. Situations

B. Records

VIII. A.

Storyline

David Lavalle is now in Mexico City; on arriving at his hotel, he has found a note confirming his appointment with Mr. Jaime Gómez, the Managing Director of Benjamín & Wendy, Inc., a well known chain of Multiple Shops. This in itself is encouraging.

Mr. Jaime Gómez seems to be very keen on obtaining exclusive [iksk**lu**iv] sales rights for the Rexo Coffee grinder [gr**ai**ndər] and is very cooperative. But the real talks will take place with Mr. Madrigal, the sales Manager for Benjamín & Wendy, Inc.

Resumen

David Lavalle está ya en la Ciudad de México; al llegar al hotel, encuentra una nota donde se confirma su cita con el Sr. Jaime Gómez, Director Administrativo de Benjamín & Wendy Inc., una bien conocida cadena de tiendas de sucursales (o tiendas múltiples). Esto es muy alentador en sí mismo.

El Sr. Jaime Gómez parece estar muy deseoso de obtener los derechos de venta exclusivos de la moledora de café tipo Rexo y por tanto se muestra muy cooperativo. Sin embargo, las discusiones serias se llevarán a cabo con el Sr. Madrigal, Gerente de Ventas de Benjamín & Wendy, Inc.

VIII. A.1. **A discussion with the boss of a large multiple shop**

J.G. = Jaime Gómez; *D.L. = David Lavalle*

J.G. I'm sorry to have kept you waiting... But I had to get one of our representatives [riprizɛntətiv] on the phone. It's about the only time of day I can get in touch with him.

D.L. That's quite all right. It's dead on half past nine. I actually arrived a bit early.

J.G. Good. Now let's get down to business. You know, I think we are going to place this order with you.

D.L. That's good news.

J.G. But we still have this problem of terms of payment to settle.

D.L. Well, we can offer the usual 5% discount [diskaunt], plus the guarantee that we'll take back whatever doesn't sell within 6 months.

J.G. This sounds like an interesting proposition... Now what about credit terms ? You see, we don't want to commit ourselves to cash payment for all future orders. What we need is some kind of instalment [instɔlmənt] plan.

D.L. I take your point. This could be worked out in detail during your visit to our head office. I can assure you our own people are quite willing to help.

J.G. I'm pleased to hear that. Shall I draw up a draft proposal then, and send it out to you?

D. L. You can do that, I'll gladly submit it to the management. Another point I'd like to take up with you is the promotion campaign...

J.G. Yes... I understand you have no advertising [aedvərtaiziŋ] agent in this country.

D.L. No. We thought we'd first find a distributor before taking any definite steps...

J.G What we have already done on past occasions is to have our own agent, Batford and Rowlings, run a campaign along the lines set forth by one of our suppliers...

VIII. A.1. Una discusión con el jefe de un importante organismo de tiendas de sucursales

J.G. = Jaime Gómez; D.L. = David Lavalle

J.G. Lamento mucho haberle hecho esperar... Pero tenía que localizar por teléfono a uno de nuestros representantes. Ésta es aproximadamente la única hora del día en la que me puedo poner en contacto con él.

D.L. No se preocupe usted. Son exactamente las nueve y media. En realidad, llegué con un poco de antelación.

J.G. Bueno. Ahora hablemos de negocios. Como usted sabe, creo que vamos a colocar este pedido con ustedes.

D.L. Eso es una buena noticia.

J.G. Pero aún nos queda por resolver el problema de las condiciones de pago.

D.L. Bien. Podemos ofrecerles el descuento usual del 5 por ciento, además de la garantía de que aceptaremos la devolución de todo aquello que no se venda dentro de seis meses.

J.G. Parece una proposición interesante... Pero, ¿qué me dice de las condiciones de crédito? Como usted sabe, no queremos comprometernos con pagos en efectivo para todos los pedidos futuros. Lo que necesitamos, es algún tipo de plan de pagos en abonos.

D.L. Entiendo su punto de vista. Este aspecto podría especificarse con todo detalle durante el transcurso de su visita a nuestras oficinas centrales. Puedo asegurarle que nuestra gente está totalmente dispuesta a ayudarle.

J.G. Me complace escuchar eso. ¿Quiere usted entonces que redacte una proposición provisional y que se la envíe?

D.L. Hágalo, me dará mucho gusto someterla a la Administración. Otro aspecto que me gustaría tratar con usted es el de la campaña promocional...

J.G. Oh sí... Tengo entendido que usted no tiene agente de publicidad en este país.

D.L. No. Pensamos que antes de tomar cualesquiera pasos definidos deberíamos primeramente encontrar un distribuidor...

J.G. Lo que ya hemos hecho en ocasiones anteriores es permitir que nuestro propio agente, Bartford and Rowlings, realice una campaña acorde con los lineamientos establecidos por uno de nuestros proveedores...

VIII. A.2. **Buyers and sellers**

After the previous conversation in Mexico City, Mr. Jaime Gómez has made a trip to the Global Tools Head Office to finalize [f**ai**nəlaiz] *the contract. The following is a conversation between Jaime Gómez, and Tom O'Neal.*

T.O'N. I see we quoted [kw**ou**təd] you ex-warehouse prices. Do you want me to give you the prices F.O.B.?

J.G. No. I think we should prefer to have an idea of the total cost, delivered to our works. Or at least, if this is too complicated to work out now, we'd like to have your C.I.F. prices.

T.O'N. Yes. That'll be easier. I can get C.I.F. prices worked out by my shipping clerk while we go on talking. Caroline, please take these price quotations to the shipping department and get them to work out C.I.F. prices for Mr. Gómez.

J.G. I'd like to ask you next about delivery, Mr. O'Neal. How soon can it begin?

T.O'N. Will you take part deliveries? I mean, we could let you have, say, one third of the order immediately from stock, and this can be dispatched just as soon as we can get shipping space.

J.G. Oh yes, of course, we should like to have that, but what about the balance [b**ae**ləns] of the order? You see, we don't want our campaign to fail because of a shortage [sɔrtidʒ] of supplies. We'll have to supply immediately what we advertise, especially during the launching [lɔntsiŋ*] stage.

T.O'N. What about one third for prompt delivery, and the final consignment [kans**ai**nmənt] for forward [fɔwəd] delivery?

J.G. Excuse me, but I think we should like to have a definite date for the last shipment or couldn't we stipulate in the order: "not later than such or such a date"?

T.O'N. Well, that depends on the production shedule of the mills and the orders in our books. But I trust it can be arranged to your convenience [kənv**i**njəns].

VIII. A.2. **Compradores y vendedores**

Después de la conversación anterior, mantenida en la Ciudad de México, el Sr. Jaime Gómez ha efectuado un viaje a las oficinas centrales de la Global Tools para llevar el contrato a su conclusión. A continuación presentamos la plática que tuvieron Jaime Gómez y Tom O'Neal.

T.O'N. Veo que les hemos cotizado los precios de salida del almacén. ¿Quiere usted que les proporcionemos los precios F.O.B. (libre a bordo)?

J.G. No. Pienso que preferiríamos tener una idea del costo total, entregando el material en nuestra fábrica. O por lo menos, si ello es muy difícil de calcular en este momento, nos gustaría tener sus precios C.I.F. (costo, seguros, flete).

T.O'N. Si. Ello será más fácil. Puedo ordenar que mi encargado de embarques calcule[1] los precios C.I.F. mientras continuamos charlando... Carolina, lleve por favor estas cotizaciones de precios al departamento de embarques y haga que calculen los precios C.I.F. para el Sr. Gómez.

J.G. Me gustaría después hacerle algunas preguntas acerca de las entregas, Sr. O'Neal. ¿A partir de cuándo podrían empezar?

T.O'N. ¿Aceptarían ustedes entregas parciales? Es decir, podríamos separarles inmediatamente del inventario, por ejemplo, un tercio del pedido, y tal material podría enviárseles tan pronto como encontráramos disponibilidad por parte de algún transportista.

J.G. Oh sí. Desde luego. Nos gustaría mucho recibir ese material, pero, ¿qué sucederá con el resto del pedido? Vea usted, no queremos que nuestra campaña fracase a causa de falta de materiales. Tendremos que suministrar de inmediato lo que anunciamos, especialmente durante el periodo de lanzamiento.

T.O'N. ¿Qué les parecería a ustedes una entrega inmediata de un tercio del pedido y una entrega diferida para el envío final?

J.G. Disculpe, pero pienso que nos gustaría tener una fecha definida para el último envío; o, de otra forma, ¿no sería posible estipular en el pedido: "a más tardar en tal o cual fecha"?

T.O'N. Bien, ello dependerá del programa de producción de las fábricas y de los pedidos que existan en nuestros libros. Pero estoy seguro de que el asunto podrá arreglarse como a ustedes mejor les convenga.

---

(1) *I can get prices worked out* : puedo hacer que se calculen los precios, puedo ordenar que los precios sean calculados.
- hacer + infinitivo en sentido pasivo = *to have* o *to get* + participio pasado.
–en oposición, hacer + infinitivo en sentido activo = *to have* o *to make* + *infinitivo* sin *to*.
I make (o I have) him work out the prices: le hago (a él) calcular los precios. Hago que él calcule los precios.

VIII. B.1. **Tradúzcanse las oraciones...**

1. ¿Ha usted registrado mi pedido?
2. Acaban de abrir sucursales en provincia.
3. Los productores buscan desesperadamente nuevos puntos de venta (en el sentido de cadenas o tiendas distribuidoras).
4. La competencia se vuelve cada vez más aguda.
5. Los pequeños detallistas protestan contra la decisión de implantar un supermercado.
6. Pensé que era el encargado de arreglar los aparadores, pero en realidad es un supervisor de área en una tienda de departamentos.
7. Algunas veces se acusa a los mayoristas de ser intermediarios improductivos.
8. Los detallistas independientes tienen libertad para seleccionar a sus proveedores.
9. Vendemos principalmente aparatos eléctricos y artículos para el hogar.
10. Vendemos directamente al consumidor.
11. En ciertos casos, es el mayorista quien se ocupa de la selección y del empaquetamiento.
12. ¿Qué condiciones de crédito están ustedes dispuestos a concedernos?
13. Ya urge que tengamos nuestros propios almacenes y nuestras propias salas de exposición.
14. Su pedido les será enviado por paquete postal.
15. Esta nueva gama de productos parece gustarle a nuestra clientela.
16. La razón de rotación de esta empresa de ventas por correspondencia se ha duplicado en un periodo de tres años.
17. Los menudistas independientes han perdido una parte de su clientela, la cual ha sido capturada por las tiendas de sucursales (almacenes múltiples; cadenas de tiendas).
18. Compramos al mayoreo y a crédito.
19. Vendemos al contado, pero concedemos descuentos considerables.
20. La vendedora se acercó a nosotros y nos preguntó: ¿Ya les están atendiendo?
21. Los robos que se cometen en los estantes, en los mostradores y en los escaparates, representan de un 4 a un 5 por ciento de nuestra cifra de ventas.
22. Hay un sitio para estacionarse al lado del centro comercial.

VIII. B.1. . . . y revise sus respuestas

1. Have you reserved (booked) my order?
2. They have just opened branches in the provinces.
3. (The) Producers are desperately looking for new outlets.
4. Competition is sharper and sharper.
5. (The) Small retailers are protesting against the decision to set up a supermarket.
6. I thought he was a window-dresser, but he is actually department supervisor in a department store.
7. Wholesalers are sometimes accused of (charged with) being unproductive middlemen.
8. Independent retailers are free to select (choose) their suppliers.
9. We mostly sell electrical appliances and household goods (electrical and domestic appliances).
10. We sell direct to the consumer.
11. In certain cases, it is the wholesaler who takes care of (looks after, attends to) sorting and packing.
12. What credit terms are you willing to grant us?
13. It's high time we had our own warehouses and display rooms (exhibition rooms).
14. Your order will be sent to you by parcel post.
15. This new range of products seems to appeal to our customers.
16. The turnover of this mail-order firm has doubled in three years' time.
17. Independent retailers have lost part of their custom to multiple shops (chain stores; multiples).
18. We buy in bulk and on credit.
19. We sell for cash, but we grant considerable (substantial) discounts.
20. The salesgirl (shop-assistant) walked up and asked: 'Are you being attended to?' ('Can I help you?').
21. Shoplifting, from counters and shelves, amounts to 4 to 5% of our sales figure.
22. There is a parking lot close to the shopping centre.

VIII. B.2. **Tradúzcanse las oraciones...**

1. Usted debería haber colocado su pedido con mucho mayor anticipación.
2. Acuso recibo de su carta fechada el 17 de este mes.
3. La caja estaba marcada con la leyenda "frágil" (o "manéjese con cuidado").
4. Estamos dispuestos a concederles un descuento del 4 por ciento.
5. Me pidieron un depósito del 20 por ciento con el pedido (al ordenar).
6. No olvide enviarles nuestra última lista de precios, junto con nuestras condiciones de venta.
7. La mayor parte de nuestros precios (o cotizaciones) se consideran "al salir de la fábrica".
8. El saldo debería haber sido liquidado a la entrega.
9. Las mercancías no coinciden con las de la muestra.
10. Yo no sabía que las mercancías tenían que ser enviadas gratuitamente hasta la tienda del cliente.
11. Sírvase encontrar aquí mismo una copia de la factura.
12. Le aconsejamos anular su pedido.
13. Los envases vacíos no son retornables.
14. Estaremos encantados de surtir su pedido.
15. Todas las compras deben ser liquidadas en efectivo.
16. Su último pedido data de 199— No hemos recibido nada de ellos desde aquél entonces.
17. Será necesario presentar el recibo.
18. Las fechas límite de las entregas no han sido respetadas.
19. Deseamos agradecerles la rapidez con la cual nos han proporcionado la información requerida.
20. Las muestras deberán llegarle dentro de poco tiempo.
21. Las condiciones de pago son: 40 por ciento con el pedido y el saldo a 6 meses en abonos.

VIII. B.2. . . . y revise sus respuestas

1. You should have ordered much earlier (you ought to have placed an order much sooner).
2. I acknowledge receipt of your letter of the 17th of this month.
3. The case (crate) was marked "handle with care".
4. We are willing (prepared) to grant you (allow you) a 4% discount (rebate).
5. I have been required to leave (make; pay) a 20% deposit with the order (when ordering).
6. Don't forget to send them our latest price-list, together with our terms of sale.
7. Most of our quotations are ex-works (ex-plant; x-mill; x-factory).
8. The balance ought to have been settled on delivery.
9. The goods are not up to sample (true to sample).
10. I didn't know the goods had to be (were to be) sent free to customer's store (free to buyer's warehouse; free to customer's warehouse; franco).
11. We enclose (please find enclosed; we send you herewith) a copy (duplicate) of the invoice.
12. We would advise you to cancel the order.
13. Empties are not returnable (taken back; refunded).
14. We shall be pleased to fulfil (carry out; execute) your order.
15. All the purchases must be paid for in cash.
16. Their last order dates back in 199—. We haven't reserved anything from them ever since.
17. You will have to show the receipt.
18. The delivery time-limits (dates; deadlines) have not been met (complied with).
19. We wish to thank you for supplying us so quickly with the required information.
20. The samples should reach you (very) shortly.
21. The terms of payment are 40% with the order and the balance by instalments over 6 months.

VIII. B.3. **Channels of distribution**

1. *Single shops*: single branch shops, operated by "sole proprietors" (U.S.). "The small shop round the corner" belongs to this type: the local grocer, butcher, tobacconist is most of the time an independent small trader. Such independent shops often get together to form "voluntary chains" in order to benefit by the discounts and favorable terms granted for bulk buying.

2. *Multiple shops, or multiples,* include several branches specializing in one category of products—or engaged in multiple trade (chain stores).

3. *Cooperative societies, cooperative stores*. They may be set up locally or have branches throughout the country. The original idea was for consumers to own the shop or store. Profits would be shared in proportion not to the number of shares, but to the amount of purchases made.

4. *Department stores* are large stores that carry several lines of merchandise and that are organized into several departments.

5. *Self-service* is operated by single and multiple shops and by cooperative stores.

6. *A Supermarket* is a self-service store with a selling area of at least 2 000 square feet.

7. *A Hypermarket* is a giant supermarket.

8. *Mail-order businesses* (M.O.B.) send out catalogues by mail and the customers order by post (or even by telephone). They may be mail-order firms specializing in this form of trade, or the mail order sections of a department store.

VIII. B.3. **Canales de distribución**

1. *Tiendas individuales:* tiendas sin sucursales que son operadas por propietarios únicos (o independientes). "La tienda de la esquina de la calle" pertenece a este tipo: el abarrotero local, el carnicero, el tabaquero son la mayor parte de las veces pequeños comerciantes independientes. Este tipo de comerciantes se reagrupan con frecuencia para formar "cadenas voluntarias" cuyo propósito es aprovechar los beneficios de los descuentos y de las condiciones favorables de pago propias de las compras a gran escala.

2. *Tiendas de sucursales o sucursalistas:* comercios que comprenden varias sucursales y que se especializan en una gama única de productos o bien, se dedican a la venta de productos diversificados. (cadenas de tiendas).

3. *Sociedades cooperativas, tiendas cooperativas:* comercios que pueden estar establecidos en un lugar determinado o tener sucursales por todo el país. La idea original consistía en que los consumidores fueran los propietarios del almacén o tienda y que las utilidades se distribuyeran en proporción al monto de las compras realizadas, y no en proporción al número de acciones.

4. *Tiendas de departamentos:* tiendas de gran tamaño que manejan varias líneas de mercancías y que se organizan con base en varios departamentos.

5. *Tiendas de auto-servicio:* comercios que son operados por tiendas independientes, por sucursales, y por tiendas de tipo cooperativo.

6. *Supermercados:* tiendas de auto-servicio que incluyen un área de ventas de por lo menos 2 000 pies cuadrados.

7. *Hipermercado:* dícese de un supermercado de dimensiones gigantes.

8. *Empresas de ventas por correspondencia:* comercios que se dedican a hacer envíos postales y donde los clientes hacen pedidos por correo (o aún por teléfono). Puede tratarse de casas de comercio por correo especializadas en este tipo de negocios, o puede tratarse simplemente de las secciones de órdenes postales de una tienda de departamentos.

VIII. B.4. **Vocabulary** (revisión)

A.1.

multiple shop (multiple)	tienda de sucursales
to get down to business	ponerse a trabajar
whatever	cualquiera, cualesquiera, lo que, todo lo que
to sound	parecer (lo que uno entiende o escucha); resonar, retumbar
to commit oneself to…	comprometerse (uno) a ...
instalment	abono, anualidad, pago(s) escalonado(s)
to take s.o's point	comprender (o entender) el punto de vista de alguien
draft	proyecto, borrador (minuta), boceto, esbozo, plan

A.2.

to finalize	finalizar, concluir
to quote	citar, dar, cotizar (un precio)
ex-warehouse prices	precios de salida del almacén
F. O. B.	libre a bordo (libre de gastos, de porte), F.A.B.
delivered to our works	entregado en nuestra fábrica
C. I. F.	costo, seguro, flete
shipping clerk (agent)	encargado (agente) de embarques
shipping department	departamento de embarques
part deliveries	entregas parciales (fragmentadas, escalonadas) (extraído, sacado, tomado)
from stock	del inventario
to ship (to dispatch)	embarcar, expedir (despachar)
the balance	el saldo, el resto, el faltante, la diferencia
to fail	fallar, fracasar
shortage	escasez, falta de
the launching stage	el periodo, la etapa de lanzamiento
immediate delivery	entrega inmediata
consignment	envío
forward delivery	entrega diferida
mills	fábricas
to trust	creer, estar persuadido; tener confianza (en)

VIII. B.4. **Vocabulary**

actual price	precio real
actual stock on hand	inventario real (neto), inventario real disponible
agreed price	precio convenido, precio pactado
to allow a discount	conceder un descuento, hacer una rebaja
allowance	ración, descuento, provisión (de gastos)
to appoint an agent	nombrar un agente
average price	precio promedio
bargain price	precio de oportunidad
to be out of stock	no tener inventario, haberse agotado el inventario
to be well stocked with	estar bien aprovisionado de
branch	sucursal
broker	corredor, agente
to build up stocks	acumular mercancías (en el inventario)
to buy wholesale (= in bulk)	comprar a granel, comprar al mayoreo
to carry in stock	tener en el inventario, en el almacén
cart	carretón, carretilla (de mano)
cash desk	caja, oficina de caja
cash discount	descuento en efectivo (al contado)
cash price	precio (al) contado
chain stores	tiendas de cadenas, tiendas con sucursales
cheap	barato, económico, poco costoso
check-out counter	caja (de supermercado)
to clear the stock	liquidar el inventario, saldar
cold store	almacén frigorífico
collapse of (slump in) prices	derrumbe de precios, hundimiento de precios
commercial traveller	viajero comercial, representante, viajero por comisión
competitive prices	precios competitivos, precios de la concurrencia
to conclude (= sing, enter into) an agreement	concluir, formalizar, firmar un contrato
consumer price	precio al consumidor (al consumo)
consumer price index	índice de precios al consumidor
contract price	precio contractual, precio alzado
cost	costo
cost price	precio de costo, precio de compra

VIII. B.4. **Vocabulary**

current (ruling) price	precio del día, precio actual, precio en vigor
dealer	distribuidor, negociante
department	departamento, sección
department store	tienda departamental
discount	descuento, rebaja, reducción (de precio)
distributor	distribuidor, concesionario
door-to-door selling	ventas de puerta en puerta
to draw on (dip into) the stocks	agotar los inventarios, tomar de los inventarios
exclusive right of sale	derecho exclusivo de venta
exhaustion of stocks	agotamiento de los inventarios
fall (drop, decline) in prices	baja (caída, declive) de precios
to go shopping	ir de compras, recorrer las tiendas
to go window-shopping	hacer (o ir de) compras de aparador
to grant a rebate	conceder una rebaja
grocer's shop, grocery store	tienda de abarrotes
to have in stock	tener en inventarios
hawker	1) vendedor ambulante 2) mercader por estación
head-office	oficina central, domicilio social, domicilio principal
high-priced	de precio alto, caro, costoso
housewife	ama de casa
inclusive price	precio total, precio que incluye todos los gastos
to increase (raise) prices	aumentar los precios
in stock	en el almacén (stock = inventario)
intermediary	intermediario
inventory	a) inventario; b) almacén
invoice price	precio de factura
jobber (U.S.)	comerciante a granel, mayorista
to lay in a stock of	hacer una provisión de, aprovisionarse de
low—priced	de bajo precio, barato, poco costoso
mail—order house	casa de ventas por correo, casa de ventas por correspondencia

VIII. B.4. **Vocabulary**

to make an allowance	conceder una rebaja, hacer un descuento
market (= trade) price	precio de mercado, precio comercial
mark up (= margin)	margen de utilidad, margen de beneficio
middleman	intermediario
multiple shops	tienda de gran tamaño con sucursales, cadena de tiendas
net price	precio neto
to overstock	sobrealmacenar, almacenar en exceso
packaging	empaquetamiento, acondicionamiento
to peddle	hacer ventas en forma ambulante
to peg prices	mantener los precios
to price something	fijar el precio de una cosa
price freeze	congelamiento de precios
price index	índice de precios
price list	lista de precios, tarifa
price policy	política de precios
price regulation	control de precios, regulación de precios
prices are soaring (sky-rocketing)	los precios están aumentando vertiginosamente
prices fall (=go down, drop)	los precios bajan, disminuyen
prices show a downward trend	los precios muestran una tendencia a la baja
prices show an upward tendency	los precios muestran una tendencia a la alza
prices rise (increase, go up)	los precios suben, aumentan
pricing	fijación de precios
purchase price	precio de compra
rebate	rebaja, descuento
to cut (reduce) prices	disminuir (reducir) los precios
refund	reembolso, devolución de fondos
representative	representante (de asuntos comerciales)
retail trade	comercio al menudeo, comercio detallista
to retail	vender al menudeo, vender al detalle
retail dealer	detallista, negociante al menudeo
retailer	detallista, menudista
retail price	precio al menudeo, precio detallista
retail price index	índice de precios al menudeo
retail sale	venta al menudeo, venta al detalle
return	devolución, rendimiento

rise (= increase) in prices	alza de precios
self-service store	tienda de auto-servicio
to sell by retail	vender al detalle, al menudeo
to sell cheap	vender a un precio bajo
to sell wholesale	vender al mayoreo
to shop	hacer compras (en una tienda)
shop-assistant (= clerk)	vendedor, empleado de tienda
shop-front	aparador (o escaparate) de una tienda
shopkeeper	comerciante, mercader, tendero
shop-lifter	dícese de las personas que roban en los estantes de las tiendas (principalmente de auto-servicio)
slot (=vending U.S.) machine	distribuidor automático, máquina vendedora automática
sole (= exclusive) agency	agencia exclusiva
sole selling rights	derechos exclusivos de venta
standard price	precio estándard
stock	inventario
stock building	acumulación de inventarios, carga de los inventarios
stock control	control de inventarios
stock control card	tarjeta de control de inventarios
stock in warehouse (= in trade, in hand)	inventario disponible (en el almacén)
stock record card	tarjeta de registro de inventario
stock taking	toma (física) de inventarios
stock turnover	rotación de inventarios
to stock with	hacer una provisión de, aprovisionarse de
the stock is running low	el inventario está disminuyendo; el inventario se está agotando
storage	almacenaje, abastecimiento
storage (warehouse, warehousing) charges	gastos de almacenaje, (de almacenamiento, de depósito)
storage facilities	instalaciones de almacenaje,
storage warehousing	almacenamiento
store (house)	almacén, (de pósito de mercancías)
to store	almacenar,depositar
storekeeper	jefe de almacén, jefe del almacén
stores	existencias, mercancías almacenadas

VIII. B.4. **Vocabulary**

storing	almacenamiento, almacenaje
subsidized (supported, pegged) price	precio subsidiario
supermarket	supermercado
to take stock	tomar (físicamente) un inventario, levantar un inventario
trade discount	descuento comercial
traveling salesman (U.S.)	agente viajero de ventas, representante de ventas
trolley	vagoneta de volquete, carretilla, carro de grúa, coche o tranvía
to undercut prices	reducir notablemente los precios, vender a muy bajo precio
warehouse	almacén, depósito (de mercancías)
to warehouse	almacenar, depositar
warehouseman	almacenero, almacenador
to wholesale	vender al mayoreo
wholesale cooperative	cooperativa de compras al mayoreo
wholesale price	precio al mayoreo, precio de mayoreo, precio mayorista
wholesale price index	índice de precios al mayoreo
wholesaler	comerciante al mayoreo, mayorista
wholesale trade	comercio al mayoreo
wholesale trader (dealer; merchant)	mayorista, negociante al mayoreo
world market price	precio de mercado internacional, precio mundial

IX

Business file nine

First shipment abroad (means of transport) Import-Export

Primer envío al extranjero (medios de transporte)
Importaciones-Exportaciones

A. Situations

B. Records

IX. A.

Storyline

The agreement between Global Tools and Crown Equipment Co. has been formalized [fɔrməlaizd], and an order has been placed and confirmed.
The first shipment is on its way.
It consists of 2 containers which have been transported by road from the factory to a sea port and loaded onto a ship bound for (with destination to) Mexico City.

Resumen

El contrato entre la Global Tools y la Crown Equipment Co. ha sido formalizado. Además, se ha establecido un pedido el cual ya fue confirmado.
El primer envío está en camino.
Se compone de dos contenedores que han sido transportados por carretera desde la fábrica hasta un puerto marítimo y además han sido cargados en un barco cuyo destino final es la Ciudad de México.

IX. A.1. **Order**

Dear Sirs:

We thank you for your letter of 7th October (your ref DL/ap).

For this first shipment, we have selected the four items listed in the enclosed order form.

As you know, we are in urgent need of these parts, and we trust you will dispatch them without delay.

We are also interested in your B 26 Model, for which we will probably place a large order in the near future.

Yours sincerely,
For Crown Equipment Co.

Encl. Order No. 2705

IX. A.2. **Acknowledgement of order**

Dear Sirs:

We acknowledge [iknalidʒ] receipt of your order No. 2705.

The goods are being dispatched today, and should reach you by the end of next week.

The accompanying [əkʌmpəniiŋ] documents will be forwarded tomorrow, so that you can get them in advance.

We are at your disposal for any further orders. In particular, if you are still interested in our B 26 Model, we would like to know what quantity you would require, since we only maintain a limited stock of such articles.

Yours sincerely,

IX. A.1. **Pedido**

Muy Señores Nuestros:

Les agradecemos su carta fechada el 7 de octubre (con su ref. DL/ap).

Para este primer envío, hemos seleccionado los cuatro artículos que figuran en el pedido que adjuntamos a esta carta.

Como ustedes saben, tenemos mucha urgencia por estas piezas, y confiamos en que nos las puedan suministrar sin demora.

También estamos interesados en su Modelo B 26. Probablemente colocaremos un extenso pedido de dicho modelo en el futuro cercano.

Afectuosamente,
Para Crown Equipment Co.

Memorándum de pedido No. 2705.

IX. A.2. **Acuse de recibo de pedido**

Muy Señores Nuestros:

Acusamos recibo de su pedido No. 2705.

La mercancía será despachada el día de hoy, y deberá llegarles a fines de la semana próxima.

Los documentos correspondientes les serán enviados el día de mañana, con la finalidad de que puedan recibirlos anticipadamente.

Estamos a sus órdenes para tramitar cualesquiera otros pedidos. En particular, si aún están interesados en nuestro Modelo B 26, nos gustaría saber qué cantidad piensan ordenar, porque solamente mantenemos un inventario limitado de tales artículos.

Afectuosamente,

Para lo relativo a los formalismos de la correspondencia comercial, véase B.F. XIX.

IX. A.3. **Something goes wrong**

The Marketing Manager of Global Tools has just had a phone call from Mr. Catford, head of Crown Equipment Co., complaining that their shipment has not arrived yet. The Marketing Manager immediately calls the forwarding agent on the phone.

— Is that you Bob? This is David Lavalle. I am sorry to bother you but I have an urgent problem to solve.
— Yes? How can I help?
— Well, do you remember this shipment to Crown Equipment? Their first order actually. They complain it hasn't arrived yet.
— How come? It was shipped on the 8th, as agreed, and everything's been taken care of. I can't imagine what went wrong.
— Could you please make inquiries? And call me back as soon as you have any clue [klu].
— I'll certainly do that. I'll get on to the customs office in East Docks. I have an old friend there. I'll ring you back as soon as I have something.
— Thanks a lot. You see it's an important contract and...
— I know how you feel. I'll check immediately.

At 5 o'clock, Bob Robson's telephone rings again.

— Hello, Robson speaking.
— It's David again, anything new on our shipment?
— Yes. I've managed to trace it. It was stored in the wrong warehouse. Those people don't seem to have tried terribly hard to locate it. Actually it didn't take long to find it. Anyway, it's there for them to collect.
— Thanks a lot. I'll give them a ring immediately.
— I've already taken care of that myself. They will take delivery of it tomorrow.
— Well, you've done a good job. Thank you again. It's such a relief [ri**lif**].
— I'm glad it's OK now.
— Bye bye.

IX. A.3. **Algo anda mal. . .**[1]

El Gerente de Mercadotecnia de Global Tools acaba de recibir una llamada telefónica del señor Catford, jefe de la Crown Equipment Co., quejándose de que su pedido aún no ha llegado. De inmediato, el Gerente de Mercadotecnia le llama por teléfono al agente de envíos.

— ¿Es usted Bob? Habla David Lavalle. Lamento tener que molestarle, pero tengo un problema urgente que debo resolver.
— ¿Ah sí? ¿Qué puedo hacer por usted?
— Y bien, ¿recuerda el embarque hecho a Crown Equipment? Su primer pedido, en realidad.[2] Se están quejando de que aún no han recibido nada.
— ¿Cómo es posible?[3] Fue embarcado el día 8, tal y como se convino, y se hizo todo lo necesario. No acabo de entender qué fue lo que falló.
— ¿Podría usted investigarlo por favor y volverme a llamar cuando tenga algún resultado?
— Por supuesto que sí. Voy a ponerme en contacto con la oficina de aduanas de East Docks. Tengo un viejo amigo ahí. Le volveré a llamar tan pronto como tenga alguna información.
— Muchas gracias. Como usted sabe, es un contrato importante y...
— Sé muy bien cómo se siente usted. Haré las verificaciones necesarias de inmediato.

A las cinco de la tarde, el teléfono de Bob Robson suena de nuevo.

— Hola, habla Robson.
— Habla David de nuevo. ¿Tiene usted alguna novedad con relación a nuestro envío?
— Sí. Finalmente pude rastrearlo: fue almacenado por error en otro almacén. Las personas que trabajan ahí no parecen haberse esforzado mucho para localizarlo. En realidad, no se requirió mucho tiempo para encontrarlo. Pero en todo caso, ya pueden pasar a recogerlo.
— Muchas gracias. Les voy a llamar por teléfono de inmediato.
— Ya me encargué de hacerlo yo personalmente. Lo van a pasar a recoger mañana.
— Muy bien, ha hecho usted un buen trabajo. Gracias de nuevo. Es un gran alivio.
— Me da gusto saber que todo está ya en orden.
— Hasta luego.

(1) *to go wrong:* salir mal, no salir bien.
(2) *actually:* verdaderamente, realmente, en verdad. Para traducir "actualmente" utilícense términos tales como *now, right now, at the moment.*
(3) *How come?:* ¿Cómo es posible? También puede decirse: *How is it?*

IX. A.4. **A further order**

Dear Sirs,

With reference to your letter of 25th October, we wish to confirm our interest in your B 26 Model.

We are very pleased to enclose herewith [hirwio] our order No. 2812 .

We must stress that the delivery date of 15th November in an absolute deadline [dɛdlain]. Any delay would disrupt our production schedules.

Kindly inform us by return whether you can book the order on these terms.

IX. A.5. **We cannot book your order**

Dear Sirs,

In reply to your letter of Nov. 8th, we are sorry to inform you that we cannot book your order along the lines you suggest.

We cannot commit ourselves to deliver the bulk of the order for 15th November. But we suggest you might agree to take one half of the order before 15th November, and the balance [b**ae**ləns] before 1st December.

Should you find such a solution acceptable, we should be prepared to extend our credit terms to 60 days after the second shipment.

We are indeed sorry we cannot meet your requirements [rikw**ai**rmənts], and hope the above proposal will receive your approval.

IX. A.6. **Confirmation of order**

Thank you for your letter of Nov 12th.

We enclose confirmation of our order for B 26 electric whipper.

Delivery will, as you suggest, take place in two consignments [kəns**ai**nmənts], the first one to reach us before 15th November, the second one not later 1st December. Your compliance [kəmpl**ai**əns] with these time limits is, of course, absolutely necessary.

We trust you will understand our emphasis [ɛmfəsəs] on this just as we understand your difficulties.

IX. A.4. **Un nuevo pedido**

Muy Señores Nuestros:

En respuesta a su carta del 25 de octubre, deseamos confirmarles nuestro interés en su Modelo B 26.
Nos complace el enviarles en esta carta nuestro pedido No. 2812.
Debemos hacer hincapié en el hecho de que la fecha del 15 de noviembre constituye un límite absoluto para el día de entrega.
Cualquier demora interrumpiría nuestros programas de producción.
Sírvanse informarnos por vuelta de correo si les es posible aceptar nuestro pedido con estas condiciones.

IX. A.5. **No podemos aceptar su pedido**

Muy Señores Nuestros:

En respuesta a su carta del 8 de noviembre, lamentamos mucho el tener que informarles que no podemos aceptar su pedido dadas las condiciones que ustedes nos proponen.
No podemos comprometernos a entregar la totalidad del pedido para el 15 de noviembre. Pero hemos pensado que tal vez estarían ustedes dispuestos a recibir la mitad del pedido antes del 15 de noviembre, y el saldo antes del 1 de diciembre.
En caso de que esta solución les parezca aceptable, nosotros estaríamos dispuestos a ampliar nuestras condiciones de crédito hasta 60 días después del segundo embarque.
Lamentamos en verdad el que no podamos cumplir con sus condiciones, y esperamos que la propuesta anterior reciba su aprobación.

IX. A.6. **Confirmación de pedido**

Gracias por su carta del 12 de noviembre.
Anexamos aquí la confirmación de su pedido donde nos solicitan 26 batidoras eléctricas tipo B 26.
La entrega se hará, como ustedes lo proponen, en dos remesas. La primera deberá llegarnos antes del 15 de noviembre, y la segunda deberá llegarnos a más tardar el 1 de diciembre. Como es evidente, será absolutamente indispensable el que nos cumplan con estos límites de tiempo.
Confiamos en que comprendan nuestra insistencia a este respecto, tal y como nosotros comprendemos sus dificultades.

IX. B.1. **Tradúzcanse las oraciones...**

1. De acuerdo con nuestro agente de envíos, las formalidades de la aduana han sido tramitadas de manera normal.
2. Un buen número de los derechos de aduana que se aplican en México se gravan sobre la base de una tarifa *ad valorem*.
3. El tipo de cambio es el que ha sido anunciado por la Oficina de Aduanas en la fecha de liquidación de derechos aduanales.
4. En algunos países, el impuesto al valor agregado grava las importaciones y se calcula sobre el valor "Costo-Seguro-Flete" de las mercancías sacadas de la aduana.
5. Hace ya varios años que se ha anunciado la abolición de las cuotas.
6. El nuevo reglamento aduanero será aplicado a partir del 1ro. de junio.
7. Se deben enviar al importador por lo menos dos copias de la factura en forma detallada.
8. Deberá anexarse a la declaración de la aduana una copia certificada de conformidad por el importador.
9. A los pasajeros se les permite llevar dos paquetes de cigarrillos.
10. Las mercancías fueron colocadas en un almacén de depósito aduanero por error.
11. Diríjase a un agente aduanero; él se encargará de todas las formalidades que le correspondan a usted.
12. Veo claramente el nombre del expedidor, pero no puedo encontrar el del destinatario.
13. Me gustaría tener alguna información acerca del financiamiento de las exportaciones.
14. La disminución en las restricciones aduanales está preocupando a los productores de vino.
15. Los certificados de origen pueden ser emitidos por las Cámaras de Comercio o por las autoridades consulares del país importador dentro del país exportador.

IX. B.1. . . . y revise sus respuestas

1. According to our forwarding agent, the customs formalities have been effected (carried out, performed) normally.
2. Many of the customs duties charged in Mexico are on an ad valorem basis.
   (Many of the customs duties in force in Mexico are levied on an ad valorem basis).
3. The conversion rate is the one announced by the Customs Office on the date of clearance.
4. In some countries, value-added tax is levied on imports and assessed on the C.I.F. duty-paid value of the goods.
5. The elimination (abolishing) of quotas has been announced for several years.
6. The new customs regulation will come into force (take effect, become operative, be implemented, be applied, be enforced) as from [of] June 1st.
7. At least two copies of the detailed invoice must be sent to the importer.
8. A copy, certified true and correct by the importer should be attached (annexed) to the customs declaration.
9. Passengers are allowed to bring in 2 cartons of cigarettes.
10. It is by error (owing to a mistake) that the goods have been stored in a bonded warehouse.
11. Apply to a customs broker (custom-house broker): he will effect all the formalities on your behalf.
12. I can see the name of the consignor, but I can't find that of the consignee.
13. I would like to obtain information about export financing.
14. The lowering of tariff walls (customs barriers) is causing concern among wine-growers.
15. Certificates of origin may be issued by Chambers of Commerce or by the consular authorities of the importing country in the exporting country.

IX. B.2. **Tradúzcanse las oraciones...**

1. Su flota de camionetas repartidoras sigue aumentando.
2. Se me hizo tarde a causa de los embotellamientos de tránsito; el motor de mi coche se ahogó, y tuve que llamar a una grúa.
3. El camión está descompuesto y va a ser necesario descargar las cajas.
4. La circulación quedó bloqueada por un semi-remolque que se volteó.
5. A pesar de la cuota de peaje, es más económico tomar la autopista.
6. Los vagones fueron puestos en una vía apartada y nadie se preocupó por lo que transportaban.
7. Devuélvales los embalajes de tablas por flete ferroviario.
8. Recogeremos los bultos en la estación.
9. Los trenes de viajeros abonados van siempre llenos.
10. Nuestra cotización incluye precios franco-ferroviarios.
11. ¿Tiene usted una copia del conocimiento de embarque?
12. El contrato (o la contrata) de fletamento constituye un convenio entre el naviero y el fletador.
13. El barco de carga tenía una vía de agua, y fue necesario arrojar al mar una parte del cargamento.
14. La compañía de seguros pretende alegar que la carga no fue adecuadamente estibada en la cala (la bodega).
15. La utilización de contenedores y el acarreo mediante vagones con plataforma han dado lugar a una verdadera revolución en el campo del transporte.
16. El barco petrolero quedó dañado durante la colisión y nuestros remolques no tienen la suficiente potencia para remolcarlo.
17. Con estos nuevos barcos de remolque las vías marítimas podrán tener éxito de nuevo.
18. Evidentemente, las barcazas no son tan veloces como los aviones jet. Pero los costos tampoco son los mismos.
19. Los precios de los fletes aéreos no están próximos a disminuir.
20. En el aeropuerto de destino (de llegada), el remolque es descargado y se engancha a un camión.

IX. B.2. . . . y revise sus respuestas

1. Their fleet of delivery vans keeps increasing.
2. I was held up by the traffic (delayed); my engine stalled, and I had to call for a tow-truck.
3. The truck has broken down and the boxes (cases) will have to be unloaded.
4. Traffic was jammed (blocked) by an articulated semi-trailer which had overturned.
5. In spite of the toll, it's more economical to take the motorway.
6. The cars (wagons) were shunted into a siding, and nobody worried about what they were carrying.
7. Return the crates to them (send the crates back to them) by slow freight train.
8. We shall collect (pick up, take delivery of) the parcels at the station.
9. Commuter trains are always crowded (overcrowded).
10. We are quoting F.O.R. (Free on Rail) prices.
11. Have you got a copy of the Bill of Lading left? (Do you still have a copy of the B/L?)
12. A Charter-Party constitutes a contract between (the) shipowner and (the) charterer.
13. The cargo-ship had sprung a leak and part of the cargo had to be thrown overboard (jettisoned).
14. The insurance company (insurers) claim that the cargo was not properly stowed in the hold.
15. The use of containers and piggybacking have brought about a genuine revolution in transport.
16. The tanker was damaged in the collision and our tugs are not powerful enough to tow it.
17. With these new tow-boats (thanks to...) the waterways may thrive again.
18. Admittedly, barges are not as fast as jet-planes. But the costs (rates) are not the same either.
19. Air freight-rates are not about to fall (decrease).
20. At the airport of arrival (destination) the trailer is unloaded and hooked up to a truck.

IX. B.3. **Definitions**

I. Quotations

1. *In a commercial transaction the prices quoted may be:*

• *ex-works,* or *ex-mill,* or *ex-warehouse* or *loco,* a local price which does not cover any transport expense. The goods will have to be picked up by the buyer at the works, mill or warehouse where they lie.

• *F.O.R. (Free on rail)* covers the loading of the goods onto wagons or trucks.

• *Free alongside ship,* includes the cost of the goods, plus the carriage and handling charges incurred.

• *F.O.B. (Free on board)* includes transport and handling charges to the harbor, plus the cost of having the goods loaded aboard the ship.

• *C.I.F. (Cost, Insurance, Freight)*: F.O.B. price + insurance and freight charges to the port of destination.

• a *Duty paid price* includes the preceding + customs duties. In other terms, the price is that of the goods after they have been cleared through the customs.

2. *Other quotations are*:

• *C. & F. (cost and freight)*: C.I.F. minus the cost of having the goods insured.

• *In bond prices*: C.I.F. prices + the expenses incurred in having the goods stored in a bonded warehouse

• *Free to receiving station*: Duty paid price + cost of having the goods transported to the station of destination.

• *Free to customer's premises or Franco* covers all transport and handling charges up to the delivery of the goods to the importer.

II. Charter-party

A contract by which the owners of a ship let the ship to another person or company to be used by him or them for transportation over a given period. The charter-party states the destination, the type of the cargo and the freight to be paid. A ship may be chartered whole or in part.

IX. B.3. **Definiciones**

I. Cotizaciones (Proposiciones de precio)

1. *En una transacción comercial, los precios cotizables pueden ser de los siguientes tipos:*

• *Precio al salir de fábrica*
Precio de plaza (o precio local) que no cubre los gastos de transporte. Las mercancías tendrán que ser recogidas por el comprador en la fábrica o en el almacén donde se encuentren.

• *Precio franco-ferroviario*
Cubre el cargamento de las mercancías puestas sobre los vagones ferroviarios.

• *Precio franco a bordo del buque*
Incluye el costo de las mercancías, más los costos de acarreo y de manejo en los que se incurra.

• *Precio franco a bordo*
Incluye los gastos de transporte y de manejo hasta el puerto, además del costo del cargamento de las mercancías a bordo.

• *Precio costo, seguro, flete*
Precio franco a bordo, más los gastos de seguros y de fletes hasta el puerto de destino.

• *Precio franco fuera de aduana*
Incluye los conceptos precedentes más la suma correspondiente a los derechos de aduana. Dicho de otra forma, es el precio de las mercancías una vez extraídas de la aduana.

2. *Otros precios:*

• *Precio C & F*
Precio costo, seguro, flete menos el costo del seguro de las mercancías.

• *Precio bajo depósito aduanal*
Precio costo, seguro, flete más los gastos en los que se incurra por almacenar la mercancía en un almacén de la aduana.

• *Precio franco en la estación de destino*
Precio franco fuera de aduana más los gastos de transporte ocasionados hasta la estación de recepción.

• *Precio franco a domicilio, o precio franco*
Cubre todos los gastos de transporte y de manejo hasta que las mercancías sean entregadas en las instalaciones del importador.

II. Contrata (o contrato) de fletamento

Contrato en virtud del cual los propietarios de un navío lo rentan a otra persona o a una sociedad para que lo utilicen con fines de transporte durante un periodo determinado.
La contrata de fletamento indica el destino, el tipo de cargamento y el precio del transporte. Un navío puede ser alquilado en su totalidad o en parte.

III. Shipping documents

1. *Certificate of origin*

It is a document stipulating in which country the goods have been manufactured.
It allows the importer to benefit by preferential rates (in terms of customs duties) when there is a customs agreement between the importing and the exporting countries.

2. *Bill of lading, or B/L: it has three purposes:*

a) It is a receipt given by the captain for goods taken on board his ship.
b) It stipulates the terms of the carriage agreement.
c) It is a proof of ownership of the goods (a title deed) and may accordingly be used by the importer as security to obtain a loan from a bank.

3. *Consular invoice*

It is a special invoice bearing the seal of the consular authorities of the importing country in the exporting countries. This obviously facilitates the clearing of the goods abroad.

4. *Documentary bill*

This is a draft sent by/through the seller's bank to the purchaser's bank, together with the documents concerning the goods (invoice, consular invoice, bill of lading, insurance policy). Two different types:

a) Documents against payment (D/P): the documents necessary to take possession of the goods will only be surrendered to the purchaser (importer) after the amount of the draft has been paid (sight draft).
b) *Documents against acceptance (D/A)*: the necessary documents will be surrendered to the importer against acceptance of the draft—or bill—(to accept a draft is simply to sign it). Payment will then take place when the draft comes to maturity. A foreign bill is usually drawn payable 30, 60 or 90 days after sight.

III. Documentos relativos al transporte

1. *Certificado de origen*

Es un documento en el que se estipula el país en el que se fabricaron las mercancías.
Permite al importador beneficiarse de las tarifas preferenciales (en materia de derechos de aduana) cuando existe un acuerdo aduanal entre los países importadores y exportadores.

2. *Conocimiento de embarque:* tiene tres propósito:

a) Es un recibo que da el capitán en conexión con las mercancías puestas a bordo de su navío.
b) Precisa los términos y condiciones del contrato de transporte.
c) Es un título de propiedad de las mercancías, el cual puede ser utilizado por el importador como garantía para obtener un préstamo bancario.

3. *Factura consular*

Es una factura especial que lleva el sello de las autoridades consulares del país importador en el país de exportación. Obviamente, este documento facilita el retiro de las mercancías de la aduana.

4. *Letra de cambio documentaria*

Es una letra de cambio enviada por (o a través de) el banco del vendedor al banco del comprador, acompañada de los documentos relativos a las mercancías (factura, factura consular, conocimiento de embarque, póliza de seguros).
Se presentan dos casos diferentes:

a) *Documentos contra pago:* los documentos necesarios para el retiro de las mercancías solamente serán remitidos al comprador (importador) después de que el monto de la letra de cambio haya sido pagado (reclamado a la vista).
b) *Documentos contra aceptación:* Los documentos necesarios serán remitidos al importador contra la aceptación de la letra de cambio (o pagaré) (aceptar una letra de cambio es simplemente firmarla). El pago tendrá lugar cuando la letra de cambio llegue a su vencimiento. Una letra de cambio extranjera generalmente es pagadera a 30, 60 o 90 días después de vista (después de su presentación para el cobro).

IX. B.4. **Illustrations**

A. Bill of lading (B/L)

The goods or packages containing the goods hereinafter mentioned have been shipped on board in apparent good order and condition unless otherwise indicated herein. They shall be transported subject to all the terms of this bill of lading, by the route and via the place or places described and agreed in Articles 6, 9 and 10 hereof. Their destination shall be the port of discharge named herein or such other port or place as is provided for in Article 9 hereof or so near thereunto as the ship can safely get, lie and leave, always afloat at all stages and conditions of water and weather. Such goods shall be delivered or transhipped there on payment of all charges thereon. If requested, one signed bill of lading duly endorsed must be surrendered in exchange for the goods or delivery order. In accepting this bill of lading, the shipper, consignee, holder of this bill of lading and owner of the goods agree to be bound by all of its stipulations, exceptions and conditions, whether written, typed, stamped or printed on the front or back hereof as if signed by such person, even in spite of any local customs or privileges to the contrary, and agree that all agreements or freight engagements for the shipment of the goods shall be superseded by this bill of lading.
In witness whereof, the number of original bills of lading stated herein, all of this tenor and date, has been signed, one of which being accomplished, the others to stand void.

B. Extract from a charter-party: [...]

5. Dues and other charges levied against the cargo shall be paid by the Charterers and dues and other charges levied against the ship shall be paid by the Owners.
6. Cash for ship's use, if required, not exceeding one third of the calculated amount of freight shall be advanced against Captain's receipt at the port of loading, subject to 3 per cent to cover interest, commission and cost of insurance. [...]

IX. B.4. **Ilustraciones**

A. Conocimiento de embarque

Se han cargado a bordo las mercancías o paquetes que se mencionan aquí, aparentemente en buenas condiciones y estado, salvo las indicaciones hechas en contrario en el presente documento. Serán transportadas en los términos de la totalidad de las cláusulas de este conocimiento de embarque, de acuerdo con el itinerario convenido y transitando por el lugar o lugares descritos y estipulados en los artículos 6, 9 y 10 del presente documento. Su destino será el puerto de descargo que se cita en este documento o hasta algún otro puerto o lugar indicado en términos del artículo 9, o hasta algún lugar vecino donde el navío pueda llegar, detenerse, y volver a zarpar, manteniéndose siempre a la mar, cualquiera que sea el estado del agua y de las condiciones climatológicas. La mercancía será entregada o transbordada ahí, después de la liquidación de todos los cargos correspondientes. En caso de que así se requiera, se deberá presentar un ejemplar del conocimiento de embarque firmado y debidamente endosado a cambio de las mercancías o de la orden de entrega. Al aceptar este conocimiento de embarque el expedidor, el destinatario, o el titular del mismo y el propietario de las mercancías, se comprometen a respetar todas estas cláusulas, excepciones y condiciones, ya sea que estén escritas, mecanografiadas, estampadas o impresas en el anverso o en el reverso de dicho documento, como si estuvieran firmadas por tal persona, aun a pesar de toda costumbre o de todo privilegio local que se opusiera a ello, y reconocen que todos los acuerdos o compromisos relativos al flete para la expedición de mercancías serán anulados por el presente conocimiento de embarque.
En virtud de todo lo anterior, se ha firmado el número de conocimientos de embarque originales que se mencionan aquí, del mismo tenor y de la misma fecha, y la ejecución de uno solo de ellos volverá nulos a los otros.

B. Extracto de una contrata de fletamento (...)

5. Los derechos y los demás gastos gravados sobre el cargamento serán pagados por los fletadores y los derechos y los otros cargos gravados sobre el navío serán pagados por los propietarios.

6. Cuando sea necesario, se hará un anticipo al contado por la utilización del navío, el cual no excederá del total de la suma calculada para el flete y será recibido por el Capitán en el puerto de carga, con sujeción a un derecho del 3 por ciento para la cobertura del interés, de la comisión y del costo de los seguros. (...)

IX. B.5. **Vocabulary** (revisión)

A.1.

shipment	envío, embarque, expedición
items	artículos, productos, renglones, números...
to list	listar, establecer una lista
to trust	confiar, tener confianza en, esperar
to despatch	despachar, expedir

A.2.

acknowledgement	reconocimiento, declaración
to acknowledge	reconocer, admitir
to forward	enviar, expedir, dirigir
to require	requerir, solicitar, desear, tener necesidad de

A.3.

to complain	quejarse, reclamar
forwarding agent	agente de envíos, agente de tránsito (de mercancías)
to solve	resolver, solucionar
to ship	expedir, embarcar
as agreed	como se convino, como se acordó
clue	indicio, idea, informe, información
customs	aduana
to locate	situar, ubicar, localizar, señalar, marcar
to collect	recoger, reunir, cobrar
relief	alivio, ayuda, auxilio

A.4.

herewith	con esto, adjunto, incluso
deadline	fecha límite
delay	retardo, demora
to disrupt	interrumpir, desorganizar

A.5.

to commit oneself (to)	comprometerse (a)
the bulk	el grueso, el volumen, la masa
balance	saldo, balance, equilibrio
credit terms	condiciones de pago

A.6.

consignment	envío, lote
beyond	más allá de
compliance	conformidad, cumplimiento, ejecución
emphasis	énfasis, insistencia, hincapié

IX. B.5. **Vocabulary - Import - Export**

adverse trade balance	balanza comercial deficitaria
allocation of foreign exchange	asignación de divisas
allocation of foreign currency	asignación de monedas extranjeras
to apply for an import licence	solicitar una licencia de importación
at sender's risk(s)	bajo los riesgos y peligros del expedidor
balance of trade	balanza comercial (relación entre los importadores y las importaciones de mercancías de un país determinado)
balance of payments	balanza de pagos
bonded warehouse	almacén de la aduana
cash against documents	contado contra documentos, efectivo contra documentos
cash in advance	pago anticipado, efectivo por anticipado
certificate of origin	certificado de origen
to clear the goods through (the) customs	sacar (o retirar) las mercancías de la aduana
clearance, clearing	despacho de la aduana (de ciertas mercancías)
collection	cobranza (de los ingresos)
consignee	destinatario
consigner, consignor	expedidor
consignment	expedición, envío, cargamento
for consignment abroad	con destino al extranjero
consular invoice	factura consular (factura que lleva el sello del cónsul del país importador en el país exportador, lo cual facilita las formalidades de la aduana)
country of origin	país de origen
customs documents	documentos de la aduana
customs duty	derechos de aduana
documentary draft	letra de cambio documentaria
documents against acceptance	documentos contra aceptación
document against payment	documento contra pago
documents of title	títulos de propiedad
duty free	exento de derechos, admitido sin franquicia

IX. B.5. **Vocabulary**

expiry date	fecha de expiración
export	exportación
export documents	documentos de exportación
exporter	exportador
export manager	gerente de exportación
export trade	comercio de exportación
favorable trade balance	balanza comercial favorable
foreign agent	agente extranjero, representante extranjero
foreign branch	sucursal extranjera, sucursal del extranjero
foreign subsidiary	filial extranjera, subsidiaria extranjera
free trade	libre comercio
to hand documents to a bank for collection	entregar documentos a un banco con propósitos de cobro
import	importación
import agent	agente importador, agente de importaciones
importer	importador
import licence	licencia de importación
import quota	cuota de importación
import trade	comercio de importación
indent	pedido, orden de compra (que proviene del extranjero)
lay-days	días de plancha, días de descanso (para el cargamento de un navío)
licensee	concesionario (persona que obtiene una licencia)
licensor	persona que da una licencia, que concede una concesión
manufacturing under license	fabricación bajo licencia
overseas	al extranjero, ultramar
to produce a document	proporcionar un documento
pro forma invoice	factura pro-forma
quota	cuota
removal of tariff walls	eliminación de las restricciones aduanales
restrictive practices	prácticas restrictivas prácticas que causan limitaciones a la libre concurrencia, restricciones a la libertad de comercio

IX. B.5. **Vocabulary**

shipment	expedición, embarque
shipping documents	documentos de embarque
to smuggle	hacer contrabando, contrabandear
to subsidize	subsidiar, subvencionar
subsidy	subsidio, subvención
tariff barrier	restricción aduanal
tariff wall	restricción aduanal
terms of trade	términos de comercio.
time-charter	fletamento a tiempo (que cubre un cierto periodo de tiempo)
trade agreement	acuerdo comercial
trade barrier	restricción comercial restricción aduanal
transit agent	agente de tránsito, agente de envíos
unfair practices	prácticas que causan restricciones a la libre concurrencia
way-bill	hoja de ruta, itinerario
world trade	comercio mundial

IX. B.6. **Test** (solución en X bis)

a) escríbanse en forma completa las siguientes abreviaturas

F.A.S.; F.O.R.; F.O.B.;
F.O.T.; X-Whf; X-Ml; C.I.F.;
B/L; C/P

b) proporcione el equivalente en español de las siguientes expresiones

free of charge
true to sample
duty paid
in bond
way-bill

X

Business file ten

Board meetings Types of business organization

El consejo de Administración Tipos de organizaciones de negocios

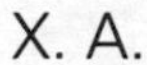

X. A.

Storyline

Global Tools is now contemplating the purchase of a smaller firm, Rowlands and Baxter, Inc. specialising in electrical equipment.
The situation will be discussed at the next Board meeting.

Resumen

Global Tools está contemplando ahora la adquisición de una empresa más pequeña especializada en equipos eléctricos; la Rowlands & Baxter, Inc.
La situación se discutirá en la próxima reunión del Consejo de Administración.

X. A.1. **Notice of directors´ meeting**

Dear Sir,

You are hereby [hirb**ai**] notified [n**ou**təfaid] that the regular monthly meeting of the board of Directors of Global Tools Co. will be held at the offices of the Company, Suite 215, Main Building, No. 12345-3 Madison Street, Dallas, Texas at 10 o'clock a.m. on the 15th day of March 199—.

X.A.2. **Board meeting**

On the appointed day, the meeting is opened by the Chairman, and the minutes [m**i**nəts] of the last meeting are read and agreed.

Then the discussion proceeds to the first item on the agenda:

The intended purchase of Rowlands and Baxter, Inc.

1st Director: I had the impression that we only contemplated acquiring [əkw**ai**riŋ] a controlling interest in Rowlands and Baxter.

Chairman: That was actually the original idea. But as it turns out, their financial position is so bad that our main contribution would be to put them back on their feet again. And this we can do more efficiently if we own the company wholly [houli].

... (to other director) yes?...

2nd Director: I don't quite follow. What's the interest of rescuing [rɛskjuiŋ] a firm that cannot pay its (own) way?

Chairman: I think David Lavalle would like to answer you on this.

Marketing Manager: Thank you Mr. Chairman. I think the failure of Rowlands and Baxter is almost entirely because of bad management. Their diversification policy has been a complete flop and they have acquired such a bad reputation among wholesalers for delays in deliveries, errors on quantities etc, that they are past recovery.

But they do have a couple of sound, reliable products that would complete our lines effectively.

X. A.1. **Convocatoria a una reunión del Consejo de Administración**

Respetable Señor:

Tenemos el honor de informarle que a las 10 de la mañana del 15 de marzo de 199—, se llevará a cabo la asamblea mensual ordinaria del Consejo de Administración de Global Tools Co. en la suite 215, del domicilio social de la empresa ubicada en Main Building, No. 12345-3 de la calle Madison, Dallas, Texas.

X. A.2. **La reunión del Consejo de Administración**

En el día acordado, el Presidente inaugura la reunión. Las minutas de la asamblea anterior son leídas y aprobadas.
Posteriormente, la discusión procede y se empieza con el primer punto del orden del día:
— La intención de comprar la Rowlands and Baxter, Inc.

1er. Director: Tenía la impresión de que solamente estábamos contemplando la adquisición de un control mayoritario de la Rowlands and Baxter.

Presidente: Ésa fue en efecto la idea original. Sin embargo, parece ser que su posición financiera es tan mala que nuestra principal contribución sería el volver a poner su empresa a flote. Y esto es algo que podemos hacer en una forma más eficiente si llegamos a poseer la compañía en su totalidad.

... (a otro director) ¿Sí?

2do. Director: No entiendo muy bien. ¿Cuál es el interés de rescatar una empresa que no puede salir por sí misma de sus problemas?

Presidente: Pienso que David Lavalle desearía responderle sobre este particular.

Gerente de Mercadotecnia: Gracias Señor Presidente. Considero que la quiebra de la Rowlands & Baxter se debe casi totalmente a una mala administración. Su política de diversificación fue un fracaso total y a causa de sus demoras en las entregas, de sus errores en las cantidades, etc., han adquirido una reputación tan mala entre los mayoristas que distan mucho de poder recuperarse.

No obstante lo anterior, tienen algunos productos tan confiables y tan sólidos que podrían servirnos para completar nuestras líneas de una manera efectiva.

For example, their bath heater is technically very good, and might sell like hot cakes if we put our name on it.
And, as you know, the location [**lou**keiʃən] of their factory and commercial premises is excellent.

3rd Director: What about the staff and labor force?

Chairman: The sales force seems to be pretty weak and I think we could do without them. But the technical staff is outstanding. Besides industrial relations have been satisfactory up until recently, when it's become obvious [**a**bviəs] that the firm was on its last legs.

1st Director: Now gentlemen, isn't this too much of a leap in the dark? How do we benefit by acquiring a firm with such a bad name in business? It seems to me we are heading for no end of trouble and all for one or two items that seem satisfactory. Why can't we manufacture something similar ourselves?

Company Secretary: Now you are forgetting about patents and licences... Besides, we'd also buy the facilities, plant and machinery, and I'm told they are exactly what we need.
But I'd like to add something... Please, this is strictly off the record (confidential)... There is a... rumor [**ru**mər] shall we say? Rowlands and Baxter have also been approached by Elex, Inc. Needless to say that I'm having this information checked. But if it were true, you realize...

2nd Director: Rowlands and Baxter is actually a Public Limited Company isn't it? So what about the shareholders? If we want to take over the company, we'll have to offer them some kind of share exchange, a share for share arrangement of some sort... And if we are not the only one to bid for them, there is no telling how far competition may take us...

The meeting has been inconclusive [inkənkl**u**siv] *and a new meeting is convened for the following week. It is hoped that, on the basis of more detailed information, a final decision may be arrived at.*

X. A.2. **La reunión del Consejo de Administración** (continuación)

... Por ejemplo, su calentador para baño es técnicamente bueno, y si le pusiéramos nuestro nombre se vendería como pan caliente.[1]
Y finalmente, como ustedes saben, la ubicación de su fábrica y de sus instalaciones comerciales es excelente.

3er. Director: ¿Y qué hay acerca del personal y de la mano de obra?

Presidente: La fuerza de ventas parece ser muy débil y pienso que podríamos abstenernos de ella. Pero el personal técnico es sobresaliente. Además, las relaciones industriales fueron satisfactorias hasta un periodo reciente, cuando se hizo evidente que la empresa estaba al borde del derrumbe.

1er. Director: Veamos, señores. ¿No estamos realmente dando un salto hacia lo desconocido? ¿En qué nos beneficiamos de la adquisición de una empresa con una reputación tan mala en su industria? Me parece que nos estamos precipitando hacia una gran cantidad de problemas interminables, y todo ello por uno o dos artículos que parecen ser satisfactorios. ¿Por qué no podemos fabricar algo similar por nuestra propia cuenta?

Secretario General: Bueno, usted está olvidando las patentes y las licencias ... Además, nosotros también compraríamos las instalaciones, la planta y la maquinaria, y se me ha dicho que son exactamente lo que necesitamos.
Pero me gustaría añadir algo... Sobre todo, que esto quede estrictamente entre nosotros... Hay... digamos algunos rumores... según los cuales Rowlands & Baxter han sido igualmente contactados por Elex, Inc. No necesito decir que estoy haciendo que se verifique esta información. Pero si fuera cierta, como ustedes comprenden...

2do. Director: Rowlands and Baxter es en realidad una Sociedad Anónima (que se cotiza en bolsa). Por lo tanto, ¿qué hay acerca de los accionistas? Si deseamos adquirir la empresa, tendremos que ofrecerle algún tipo de intercambio de acciones, por ejemplo, un arreglo del tipo de una acción de ellos por una de nosotros... Y si no somos los únicos en hacer una oferta por ellos, no habrá ninguna forma de saber hasta adónde puede llevarnos la competencia...

La reunión ha quedado inconclusa y se ha convocado a una nueva junta para la semana siguiente. Se espera que, sobre la base de una información más completa y detallada, se pueda llegar a una decisión final.

---

(1) Observar que *to sell* se traduce aquí por: venderse. La expresión "*like hot cakes*" se traduciría literalmente: "como panqueques calientes".

X.B.1. **Tradúzcanse las oraciones...**

1. Este asunto tendrá que ser puesto en el orden del día de nuestra próxima reunión.
2. Las minutas que nos ha leído el Secretario General no hacen mención de ese incidente.
3. En Estados Unidos, se deben establecer dos documentos principales para dar lugar a la constitución de una sociedad de acciones: el acta constitutiva y los estatutos.
4. El acta constitutiva indica la razón social de la empresa, y el propósito para el cual fue creada, la ubicación de su domicilio social y el monto de su capital social.
5. Los estatutos precisan la reglamentación interna.
6. Las sociedades de acciones pertenecen a dos tipos principales.
7. Para su financiamiento, las Sociedades Anónimas pueden hacer un llamado al público para invitarlo a suscribirse a sus acciones y obligaciones.
8. En oposición, en una Compañía de Capital Privado, los valores de la empresa solamente pueden cambiar de propietario con el consentimiento de los directores.
9. Se concluye que las Compañías de Capital Privado permiten a un grupo o a una familia mantener el control sobre una empresa beneficiándose del principio de responsabilidad limitada.
10. Éste es un principio según el cual la responsabilidad financiera de los accionistas está limitada al valor nominal de sus acciones.
11. En su discurso, el Presidente del Consejo de Administración hizo hincapié en los notables resultados de la nueva subsidiaria.
12. En realidad, muy pocos accionistas asistieron a la reunión anual, pero a todos se les enviaron copias del balance general.

X. B.1. . . . y revise sus respuestas

1. This matter will have to be put on the agenda of our next meeting.
2. The minutes the General Secretary has read to us do not mention that incident.
3. In the United States, two main documents must be drawn up so that a joint stock company may be set up: the Incorporation Agreement and the By-Laws.
4. The Incorporation Agreement states the style of the firm, the purpose for which it has been founded, the location of its registered office and the amount of its authorized capital.
5. The by-laws list the internal regulations.
6. Joint-stock companies fall into two main categories.
7. For their financing, Public Companies may appeal to the public which is invited to apply for their shares and bonds.
8. In a "Private Company", on the contrary, the company's securities can only be exchanged (change hands) with the consent (agreement) of the directors.
9. It follows that Private companies make it possible for a group or a family to maintain control over (to remain in control of) a firm while taking advantage of the limited liability principle.
10. This (It) is a principle according to which (whereby) the financial liability of the shareholders is limited (restricted) to the nominal (face) value of their shares.
11. In his speech (address), the Chairman of the Board (Board Chairman) has emphasized (stressed, underlined) the outstanding results (performance) of the new subsidiary.
12. Indeed, few shareholders (stockholders) attended the annual meeting, but all had been sent copies of the balance sheet.

X. B.2. **Definitions** (types of business organization)

1. *Sole Proprietorships* (One Man Businesses).
In this type of business, one person is solely responsible for providing the capital and managerial skill and for bearing the risks of the enterprise. He is the sole owner, and the only one to take a profit or stand a loss.

2. *Partnerships*
They are associations of persons. A partnership is defined as "the relation which subsists between 2 or more people carrying on business in common with a view to profit". The number of partners must not exceed a certain number (i.e.:20). There are two categories of partnership. In an ordinary partnership, all the partners are liable (general Partnership) for the debts of the firm.
In a "Limited partnership", limited partners are only liable to the extent of their own financial contribution. But they do not take an active part in the management of the business. But since we are in the field of "Association of persons", there must be at least one general partner whose liability [laiəbiləti] for the debts of the firm is not limited. He may be called upon to settle such debts to the extent of his real and personal property.

3. *Companies*
Limited Companies came into being as a result of the necessity to overcome the limitations in capital of sole proprietorships and partnerships.
Private Limited Companies and Public Limited Companies both rest on two main principles: the joint-stock principle, that is the provision of capital through the individual contributions of a large number of investors, and the limited liability principle, that is the limitation of the shareholders' liability to the nominal value of their shares.
A private company must have a minimum (i.e.:2) and a maximum (i.e.:50) number of members; its by-laws prohibit public appeal for subscription and restrict the right to transfer shares—whereas a public company must have a minimum number of members, with no upper limit; it can appeal to the general public for the subscription of its shares or debentures, which may be freely bought and sold on the Stock-Exchange.

X. B.2. **Definiciones** (tipos de organizaciones de negocios)

1. *Empresas individuales* (personas físicas)
En este tipo de empresa, únicamente una sola persona es responsable por suministrar el capital y la capacidad administrativa, así como por asumir los riesgos del negocio. Dicha persona es el único propietario de la institución, y el único individuo que habrá de disponer de las utilidades o de absorber las pérdidas.

2. *Sociedades de personas*
Estas son asociaciones de personas. Como tales, se definen como "la relación que existe entre dos o más personas que dirigen conjuntamente un negocio con el propósito de realizar una utilidad". El número de miembros (o de asociados) no debe exceder de una cierta cantidad (v. gr.:20).
Existen dos categorías de sociedades de personas. En una "Sociedad en nombre colectivo", todos los asociados son responsables por las deudas de la empresa.
En una "Sociedad en comandita"[1], los comanditarios solamente son responsables hasta por el monto de su propia aportación financiera, pero no toman parte activa en la administración del negocio. Sin embargo, puesto que estamos en el campo de las "Asociaciones de personas", debe existir por lo menos un asociado general (un comanditado) cuya responsabilidad, en términos de las deudas de la empresa, no sea limitada. Dicho asociado puede ser llamado a liquidar tales deudas hasta por el límite de sus bienes y propiedades personales.

3. *Sociedades de capitales*
Las sociedades de responsabilidad limitada nacieron de la necesidad de superar la insuficiencia de capitales de las empresas individuales y de las sociedades de personas.
Las Sociedades Anónimas y las Compañías de Capital Privado[1] descansan, ambas, en dos principios fundamentales: el principio de aportación colectiva de capitales, es decir, la formación de capital, a través de las aportaciones individuales de un gran número de inversionistas, y el principio de responsabilidad limitada, que consiste en restringir la responsabilidad de los accionistas al valor nominal de sus acciones.
Una *Compañía de Capital Privado* debe tener un número mínimo (v. gr.:2) y un número máximo (v.gr.:50) de miembros; sus estatutos le prohiben recurrir a la suscripción pública para la colocación de sus valores y limitan su derecho de transferencia de acciones—en tanto que una *Sociedad Anónima* debe tener un número mínimo de miembros, sin límite superior; puede recurrir al público en general para la suscripción de sus acciones u obligaciones, las cuales pueden comprarse y venderse libremente en el mercado de valores

(1) Equivalentes aproximados en español; una Compañía de Capital Privado podría aproximarse a una Sociedad de Responsabilidad Limitada.

3. *Companies (continued)*
It follows that the private company is a very suitable type of concern for businessmen who want to maintain family control while taking advantage of limited liability, whereas the public company is the form of corporate structure chosen whenever capital has to be raised from the general public. In order to set up a company, the founders must draw up an Incorporation Agreement, which states the name of the company, the location of the registered office, the objects of the company and the amount of its authorized capital. Every year, a General Meeting must be held, during which the Chairman of the Board delivers his address and declares the dividend. The shareholders are handed copies of the balance-sheet and the auditors' report, and elect or reelect the company's directors.

4. *U. S. Corporation*
Just as with Companies, the two main principles of U.S. Corporations are: the provision of capital by stockholders and the limited liability of such stockholders. In addition to a few basic principles, legal requirements vary from state to state.
Beware! Occasionally, a corporation may be a public or semi-public institution, such as the case of some broadcasting corporations.

5. *Mergers and take over bids.*
Both are concerned with the process of amalgamation between two firms. But in the case of a merger, there is a large measure of agreement between the two boards of directors involved. Whereas in the case of a take over bid, a company is trying to acquire another by purchasing the shares from the shareholders. The result may be a battle between two firms or more than two if several companies are trying to buy (or "bid for") the same one.

The partnership differs from the corporation in the sense that the latter is considered as a legal person (or entity) in its own right, separate and apart from its shareholders. Whereas the partnership is viewed as an aggregation of separate individuals doing business under a common name.
This is why, unless specified otherwise in the partnership agreement, the death of one of the partners will bring the partnership to an end.

3. *Sociedades de capitales (continuación)*
Resulta evidente que una Compañía de Capital Privado es un tipo de institución del todo apropiado para aquellos empresarios que desean mantener un control familiar sobre su negocio beneficiándose al mismo tiempo de las ventajas de una responsabilidad limitada, en tanto que una Sociedad Anónima es el tipo de sociedad que se elegirá siempre que sea necesario recurrir al público en general para la obtención de capital.
Para crear una sociedad, los fundadores deben redactar "un acta constitutiva", en la cual se estipulará el nombre de la compañía, la ubicación de su domicilio social, el propósito con el cual fue formada, las actividades de la sociedad y el monto de su capital social.
Cada año, debe llevarse a cabo una asamblea general, durante la cual el Presidente del Consejo de Administración dará lectura a su discurso y declarará los dividendos. Los accionistas deberán recibir algunas copias del balance general y del dictamen de los auditores, y deberán elegir o reelegir a los administradores de la sociedad.

4. *Corporaciones Estadounidenses*
Tal y como sucede con las compañías, los dos grandes principios de las corporaciones de Estados Unidos son: la aportación de capital por parte de un grupo de accionistas y la responsabilidad limitada de dichos accionistas. Además de algunos principios de base, las condiciones requeridas por la ley varían de estado a estado.
¡Importante! Ocasionalmente, una *corporación* (a corporation) puede ser un organismo público o semi-público, tal y como es el caso de algunas empresas dedicadas a la radiodifusión.

5. *Fusiones y ofertas públicas de compra de empresas*
Estos dos términos se refieren a un proceso de concentración entre dos empresas. En el caso de una fusión, existe fundamentalmente un acuerdo entre los consejos de administración de las sociedades fusionantes. Mientras que en el caso de una oferta pública de compra de empresas, una compañía trata de adquirir a otra mediante la compra de sus acciones. Cuando varias compañías compiten para comprar una misma empresa, el resultado puede ser el surgimiento de una batalla entre dos o más empresas.

Las Sociedades de Personas difieren de las Sociedades de Capitales en cuanto que estas últimas se consideran como personas legales (o entidades) de pleno derecho, distintas y separadas de sus accionistas. Por su parte, las sociedades de personas se consideran como una yuxtaposición de personas privadas que se dedican a una actividad comercial bajo un nombre común.
Esta es la razón por la cual, salvo especificación en contrario declarada en los estatutos de la asociación, la muerte de uno de los asociados llevará a la asociación a su fin.

X. B.3. **High finance**

The world is full of people who know nothing of millions but are well accustomed to think in thousands... And it is of these that finance committees are mostly comprised. The result is the following phenomenon: the time spent on any item of the agenda will be in inverse proportion to the sum involved.

Chairman: We come now to Item 9. Our Treasurer, Mr. McPhail, will report.

Mr. McPhail: The estimate for the Atomic Reactor is before you, sir [...]. You will see that the general design and layout has been approved by Professor McFission. The total cost will amount to 10 million dollars. The contractors, Messrs. McNab and McHash, consider that the work should be complete by April 1993. Mr. McFee, the consulting engineer, warns us that we should not count on completion before October, at the earliest. The plan of the main building is before you —see Appendix IX— and the blueprint is laid on the table. I shall be glad to give any further information that members of this committee may require.

Chairman: Thank you, Mr. McPhail, for your very lucid explanation of the plan as proposed. I will now invite the members present to give us their views.

Among the members of the Board some don't know what is a reactor, some don't know what it is for. Among the very few who know its purpose and what it should cost is Mr. Brickworth. The Chairman asks him if he has something to say. Now Mr. Brickworth is almost the only man there who knows what he is talking about. There is a great deal he could say. He distrusts that round figure 10 million dollars. Why should it come out to exactly that amount? Why need they demolish the old building to make room for the new approach? Why is so large the sum set aside for "contingencies"? But Brickworth does not know where to begin. The other members could not read the blueprint if he referred to it. He would have to begin by explaining what a reactor is and no one there would admit that he did not already know. Better to say nothing.

X. B.3. **Altas finanzas**

El mundo está lleno de personas que no saben manejar cantidades expresadas en millones, pero que están bien acostumbradas a pensar en millares.
La mayor parte del tiempo de los comités financieros se dedica a este último tipo de cantidades. El resultado es el siguiente fenómeno: el tiempo que se dedica a cualquiera de los puntos del orden del día es inversamente proporcional a la suma involucrada.

Presidente: Ahora llegamos al punto 9. Nuestro Tesorero, el señor McPhail, procede a rendir su informe.

Señor McPhail: el dispositivo del reactor nuclear está ante usted, señor (...), como usted podrá darse cuenta, la concepción y la implantación del diseño han sido aprobadas por el profesor McFission. El costo total ascenderá a 10 millones de dólares. Los contratistas, los señores McNab y McHash, consideran que el trabajo debería estar terminado por abril de 1993. El señor McFee, ingeniero consultor, nos ha advertido que no debemos contar con una fecha de terminación antes del mes de octubre, cuando más pronto.
El plan del edificio principal está ante ustedes —véase el Apéndice IX— y la heliográfica del arquitecto está colocada sobre la mesa. Tendré mucho gusto en proporcionarle cualquier informe complementario que puedan requerir los miembros de este comité. este comité.

Presidente: Gracias señor McPhail por su muy lúcida explicación de las proposiciones de este plan. En seguida voy a hacer una invitación para que los demás miembros aquí presentes nos den sus puntos de vista.
Entre los miembros del Consejo de Administración, algunos ignoran lo que es un reactor. Entre los pocos que saben para qué sirve, y cuánto debería costar, se encuentra el señor Brickworth. El Presidente le pregunta si tiene algo qué decir. En realidad, el señor Brickworth es casi la única persona que sabe de qué está hablando. Él podría decir muchas cosas. Desconfía de la cifra redonda de $10 millones de dólares. ¿Por qué exactamente esa cantidad y no otra? ¿Por qué para crear un espacio para el nuevo acceso necesitan demoler el edificio antiguo? ¿Por qué es tan cuantiosa la suma reservada para los imprevistos? Pero Brickworth no sabe por dónde empezar. Los demás miembros no podrían leer la heliográfica si él hiciera referencia a ella. Tendría que empezar por explicar qué es un reactor, y ninguno de los presentes admitiría no saberlo. Más vale no decir nada.

X. B.3. **High finance** (continued)

Mr. Brickworth: I have no comment to make.

Chairman: Does any other member wish to speak? Very well. May I consider then that the plans and estimates are approved? Thank you. May I now sign the main contract on your behalf? (Murmur of agreement.)

Thank you. We can now move on to Item 10.

Allowing a few seconds for rustling papers and unrolling diagrams, the time spent on Item 9 must have been just two minutes and a half. The meeting is going well. But some members feel uneasy about Item 9. They wonder inwardly whether they have really been pulling their weight. It is too late now to query that reactor scheme, but they would like to demonstrate, before the meeting ends, that they are alive to all that is going on.

Chairman: Item 10. Bicycle shed for the use of the clerical staff. An estimate has been received from Messrs. Bodger and Woodworm, who undertake to complete the work for the sum of 3500 U. S. dollars. Plans and specification are before you, gentlemen.

Mr. Softleigh: Surely, Mr. Chairman, this sum is excessive, I note that the roof is to be of aluminium. Would not asbestos be cheaper?

Mr. Holdfast: I agree with Mr. Softleigh about the cost but the roof should, in my opinion, be of galvanized iron. I incline to think that the shed could be built for 3000 dollars, or even less.

Mr. Daring: I would go farther, Mr. Chairman. I question whether this shed is really necessary. We do too much for our staff as it is. They are never satisfied, that is the trouble. They will be wanting garages next.

Mr. Holdfast: No, I can't support Mr. Daring on this occasion. I think that the shed is needed. It is a question of material and cost...

The debate is fairly launched. A sum of 3500 dollars is well within everybody's comprehension. Everyone can visualize a bicycle shed. Discussion goes on, therefore for forty-five minutes, with the possible result of saving some 500 dollars. Members at length sit back with a feeling of achievement.

C.N. PARKINSON (Parkinson's Law)

X. B.3. **Altas finanzas** (continuación)

Señor Brickworth: No tengo ningún comentario que hacer.

Presidente: ¿Desea hablar algún otro miembro? Muy bien. ¿Puedo entonces considerar que se han aprobado los planes y las estimaciones? Muchas gracias. ¿Puedo proceder ahora a firmar el contrato principal por cuenta de ustedes? (sobreviene un murmullo de aprobación). Gracias. Ahora podemos pasar al punto 10.
Teniendo en cuenta los escasos segundos necesarios para reunir los papeles y para desenrollar las gráficas, el tiempo total dedicado al punto 9 debe haber sido de dos minutos y medio exactamente. La reunión se desarrolla en forma adecuada. Pero algunos miembros externan un sentimiento de malestar con relación al punto 9. Interiormente se preguntan si han mostrado suficiente autoridad. Pero ahora ya es demasiado tarde para discutir este plan nuclear. Sin embargo, antes de que finalice la reunión, les gustaría demostrar que están preparados para hacer frente a todo lo que está sucediendo.

Presidente: Punto 10. Hangar de bicicletas destinado al uso del personal de las oficinas. Los señores Bodger y Woodworm han enviado una estimación. Cuentan con que se pueda terminar este trabajo por la suma de 3 500 dólares. Caballeros, los planes y las especificaciones están ante ustedes.

Señor Softleigh: Sin duda, señor Presidente, esta suma es excesiva. Noto que se ha previsto que el techo sea de aluminio. ¿No sería más económico hacerlo de asbesto?

Señor Holdfast: Estoy de acuerdo con el señor en lo tocante al costo pero, en mi opinión, el techo debería ser de fierro galvanizado. Me inclino a pensar que el hangar podría construirse por 3 000 dólares, o aun por una cantidad menor.

Señor Daring: Yo iría aún más lejos, señor Presidente. Dudo que este hangar sea realmente necesario. En realidad, ya es mucho lo que hacemos por nuestro personal. Nunca están satisfechos, ése es el problema. La próxima vez, van a pedir que se les den garajes.

Señor Holdfast. No, no puedo apoyar al Sr. Daring en esta ocasión. Pienso que el hangar es necesario. Es cuestión de materiales y de costo...
El debate ha sido bien lanzado. Una suma de 3 500 dólares es adecuado en términos de los límites de comprensión de cada uno de nosotros.

Todo mundo puede imaginarse un hangar de bicicletas.

Consecuentemente, la discusión continúa durante cuarenta y cinco minutos, dada la posibilidad de poder ahorrar unos 500 dólares. Al final de la sesión, los miembros se reclinan sobre su asiento con el sentimiento de haber tenido éxito en su tarea.

C. N. PARKINSON (Ley de Parkinson).

X. B. 4. **Vocabulary** (revision)

hereby	por el presente, por la presente, por este conducto
to notify	informar, notificar, avisar
to hold	mantener, sostener
to appoint	nombrar, designar
minutes	minutas, procesos verbales
chairman	Presidente del Consejo de Administración
to proceed	proceder, proseguir
item	cuestión, punto, artículo
agenda	orden del día
purchase	compra, adquisición
to contemplate	contemplar, visualizar
wholly	completamente, totalmente, íntegramente
to pay one's way	bastarse a sí mismo, ser rentable
failure	falla, fracaso, descompostura
flop	fracaso, fiasco
wholesaler	mayorista
recovery	recuperación, reinicio, reimpulsión, repunte
to be past recovery	encontrarse en un estado de desesperación
Vocabulary (complementary)	*Vocabulario de asambleas, citas y reuniones*
annual general meeting	asamblea general anual
shareholder	accionista, tenedor de acciones
auditor	auditor
balance sheet	balance general (cf. p. 338)
profit and loss account	cuenta de pérdidas y ganancias
to discharge	descargar, liberar, pagar, satisfacer
by proxy	por apoderado, por medio de un apoderado
proxy form	forma de apoderamiento
the undersigned…	los suscritos
special meeting	asamblea extraordinaria
timely	oportunamente, a tiempo
to appoint s. o. attorney	nombrar (uno) su abogado
in s. o's stead	en el lugar de alguien
to be entitled	tener derecho a, estar en el derecho de, tener facultades
to revoke	para revocar, derogar, hacer una renuncia, renunciar

X. B.4. **Vocabulary**

to acquire legal status	adquirir la personalidad civil, moral, jurídica; adquirir un estatus legal
auditor	auditor
auditors' report	dictamen de los auditores
association of persons	asociación de personas (por intereses)
affiliated company	compañía afiliada
by-laws (U.S.)	estatutos, reglamentos
amalgamation (or merger)	fusión (de dos o más empresas)
application for shares	solicitud de suscripción de acciones
to allot shares	distribuir acciones, repartir acciones
allotment of shares	distribución de acciones, repartición de acciones
business (commercial)	empresa de negocios
enterprise (concern)	empresa comercial
business firm (house)	casa comercial, empresa de negocios
business (trade) name	razón comercial, nombre comercial
branch	sucursal
borrowed capital	capital solicitado en préstamo, capital tomado en préstamo
board (of directors)	Consejo de Administración
bearer share	acción al portador
bonus share	acción gratuita, acción concedida por bonificación
bond (debenture)	bono, obligación
bond holder (debenture holder)	tenedor de un bono, de una obligación
fixed-interest bearing bonds	bonos (u obligaciones) de renta fija
industrial (corporate U.S.) bonds	bonos (u obligaciones) industriales
mortgage bonds	bonos (u obligaciones) hipotecarias
bonds redeemable by periodical drawings	bonos redimibles (o amortizables) por sorteos periódicos
convertible bonds	bonos (u obligaciones) convertibles
premium bonds	bonos (u obligaciones) sujetos a prima
redemption of bonds	redención de bonos, reembolso (o readquisición) de bonos

X. B.4. **Vocabulary**

to do business	hacer negocios
capital	capital
company's capital	capital social
share capital, capital stock (U.S.)	acción de capital
Registered (authorized, nominal) capital	capital nominal, capital social
issued (subscribed, circulating, outstanding) capital	capital suscrito, capital en circulación
capital	capital (en especie)
cash capital	capital (en numerario)
commercial court	tribunales de comercio
company's name	razón social
to establish (= found, form, float, set up, start, create, incorporate) a company	establecer (= fundar, formar, arrancar, crear, constituir) una empresa
to carry on business	hacer negocios
corporate, body, corporation	persona (= personalidad) moral (civil, jurídica)
one-man company	empresa individual
to conclude a partnership agreement	firmar o formalizar un contrato de asociación
joint-stock company	sociedad de acciones
limited (liability) company	empresa de responsabilidad limitada (hasta por el valor de sus acciones)
company limited by shares	empresa que limita su responsabilidad al valor de sus acciones
public company	sociedad anónima (sociedad por acciones), S. A.
corporation	sociedad anónima
public limited company, PLC, plc	equivalente aproximado de la S. A. Mexicana
private limited company	equivalente aproximado de la sociedad de responsabilidad limitada mexicana
affiliated company	compañía afiliada
subsidiary company	compañía subsidiaria, filial
parent company	compañía paterna
holding company	compañía tenedora, compañía tenedora de acciones
public utility company	compañía de servicios públicos
to float (incorporate, establish, set up, form) a public company	fundar (formar, crear, constituir) una sociedad anónima
concern	empresa, negocio
corporate name	razón social
debenture (bond)	obligación, bono
debenture holder (bondholder)	tenedor de bonos, tenedor de obligaciones, obligacionista

X. B.4. **Vocabulary - The Firm**

variable-yield debentures	obligaciones (bonos) de renta variable
deconcentration (decentralization) policy	política de desconcentración (de descentralización)
deed of incorporation	acta constitutiva (de constitución)
director	director, administrador
to dissolve a company	disolver una compañía
dividend (on shares)	dividendo (de acciones)
to draw up a written agreement	redactar un contrato escrito
expiration (=expiry) of the stipulated term	expiración del término (del plazo) de la asociación
fiscal (financial, trading) year	ejercicio fiscal, ejercicio financiero, ejercicio comercial
form of proxy, for a general meeting of shareholders	forma de apoderamiento (poder para una asamblea general de accionistas)
founder's share	acción de fundador
general (=active, acting) partner	asociado (comanditado)
head office of the company	oficinas centrales (o principales) de la sociedad
to hold a general meeting	celebrar una asamblea general
to incur (=suffer, sustain) a loss	incurrir en una pérdida, sufrir una pérdida, sostener una pérdida
issue of debentures	emisión de obligaciones
issue of shares, stock issue	emisión de acciones
to issue shares (to the public)	emitir acciones (para el público)
to issue shares at a discount	emitir acciones a un descuento, por debajo de su valor a la par
to issue shares at a premium	emitir acciones con una prima, por arriba de su valor a la par
to issue shares at par	emitir acciones a la par
joint and several liability	responsabilidad conjunta y solidaria
to be jointly and severally liable for all the firm's acts	ser conjunta y solidariamente responsable por todos los actos de la empresa

X. B.4. **Vocabulary - The firm**

to be liable for partnership debts	ser responsable por las deudas de la asociación
to the extent of one's investment	hasta por las aportaciones (de uno)
liability for business debts	responsabilidad por las deudas del negocio
limited liability	responsabilidad limitada
limited partnership	sociedad en comandita simple, comandita
to liquidate, to wind up	liquidar
to make a profit	obtener (=realizar) una utilidad, una ganancia
managing partner	socio administrador
annual ordinary general meeting	asamblea general anual ordinaria
extraordinary general meeting	asamblea general extraordinaria
ordinary general meeting	asamblea general ordinaria
statutory meeting	asamblea constitutiva
memorandum (of association)	acta constitutiva
merger, amalgamation	fusión
monopoly	monopolio
nominal (=face) value	valor nominal, valor de carátula
objects (= purpose) of the company	objeto de la empresa
ordinary share	acción ordinaria
oversubscription	sobresuscripción, suscripción que va más allá del monto de la emisión
par	par, valor a la par
par-value shares, par stock (U.S)	acciones con valor a la par, acciones con valor nominal
partnership	asociación
partnership (firm), general (ordinary) partnership	sociedad comercial en nombre colectivo, asociación
partnership deed, partnership agreement, articles of partnership	contrato de asociación (= de sociedad)
preference share, preferred stock	acción preferente, acción privilegiada, acción preferencial
president (U. S.)	presidente de una sociedad anónima
proceedings (transactions, business) of a general meeting	deliberaciones de una asamblea general

X. B.4. **Vocabulary - The firm**

provisions of the articles	disposiciones (o prescripciones de los estatutos)
provisions (terms) of the partnership agreement	términos (= disposiciones) del contrato de asociación
proxy	apoderado, poderhabiente, procuración
to put down on the agenda the business to be transacted	poner en el orden del día los puntos que se van a tratar
to register	inscribir, matricular, registrar
registration	inscripción, registro, matrícula
register of business names	registro de comercio
registered (authorized, nominal) capital	capital nominal, capital social, capital autorizado
registered office (of the company)	domicilio social (de la compañía)
registered share	acción nominativa
right of voting (vote), voting right	derecho de voto
self-financing	autofinanciamiento
senior partner	asociado principal
to set up in business	establecerse en los negocios
shareholder, stockholder (U. S.)	accionista
shareholders' meeting, meeting of shareholders	asamblea de accionistas
share warrant (ro bearer)	certificado de acciones (al portador)
sleeping (dormant) partner	socio comanditario
sole owner (trader, proprietor)	propietario único
subscriber	suscriptor
subscription to an issue	suscripción a una emisión
subscription right	derecho de suscripción
syndicate	sindicato, consorcio
transfer (of shares)	transferencia (cesión) de acciones
ultra vires	antiestatutario, antirreglamentario, contra los estatutos
unless otherwise provided (specified)	salvo estipulación en contra
unlimited liability	responsabilidad ilimitada
variable-yield debentures	obligaciones de renta variable
voting by proxy	votación por (conducto de) apoderado(s)

X. bis LECCIÓN DIEZ bis. REVISIONES

Esta lección incluye tres partes:

A. Ejercicios de revisiones (A. 1. a A. 7.) seguidos de sus respuestas.

B. Pruebas (B.1. a B. 4.) seguidas de sus respuestas.

C. Respuestas de los ejercicios propuestos en las lecciones I a X (C. 1., C. 2., C. 3.).

X. bis. A. EJERCICIOS DE REVISIÓN

A.1. Tradúzcase del inglés al español

a) *(10 palabras)*

1. Company-financed pension fund; 2. to retire; 3. subsidiary; 4. organization chart; 5. accounting; 6. to assess; 7. outlet; 8. to supply; 9. agenda; 10. shopfloor.

b) *(5 expresiones)*

1. We have vacancies for industrial engineers in our expanding car body production shop.
2. An experienced secretary, who has been on the staff for a few years, will be appointed to him.
3. He will supply me with all the details of our results in various outlets.
4. On the basis of sales figures, there is a strong case for promoting this model.
5. According to the shop-steward, the workers have decided on an overtime ban.

A.2. Tradúzcase del español al inglés

a) *(10 palabras)*

1. carta de solicitud de empleo; 2. anuncio; 3. consejo de administración; 4. procedimientos de fabricación; 5. patente; 6. lanzar un producto; 7. queja; 8. nombrar (para un puesto); 9. prima (o indemnización) por despido laboral; 10. horas extras.

b) *(5 expresiones)*

1. Los candidatos deberán tener entre 30 y 35 años de edad.
2. Él presidirá la reunión de los administradores.
3. El precio de las materias primas ha aumentado en un 20 por ciento.
4. Necesitamos informes más completos con relación a los gustos de los consumidores.
5. La fábrica está en huelga desde hace ocho días.

A.3. **Fill in the blanks** (Llénense los espacios en blanco del texto)

Multi-national, growing public c..p.n. s.e.s professional m..a.e. for a major division, b. s. d in Dallas, Texas. This .x. .u. .v. will have r. s. on. .b. . .t. for the division and its Mexican su.s. . . .r. es This responsibility includes m. r. e. i. g, finance, m. n. .ac. . . .n. and engineering as well as distribution in Mexico, Venezuela and Colombia.
The c. .d. d. .e will have a successful r. o. d as general manager of medium to large s. z. d company, preferably in c. .s. m.r ori. . . .d product l. n. s.
F. u. nt English and Spanish are re. . .r. .; only top flight business managers with highest personal and business qu. .i. .at. . .s will be c. .s. d. . ed. Excellent s. .a. ., Write in . . . f. e. . e to:

A.4. Tradúzcanse las siguientes palabras y expresiones

a) *del inglés al español*

1. outlet; 2. consumer trends; 3. brand image; 4. lo lay off; 5. recovery; 6. wage freeze; 7. sluggishness; 8. to cancel; 9. to place an order; 10. instalment; 11. consignment; 12. shortage; 13. bulk buying; 14. wholesaler; 15. branch; 16. multiple shops; 17. true to sample; 18. trial order; 19. to quote ex-works prices; 20. to leave a deposit; 21. bill of lading; 22. forwarding agent; 23. consignee; 24. F.O.B.; 25. in bond; 26. Board of Directors; 27. joint-stock company; 28. subsidiary; 29. take over bid; 30. merger.

b) *del español al inglés*

1. viaje de negocios; 2. reprimir la inflación; 3. cláusula de escalación; 4. nivel de vida; 5. desempleo; 6. congelamiento de precios; 7. escala salarial; 8 repunte (económico); 9. depresión de los negocios; 10. arrendar un automóvil; 11. dejar un depósito; 12. saldo; 13. menudista; 14. intermediario; 15. almacén; 16. tiendas Múltiples (sucursales); 17. comprar a crédito; 18. registrar un pedido; 19. muestras; 20. formulario para pedido; 21. materia prima; 22. retiro de la aduana (de mercancías); 23. título de propiedad; 24. expedidor; 25. domicilio social; 26. fracaso, quiebra; 27. accionista; 28. comisario; 29. orden del día; 30. hacer (uno) frente a sus obligaciones.

A.5. Tema de imitación

1. Lamento mucho haberle hecho esperar. Pensaba que usted llegaría por el avión de las 6 h.
2. Oh, ¿no recibió usted la llamada telefónica de mi secretaria?
3. No, no tuve tiempo de volver a mi oficina desde esta mañana. Lo siento de verdad.
4. Tengo buenas noticias para usted. De acuerdo con nuestro estudio, hay buenas perspectivas para su producto en nuestro país. De hecho, estamos listos para ordenarles un cierto número de artículos.
5. Parece ser que aquí también está mejorando la situación, y que la recuperación económica se acelera. Oh, me estoy acordando de que aún no hemos rentado un automóvil para usted. Pero si se trata tan solo de ir a la sucursal de Colorado, podría conducirle ahí pasado mañana, tengo que ir ahí yo mismo.
6. Perfecto. No pienso que tenga necesidad de un automóvil. ¿En qué hotel me pusieron?
7. En el "Royal", como usted lo pidió.
8. Gracias. No traigo mucho efectivo conmigo. Dígame, ¿podría cambiar algunos cheques en el hotel?
9. Ciertamente. No dude usted en llamarme si tuviera el menor problema. Éste es mi número telefónico personal.

A.6. Fill in the blanks (Llénense los espacios en blanco de las siguientes oraciones)

1. The country is p..g..d by inflation.
2. Union leaders are worried about the number of w . l . c.. strikes.
3. The flight has been ..n..ll.. because of the fog.
4. We a . k . . w . e . g . r . c . i . t of your samples which were delivered yesterday.
5. We need more space. We'll have to build a new . ar . . o . s .
6. We do not require total payment, but you have to 1. .v. a d.p...t.
7. If the bill is not paid by the end of the week, we'll t. .e .eg.. a....n.
8. The goods have been unloaded, but they have not yet been c..ar.. through the customs.
9. The articles have been damaged in t.a. . .t, and we are going to l. .g. a c. . .l.i.t.
10. This problem is on the . g . . d . for the next Board Meeting.

X. bis. A. EJERCICIOS DE REVISIÓN

A.7. Complete las siguientes oraciones utilizando la correcta preposición o posposición

1. We have to set. . . . a network of outlets.
2. We cannot rely entirely .. an agent.
3. He will be responsible . .. distribution.
4. Our brand image is .. stake.
5. It is very important. I must get him . . the phone.
6. Now lets get .... to business.
7. They are going to place the order .... us.
8. The official document has not been drawn .. yet.
9. We'll be pleased to carry ... your order.
10. I cannot comply...your request.
11. Put me .... to extension 50.
12. We have to complain that the goods are not true . . sample.

X. bis. A. RESPUESTAS DE LOS EJERCICIOS A.1. a A.7.

• Respuestas de los ejercicios de traducción A.1.

a) 1. jubilación financiada por el patrón; 2. jubilarse; 3. subsidiaria; 4. organigrama; 5. contabilidad; 6. evaluar; 7. punto de venta (tienda de distribución); 8. abastecer; 9. orden del día; 10. base sindical.

b)

1. En nuestra fábrica de producción de carrocerías para automóviles, actualmente en plena expansión, tenemos vacantes para ingenieros industriales.
2. Se le nombrará (a él) una secretaria experimentada, la cual ha formado parte del personal desde hace algunos años.
3. Él me proporcionará todos los detalles específicos de los resultados que hemos obtenido en nuestros diversos canales de distribución.
4. Basándose en las cifras de ventas, existen excelentes razones para promover este modelo.
5. De acuerdo con el delegado sindical, los trabajadores han decidido hacer una huelga de horas extras.

X. bis. A. RESPUESTAS DE LOS EJERCICIOS A.1. y A.7.

• **Respuestas del ejercicio A.2.** (Tradúzcase del español al inglés?

a) 1. Letter of application; 2. Ad(vertisement).
3. Board of Directors (or: board meeting).
4. Manufacturing processes.
5. Patent.
6. To launch a product; 7. Complaint, claim;

10. Overtime.

b)

1. (Successful) candidates will be in their early thirties (30's).
2. He will preside over the Board meeting.
3. The price of raw materials has increased by 20 %.
4. We need (more detailed, further) information on consumers' tastes.
5. The factory (plant) has been on strike for a week.

• **Respuestas del ejercicio A.3.** (Llénense los espacios en blanco)

Multinational, growing public *company seeks* professional *manager* for a major division, *based* in Dallas, Texas. This *executive* wille have *responsibility* for the division and its Mexican *subsidiaries.* The responsability includes *marketing,* finance, *manufacturing* and engineering as well as distribution in Mexico, Venezuela and Colombia.

The *candidate* will have a successful *record* as general manager of medium to large *sized* company, preferably in *consumer oriented* product *lines.*

Fluent English and Spanish are *required.* Only top flight business managers with highest personal and business *qualifications* will be *considered.* Excellent *salary, bonus* and other attractive *benefits* available.

Write in *confidence* to...

X. bis. A. RESPUESTAS DE LOS EJERCICIOS A.1. a A.7.

• **Respuestas del ejercicio A. 4.** (tradúzcase)

a) (*del inglés al español*)

1. punto de ventas (canales de distribución); 2. tendencias del consumidor; 3. imagen de marca; 4. despedir (personal); 5. recuperación; 6. congelamiento de salarios; 7. lentitud; 8. anular; 9. colocar un pedido; 10. anualidad (abono); 11. expedición; 12. escasez; 13. compras a granel; 14. mayorista; 15. sucursal; 16. tiendas de sucursales; 17. conforme con la muestra; 18. pedido de prueba; 19. cotizar precios al salir de la fábrica; 20. dejar un depósito; 21. conocimiento de embarque; 22. agente de envíos (o de embarques); 23. destinatario; 24. franco a bordo; 25. en depósito de la aduana; 26. consejo de administración; 27. sociedad de acciones; 28. subsidiaria; 29. oferta pública para adquisición; 30. fusión.

b) *(del español al inglés):*

1. business trip; 2. to curb (check, stem) inflation; 3. escalator clause; 4. standard of living; 5. unemployment; 6. price freeze; 7. wage-scale; 8. recovery, resumption, revival, pick up, upturn; 9. business slow down; 10. to rent a car; 11. to leave (pay, make) a deposit; 12. balance; 13. retailer; 14. middleman; 15. warehouse; 16. department store; 17. to buy on credit; 18. to book an order; 19. samples; 20. order form; 21. raw materials; 22. clearance, clearing (through customs); 23. title deed, deed of property, title-deed, to property; 24. sender, consigner; 25. registered office, head office, (U.S.) head quarters; 26. bankruptcy; 27. shareholder, (U.S.) stockholder; 28. auditor; 29. agenda; 30. to meet one's commitments.

X. bis. A. RESPUESTAS DE LOS EJERCICIOS A.1. y A.7.

• Respuestas del tema de imitación A.5.

1. I'm sorry to have kept you waiting. I thought you'd arrive by the 6 o'clock plane.
2. Oh, didn't you get my secretary's phone call?
3. No I haven't had time to go (back) to my office since this morning. I'm awfully sorry.
4. I've got good news for you. According to our study, there are good prospects for your product in our country. We are actually willing to order a number of articles (items) from you.
5. The situation seems to be improving here too (in this country too), and the economic recovery seems to gain momentum (we feel that the situation is improving here too, and that the revival is spreading) — Oh, come to think of it, we haven't rented a car for you yet. If it's only to go to our San Francisco subsidiary (subsidiary in San Francisco), I can drive you there tomorrow, I'm going there myself.
6. Excellent— I don't think I'll need a car. What hotel did you put me in?
7. The Royal, as you requested.
8. Thank you. Say, I haven't got a lot of (much) cash (with me)— Could I have cheques cashed (could I cash cheques) at the hotel?
9. Certainly. Don't hesitate to call me if you have the slightest problem. Here is my personal phone number.

• Respuestas del ejercicio A.6. (completar)

1. plagued; 2. wild cat; 3. cancelled; 4. acknowledge, receipt; 5. warehouse; 6. leave a deposit; 7. take legal action; 8. cleared; 9. transit; lodge a complaint; 10. agenda.

• Respuestas del ejercicio A.7. (completar con proposiciones o posposiciones)

1. up; 2. on; 3. for; 4. at; 5. on; 6. down; 7. with; 8. up; 9. out; 10. with; 11. through; 12. to.

B.1. **Autotest—Labor and Employment** (véase lección V)

(selecciónese la respuesta correcta)

1. How much ... would you require to report for work?
   a) delay; b) notice; c) period; d) warning.
2. After 20 years' faithful service, he wasn't even granted.....
   a) severance rise; b) severance wage; c) dismissal payment; d) severance salary.
3. How long has she been on...?
   a) sea-sick; b) leave sickness; c) sick-leave; d) sick list.
4. That job of his may not be exciting, but he . . . . good wages every week.
   a) wins; b) pulls; c) draws; d) achieves.
5. . . . of work, the spokesman said, was the preliminary condition for the reopening of talks.
   a) Resuming; b) Resumption; c) Reprisal; d) Assumption.
6. So far, our . . . . plan has failed to stimulate the workers.
   a) intensive bonus; b) incentive bonus; c) intensive bond; d) incitation benefit.
7. We will do everything to fight inflation, short of enforcing a ....
   a) squeeze wage; b) breeze wages; c) wage freeze; d) frozen pay.
8. He only joined the firm 2 years ago, and is not eligible for the job in terms of . . . .
   a) seniority; b) advance; c) retirement; d) profit.
9. I never asked to be appointed . . . . such a position.
   a) for; b) to; c) into; d) on.
10. With automation and the current fall in the demand, many workers may become . . . .
    a) redundant (dismissed); b) redolent; c) recumbent; d) relevant.
11. To make decent wages, we have to work .....
    a) overdue; b) overdraft; c) overtime; d) overrate.
12. The decision resulted in the workers ...work.
    a) knocking off; b) knocking down; c) knocking out; d) knoking away.
13. Unemployment . . . have been extended to all categories of workers.
    a) doles; b) grants; c) pensions; d) benefits.

X. bis. B. PRUEBAS - B.1. AUTOPRUEBAS (continuación)

14. My brother has been. . . . for the last 2 years.
a) on the dole; b) at the dole; c) on dole; d) on a dole.

15. The official leadership of the union has been challenged by the . . . .
a) shopfloor; b) lay off; c) furbough; d) union fees.

16. The government's . . . . has had difficulties getting off the ground.
a) profit partaking plan; b) profit scheming share;
c) profit sharing plan; d) profit interesting plan.

17. Stronger emphasis is to be laid on . . . . if we want our workers' qualifications to improve.
a) job studying; b) trade forming; c) work teaching;
d) vocational training.

18. We wish to make it very clear that Mr. Thomson is no longer on the company's . . . .
a) payload; b) paying; c) cash payment; d) payroll.

19. The number of . . . . injuries remains much too high.
a) industrial; b) labor; c) working; d) job.

20. I'm not sure the high pay compensates for the . . . . involved.
a) occupational hazards; b) working risks; c) professional odds; d) occupational chances.

21. Shop . . . . are elected representatives of the workers.
a) foremen; b) stewards; c) rewards; d) supervisors.

22. Most of the workers voted against a . . . . of work.
a) stoppage; b) breakage; c) breaking up; d) stop.

23. The car industry has been plagued with . . . . strikes.
a) savage; b) spot; c) trigger; d) wildcat.

24. Although some union official were reluctant to take industrial action, the strike was eventually . . . .
a) called; b) claimed; c) stalled; d) drawn up.

25. There was no job security and you could find yourself . . . . overnight.
a) out of job; b) out of a job; c) off his job; d) laborless.

Respuestas B.1.

1b; 2c; 3a; 4c; 5b; 6b; 7c; 8a; 9b; 10a; 11c; 12a; 13d; 14a; 15a; 16c; 17d; 18d; 19a; 20a; 21b; 22a; 23d; 24a; 25b.

B.2. Test - Buying and Selling (véase Lección VIII)

1. *Translate into Spanish:*

1. cash discount: 2. spot cash; 3. promp cash; 4. on appro; 5. trade discount; 6. payment by installments; 7. please send us your best terms; 8. we are at your disposal for any further particulars; 9. We are prepared to place a trial order with you; 10. our remittance will reach you within three days; 11. we cannot comply with your request; 12. the balance will be settled on delivery; 13. your best course would be to cancel the order; 14. we hasten to offer our apologies; 15. we deliver our booklets free of charge.

2. *Translate into English:*

16. Productos de marca; 17. sírvase dejar un depósito; 18. pagos en abonos (o en anualidades); 19. salvo indicación en contrario; 20. comprar al contado; 21. cuenta vencida (para el pago); 22. vender a crédito; 23 formulario de pedido; 24. al salir (o a la salida) de la fábrica; 25. nuestras mercancías están disponibles para entrega inmediata.

3. *Write in full:*

26. C. W. O.; 27. C. O. D.; 28. C/P; 29. C/F; 30. H. P.

• Respuestas de la prueba B. 2. (compraventa)

1.

1. descuento de caja; 2. dinero contante (moneda corriente); 3. pago al contado, pago inmediato; 4. a condición (de); 5. descuento comercial; 6. pagos en abonos (en anualidades); 7. sírvanse darnos a conocer sus mejores condiciones; 8. estamos a su disposición para todo informe complementario; 9. estamos dispuestos a colocar un pedido de prueba con ustedes; 10. nuestro depósito les llegará dentro de tres días; 11. no podemos cumplir con su requisición; 12. el saldo será liquidado a la entrega; 13. la mejor solución para usted sería cancelar el pedido; 14. no dudamos en presentarles nuestras excusas; 15. entregamos nuestros folletos en forma gratuita.

2.

16. branded goods; 17. please leave (make) a deposit; 18. payment by instalments; 19. unless otherwise specified (unless we specify to the contrary, unless we stipulate to the contrary, except where otherwise provided, save as otherwise provided,

except as otherwise provided unless provisions are made to the contrary); 20. to buy for cash; 21. outstanding account, overdue account; 22. to sell on credit; 23. order form; 24. ex-works, x-works; ex-plant, x-plant; ex-mill, x-mill; 25. our goods are available for immediate delivery.

3.

26. cash with order; 27. cash on delivery; 28. carriage paid; 29. carriage forward; 30. hire purchase.

B.3. Autotest - Mayoreo y menudeo (véase Lección VIII)

1. Our supplier no longer sells spare . . . .
   a) goods; b) parts; c) pieces; d) shares.
2. This country is . . . . to provide good markets.
   a) liable; b) likely; c) probable; d) capable.
3. The fluctuations are due to the law of. . . .
   a) offer and demand; b) supply and order; c) supply and demand; d) offer and order.
4. The firm deals in electrical appliances and . . . . goods.
   a) housing; b) housewife; c) household; d) housekeeping.
5. We can send you a . . . . range of samples.
   a) wide; b) broad; c) big; d) deep.
6. These articles are currently. . . . display in our showrooms.
   a) in; b) on; c) at; d) being.
7. Some department stores have opened . . . . in most big towns.
   a) settlements; b) head offices; c) branches; d) installments.
8. . . . . goods are often sold at fixed prices.
   a) Branded; b) Blended; c) Bound; d) Bonded.
9. Multiple shops is a synonym for . . . .
   a) department stores; b) chain stores; c) hypermarkets; d) supermarkets.
10. Our delivery service increases our. . . . enormously.
    a) outfits; b) turnover; c) output; d) overheads.
11. Your are required to leave a 20% . . . .
    a) cash deposit; b) depository; c) cash discount; d) cash register.
12. We haven't . . . . much business with them so far.
    a) made; b) done; c) sustained; d) performed.
13. Please . . . . the cheque with your next letter.
    a) join; b) enclose; c) include; d) enjoin.

14. We sell well-known . . . . of canned foods.
    a) makes; b) trademarks; c) blends; d) brands.
15. These articles are shop-soiled and should therefore be sold. . . .
    a) at a discount; b) at a higher price; c) carriage forward; d) for future delivery.
16. . . . . payment within a week, we shall have to take legal action.
    a) Pending; b) Failing; c) Granting; d) Lacking.
17. Delays . . . . delivery are unavoidable.
    a) by; b) at; c) in; d) with.
18. What we need is an efficient . . . . service.
    a) after selling; b) post sales; c) after sales; d) behind sales.
19. The word consignee refers to......
    a) the person who sends the goods;
    b) the person to whom the goods are sent;
    c) the person who packs and labels the goods;
    d) the person who effects the customs formalities.
20. This is probably the biggest order we've ever. . . . with them.
    a) placed; b) passed; c) passed on; d) given.
21. Small shopkeepers operate on a minimum . . . . of capital.
    a) lay-out; b) outlet; c) outflow; d) outlay.
22. Shop-lifters.....
    a) steal merchandise in stores;
    b) display goods in shop-windows;
    c) supervise the salespeople in a department store;
    d) are in charge of elevators.
23. They needed more shopping space and decided to have the . . . . enlarged.
    a) location; b) premises; c) local; d) fittings.
24. At an auction sale, the auctioneer knocks down the goods to the highest . . . .
    a) purchaser; b) bidder; c) applicant; d) buyer.
25. . . . . are often referred to as middlemen.
    a) Consumers; b) Customers; c) Wholesalers; d) Mail-orders.

Respuestas de la prueba B.3.

1b; 2b; 3c; 4c; 5a; 6b; 7c; 8a; 9b; 10d; 11a; 12b; 13b; 14d; 15a; 16b; 17c; 18c; 19b; 20a; 21d; 22a; 23b; 24b; 25c.

X. bis. B. PRUEBAS (continuación)

B.4. Autotest - Sociedades (véase Lección X)

1. The use of the word . . . . should be restricted to nonprofit making organizations.
   a) partnership; b) concern; c) society; d) corporation.
2. Stockholder is a synonym for. . . .
   a) shareholder; b) stockbroker; c) bondholder;
   d) sleeping partner.
3. Corporate tax is levied on . . . .
   a) private persons; b) companies; c) personal property;
   d) professional organizations.
4. The abbreviation "Inc. ", which follows the names of U.S. Corporations, stands for . . .
   a) included; b) inclusive; c) incorporated; d) incapacitated.
5. After-tax retentions are . . . .
   a) what remains after taxation, b) the amount of taxation;
   c) tax allowances; d) the refund of taxes.
6. Limited-partners are liable . . . .
   a) only to the extent of the sum they have invested;
   b) for the whole of the debts of the firm;
   c) to the full extent of their real property;
   d) only to the extent of the value of their bonds.
7. Equities are:
   a) gilt-edged securities; b) ordinary shares; c) Government stock; d) mortgage bonds.
8. When a joint-stock company is launched, the M/A and the A/A have to be . . . .
   a) drawn up; b) set up; c) pulled out; d) scheduled.
9. Such designations as Smith & Brown, or Jackson Bros, indicate that those firms are:
   a) partnerships; b) joint-stock companies;
   c) cooperatives societies; d) public limited companies.
10. Most statutes require an annual meeting of shareholders to be . . . .
    a) laid out; b) held; c) calling; d) pointed out.
11. As opposed to U.S. corporations, certain International Broad casting Corporations are. . . . . .
    a) a public or semi-public institution; b) a partnership;
    c) a subsidiary; d) a branch.
12. A Private Company is not allowed to appeal . . . . the public for the subscription of its shares.
    a) for; b) to; c) towards; d) into.

X. bis. B. PRUEBA - AUTOTEST B.4. (continuación)

13. The shares of a public company can be bought an sold . . . . the stock market.
    a) at; b) in; c) by; d) on.
14. The Incorporation Agreement states the amount of the firm's . . . . capital.
    a) regular; b) authorized; c) managing; d) working.
15. They eventually had to . . . . a loan.
    a) to flow; b) to float; c) to throw; d) to subscribe.
16. The Annual General Meeting will be. . . . by the Chairman on the Board.
    a) presided over; b) presided; c) directed; d) managed.
17. Debts were not a new thing to the company, which having been . . . . for several years, had grown accustomed to it.
    a) in the blue; b) in the dark; c) in the red; d) in the black.
18. . . . . seven persons may set up a public limited company.
    a) Every; b) Any; c) Each; d) Many.
19. We have successfully fought their . . . . and have retained control of our company.
    a) stake over bid; b) take over bid; c) overtake bid; d) talk over bid.
20. His lack of financial backing . . . . . the extension of his business.
    a) impels; b) precludes; c) cancels; d) deters.
21. The general public is invited to apply . . . . shares.
    a) to; b) for; c) over; d) at.
22. The debtor has decided to . . . . a petition in bank ruptcy.
    a) to fill; b) to file; c) fulfil; d) work out.
23. A company must be . . . . by court order it stops trading fore more than a year.
    a) sued; b) wound up; c) adjudicated bankrupt; d) sold out.
24. Independent . . . . are appointed to examine the company's accounts.
    a) directors; b) managers; c) auditors; d) partners.
25. Land and buildings also go by the name of . . . .
    a) real property; b) personal property; c) private property; d) personal estate.

Respuestas B.4.

1c; 2a; 3b; 4c; 5a; 6a; 7b; 8a; 9a; 10b; 11a; 12b; 13d; 14b; 15b; 16a; 17c; 18b; 19b; 20b; 21b; 22b; 23b; 24c; 25a.

X. bis. C. RESPUESTAS DE LOS EJERCICIOS LECCIONES I a X

C.1. Respuestas de la prueba de comprensión (Lección I.B.4., p. 22)

1a; 2c; 3b; 4b; 5b; 6a; 7b; 8b; 9a; 10a.

C.2. Respuestas de "A secretary´s diary" (Lección II. B.6.) (p. 42)

8 a.m	Sort mail.
8.30	Prepare conference room.
9	Phone Atkinson to cancel appointment. Make new appointment.
9.15	Reserve (book) seat Air France Flight 412 on Monday. Reserve hotel room.
9.30	Type mail and memo (reminder).
10.30	Express letter to A.S.M. Company for signature Book (11 o'clock outgoing mail).
11.	Invite Mr. Cooks from Total Appliances. Make tea.
2. p.m.	Check filing with Miss Bynns.
4.	Call back Mr. Thomson for results of contacts with Hubbards Bros. (Brothers).

C.3. Respuestas de la prueba de comprensión "The Consumer" (Lección III. B. 4.) (p.64.)

1c; 2b; 3b; 4c; 5c; 6c; 7b; 8d; 9d; 10b.

C.4. Respuestas de la Prueba-Import (IX. B.6. p. 187)

a) *Escríbase en forma completa*

Free alongside ship = Franco a bordo del buque.
Free on rail = Franco-ferroviario.
Free on board = Franco a bordo (F.A.B.).
Free on truck= Franco a bordo del camión.
Ex-wharf = franco en el andén.
Ex-mill = (Precio de) al salir de fábrica, (v. gr., libre de cargo hasta salir de la fábrica).
Cost insurance freight = costo seguro flete.
Bill of lading = conocimiento de embarque.
Charter party = contrato de fletamiento.

b) *Proporciónese el equivelente en español.*

— gratuito, libre de cargo, franco
— conforme con la muestra
— mercancías sacadas de la aduana (derechos pagados)
— en depósito (aduanal), afianzado
— hoja de ruta, itinerario

XI

Business file eleven

Banking
Means of payment

La banca
Los medios de pago

A. Situations

A.1. Applying for a loan
A.2. In the Accounts Department
A.3. End-of-month cash problem

B. Records

B.1 Key sentences: Means of payment
B.2 Types of banks
B.3 Services of banks
B.4 Definitions: Means of payment
B.5 Personal loans and overdrafts
B.6 Vocabulary: Bank

XI. A.

Storyline

The firm has decided to enlarge one of its plants, and more particularly to build a new warehouse. This will entail [intəil] expenses, and the Board of Directors has decided to raise a loan.

Resumen

La empresa ha tomado la decisión de ampliar una de sus plantas. También, de una manera más particular, ha decidido construir un nuevo almacén. Esto ocasionará ciertos gastos, y el Consejo de Administración ha resuelto solicitar un préstamo.

XI. A.1. **Applying for a loan**

The Manager of Global Tools is now discussing with his banker the terms of the loan.

Manager: We'd need 500 000 dollars, available at the end of March. The loan would have to be for a period of 5 years with a first installment repaid after one year.

Banker: From Mr. Seymour's visit, I understand the loan would cover part of the costs of having a new warehouse built.

M. Yes, as you know, we are enlarging our premises, and we have to provide for additional storage [stɔridʒ] space.

B. I told Mr. Seymour there was no possibility of lending on overdraft. But a medium-term loan can easily be arranged. Of course we'd need some sort of security [sikj**u**rəti] against it.

M. I'm aware [əwɛr] of that.

B. It may be in the form of a mortgage [mɔrgidʒ]...
You might pledge a certain part of your assets...

M. Wouldn't you accept the securities we have deposited with you as a guarantee [gaerənt**i**]?

B. Indeed we'd be willing to consider such stocks and bonds as collateral. What's their present value? I can check it rightaway.

M. That won't be necessary. I know for sure they are currently worth $1 million dollars.

B. That would constitute adequate coverage for the loan. As for interest, we'd charge you the usual percentage based on the Interbank rate which is now of 9%.

XI. A.1. **Forma de solicitar un préstamo**

El Director de Global Tools está discutiendo en este momento con su banquero las condiciones del préstamo.

Director: Necesitamos 500 000 dólares, disponibles al final del mes de marzo. El préstamo tendría[1] que ser por un periodo de cinco años condicionando el primer reembolso al cabo de un año.

Banquero: Según la visita del señor Seymour, tengo entendido que el préstamo cubriría una parte de los costos de construcción de un nuevo almacén[2].

D. Si, como ustedes lo saben, estamos ampliando nuestras instalaciones y nos hace falta disponer de un espacio de almacenamiento complementario.

B. Le dije al señor Seymour que no había posibilidad de concederles una cuenta corriente descubierta. Pero podríamos arreglar[3] fácilmente un préstamo a plazo mediano[4]. Como es natural, necesitaríamos algún tipo de garantía.

D. Estoy consciente de ello.

B. Podría ser bajo la forma de una hipoteca. Ustedes podrían ignorar una parte de sus activos.

D. ¿No estarían dispuestos a aceptar como garantía los valores que tenemos depositados con ustedes?

B. En efecto. Estaríamos dispuestos a considerar tales acciones y bonos como garantía colateral. ¿Cuál es su valor presente? Puedo verificarlo de inmediato.

D. No es necesario. Sé con certeza que actualmente valen $1 millón de dólares.

B. Ello constituiría una garantía adecuada para el préstamo. En cuanto al interés, les cargaríamos el porcentaje acostumbrado tomando como base la tasa interbancaria, la cual es actualmente del 9 por ciento.

---

(1) *would have to be:* literalmente, debería ser para.
(2) *having a new warehouse built or erected* [irèktid]: literalmente, el hecho de hacer instalar un nuevo almacén.
(3) *medium-term loan:* préstamo a plazo mediano. Igualmente, *to turn short-term deposits in long-term credit:* transformar depósitos a corto plazo en un crédito a largo plazo.
(4) *to arrange a loan:* literalmente, arreglar un préstamo.

XI. A.2. **In the Accounting Department**

Accountant (Paul) and assistant (Jenny)

Paul. We'll have to do something about those overdue accounts. We've sent out some reminders [rim**ai**ndərs], but nothing's happened yet. Jeffries and Co have been owing us 12 000 dollars for over 3 months now.

Jenny. I've checked with the bank. Jeffries have actually sent a check worth 8 000 dollars. I suggest we demand payment of the balance within a week. Otherwise, we'll have to pass on their file to the legal department.

P. I'm afraid we'll have to use a collection agency again. And there are worse debtors [dɛbtərs]! Look at the Parkinson account! For the last consignment we sent them, we drew a bill payable [p**ei**əbəi] two months after date. That was almost four months ago. We had the bill discounted three months ago, and I know the bank has not obtained payment yet.

J. I have a feeling Baxter and Groves are reluctant to pay too. We should have received their remittance [rim**i**təns] by now. Payment fell due on Monday. Another bad debt I'm afraid. I'll have a reminder sent out to them together with the note about additional charges for outstanding accounts.

P. We've already had trouble with them. You can threaten to sue [su]. They're not regular customers, and I suspect we've seen the last of them anyway. I wouldn't mind losing their custom if we can recover the money.

J. Now what should I do about this dud check business?

P. We can't do anything yet. We'll have to get in touch with the giro first.

XI. A.2. **En el departamento de Contabilidad**

Contador (Paul) y asistente (Jenny)

Paul. Tendremos que hacer algo con relación a estas cuentas vencidas. Ya hemos enviado algunos recordatorios, pero aún no ha sucedido nada. Hace ya más de tres meses a la fecha que J. & C. nos debe[1] 12 000 dólares.

Jenny. He verificado con el banco. Jeffries ha enviado un cheque con valor de 8 000 dólares. Sugiero que reclamemos el pago del saldo dentro de una semana. De otra forma, tendremos que traspasar su expediente al departamento legal.

P. Me temo que tendremos que usar nuevamente una agencia de cobranzas. ¡Y aún tenemos peores deudores! ¡Observen la cuenta de Parkinson! Con relación al último envío que les hicimos llegar, obtuvimos una cuenta por pagar liquidable a 60 días. Eso sucedió hace casi cuatro meses. Dicha cuenta fue descontada hace tres meses y yo sé que el banco aún no ha obtenido el pago.

J. Tengo la impresión de que Baxter & Grove están también poco dispuestos[2] a pagar. En estas fechas ya deberíamos haber recibido su depósito. El pago venció el lunes. Me temo que se trata de otra cuenta incobrable. Les haré llegar una carta de recordatorio junto con una nota acerca de los cargos adicionales que ocasionan los pagos atrasados.

P. Ya hemos tenido problemas con ellos. Se les podría amenazar con denunciarlos. Éstos no son clientes cumplidos, y sospecho que de todas formas ya no los veremos más. No nos molestaría[3] perderlos como clientes siempre y cuando podamos recuperar el dinero.

J. Y ahora, ¿qué debo hacer con relación a este cheque sin fondos?

P. Todavía no podemos hacer nada. Primeramente tendremos que ponernos en contacto con la compañía de cheques postales.

(1) *have been owing us 12 000 dollars:* obsérvese el empleo del "present perfect", el cual se traduce por un presente en español.
(2) *reluctant: literalmente,* reticente.
(3) *I would not mind losing*: el verbo "to mind", ver un inconveniente en, va seguido de la forma terminada en -ing (del nombre verbal). También se puede traducir por: "no veo inconveniente en que los perdamos como clientes". Otro ejemplo: *do you mind my smoking?*, ¿le molesta a usted que yo fume? o, ¿ve usted algún inconveniente en que yo fume?

XI. A.3. **End-of-month cash problem**

Owing to the general economic situation in the country, a number of clients do not meet their commitments punctually, and the company although its general financial standing is very sound, is faced with an end-of-month cash problem.

Bob Lackdough (B.L.), the Chief Accountant, is calling the Bank on the phone.
Secretary = S.

B.L. Hello, could I speak to Mr. Hoffman, please?

S. Who is it speaking please?

B.L. Bob Lackdough, from Global Tools.

S. I'm putting you through Sir.

H. Hoffman speaking. Hello. How are things at Global Tools?

B.L. Well, we are not complaining. But we've had a problem with some customers. The credit squeeze [skw**i**z] is beginning to tell apparently—and we are a little bit short of cash.

H. I noticed you've already used up your overdraft.

B.L. I know. We're getting into the red. Couldn't you bail us out with an additional amount ot 50 000 dollars?

H. We'd like to help, but we are under strict orders not to raise the ceiling [siliŋ] for loans.

B.L. I know, anti-inflation measures [mɛʒərs] and all that. All the same, we'd only need it for two weeks and...

H. I don't think we can discuss it on the telephone, can we? Why don't you come over here?

B.L. All right George. Maybe we can talk about it over lunch?

XI. A.3. **Problemas de liquidez al final del mes**

A causa de la situación económica general que se observa en el país, un cierto número de clientes no cumplen puntualmente con sus compromisos, y aunque la posición financiera general de la empresa es muy sana, se encuentra confrontada con un problema de liquidez al final del mes.

Bob Lackdough (B.L.), el Jefe de Contabilidad, está llamando al banco por teléfono.

Secretaria = S.

B.L. Hola, ¿podría hablar por favor con el señor Hoffman?

S. ¿De parte de quién, disculpe?

B.L. De Bob Lackdough, de Global Tools.

S. En seguida lo comunico, señor.

H. Hola, habla Hoffman. ¿Cómo van las cosas en la Global Tools?

B.L. Bueno, no nos podemos quejar. Pero hemos tenido problemas con algunos clientes. Aparentemente, el estrangulamiento del crédito ha empezado a dejarse sentir[1] y estamos un poco escasos de efectivo.

H. Estuve observando que ustedes ya han agotado[2] su cuenta corriente descubierta.

B.L. Lo sé. Nos estamos aproximando a las cifras rojas. ¿No podrían ustedes apoyarnos con un monto adicional de 5 000 dólares?

H. Nos gustaría mucho poderles ayudar, pero tenemos órdenes muy estrictas de no aumentar el límite superior[3] de los préstamos.

B.L. Estoy enterado, las medidas anti-inflacionarias y todo lo demás. De todas formas, solamente los necesitaríamos por dos semanas y ...

H. No creo que podamos discutirlo por teléfono, ¿verdad? ¿Por qué no viene usted para acá?

B.L. De acuerdo, Georges. Tal vez podríamos discutirlo en el desayuno.

(1) *to tell:* en general, *decir, indicar;* aquí, producir un efecto, conllevar, dejarse sentir.
(2) *to use up*: literalmente, agotar.
(3) *ceiling:* límite superior, límite máximo.
v. gr., *the ceiling of the overall amount of credit:* el límite superior (o el límite máximo) del monto general del crédito.

XI. B.1. **Tradúzcanse las oraciones...**

1. La tasa de descuento (o tasa bancaria) acaba de aumentar.
2. Haría usted bien en abrir una cuenta corriente.
3. ¿Cómo habría podido saber yo que (él) estaba emitiendo cheques sin fondos?
4. El banco se rehusó a renovar su cuenta corriente descubierta.
5. ¿Cuál es el monto del préstamo que le han otorgado a usted?
6. Será mucho más seguro cruzar el cheque para que sólo pueda ser depositado en su cuenta (de usted).
7. Gire contra nosotros tres meses después de la fecha.
8. La letra de cambio llegará a su vencimiento la próxima semana.
9. ¿Está usted seguro de que el girador ya ordenó descontar la letra de cambio?
10. Ya no puedo pedirle más préstamos a mi banco. Tengo que encontrar un prestamista sobre prendas.
11. En el caso de una letra de cambio, el beneficiario a quien el girado le paga la suma adeudada no es necesariamente el girador.
12. Desde mi último retiro, todavía no he recibido ningún estado de cuenta.
13. El pago estipulado en el Artículo V se efectuará a un Banco Mexicano el cual se designará posteriormente.
14. En la fecha de firma, se hará como depósito un pago del 5 por ciento sobre el monto total del contrato.
15. La Compañía XYZ entregará a cambio una caución bancaria por el mismo monto.
16. La caución será liberada una vez que se haya proporcionado una cantidad correspondiente de bienes y servicios.
17. El pago se hará por conducto de un pagaré endosado por XY y se depositará en el banco designado por Z.
18. ¿Cuál es el monto de las facturas de la agencia de fletes?
19. Los comprobantes correspondientes se entregarán al comprador.
20. La letra de cambio ya debería haber sido presentada para su aceptación.

XI. B.1. ... y revise sus respuestas

1. The Bank Rate has just been raised.
2. You had better open a current account.
3. How was I to know that he was issuing bad checks? (dud checks, rubber checks).
4. The bank has refused to renew his overdraft.
5. What is the amount of the loan you have been granted?
6. It will be safer to cross the check so that it may only be paid into your account.
7. Draw on us three months after date.
8. The bill (of exchange; draft) falls due (comes to maturity, reaches maturity) next week.
9. Are you sure the drawer has already discounted the draft?
10. I can no longer borrow from my bank. I must find (I've to find) a pawnbroker.
11. In the case of a draft, the beneficiary (payee) to whom the drawee will pay the sum due (owing) is not necessarily the drawer.
12. I have not received yet any statement of account since my last withdrawal.
13. Payment as stipulated in Article 5 (under clause 5) will be made to (into) a Mexican Bank/in to be specified in due course.
14. A 5% payment on the overall amount of the agreement at the date of signature will be made as a deposit.
15. The XYZ Company will provide (supply) in exchange a bank guarantee for the same amount.
16. The surety will be discharged (the guarantee will be discontinued) when a corresponding amount of goods and services has (have) been supplied.
17. Payment will be made by promissory note endorsed by XY and deposited with the bank designated by Z.
18. What is the amount of the invoices from the chartering agency? (How much do the chartering agency's invoices amount to?).
19. The corresponding (relevant; appropriate) vouchers will be supplied to the purchaser.
20. The draft ought to have been already presented for acceptance.

XI. B.2. **Types of banks**

1. *Central banks*

• Main functions: to implement the country's monetary policy. ex: The Bank of Mexico, The Bank of Venezuela, etc.
• Central Banks are the only banks to be allowed to issue banknotes.
• A Central Bank is the Government's banker: when short of money, the government may borrow from the Bank.
• A Central Bank is in charge of the keeping of the country's gold reserves.
• A Central Bank is a "Banker's bank", and all other banks have large sums deposited there. They use these to settle accounts between themselves.
• A Central Bank regulates the flow of capital into and out of the country.
• A Central Bank regulates the amount of credit available in the country; one of the instruments used is the Bank Rate, which is the rate of interest the Central Bank will apply to depositors and borrowers. This will obviously influence the lending rate used by all the other financial and commercial institutions and organizations.
• In the United States, the Federal Board System plays much the same part as a Central Bank.

2. *Commercial banks*

Provide all the services offered by banks to individuals and companies.

3. *Merchant banks*

Provide corporate finance services to companies: merger acquisition, take over bids, floatations on the Stock Exchange, medium-term loans, export finance, leasing etc.

4. *Savings banks*

They receive savings accounts and pay interest to the depositors. Generally, the rates of interest vary in relation to the length of the notice of withdrawal. Term deposits—for which the notice of withdrawal required is longer—have higher rates of interest.

XI. B.2. **Tipos de bancos**

1. *Bancos centrales*

• Funciones principales: poner en práctica la política monetaria del país. V. gr., el Banco de México, el Banco de Venezuela, etc.
• Los bancos centrales son las únicas instituciones autorizadas para emitir billetes de banco.
• El Banco Central es el banquero del gobierno. Cuando este último necesita dinero, puede pedírselo prestado a dicha institución.
• El Banco Central tiene a su cargo la custodia de las reservas de oro del país.
• El Banco Central es el "banco de los banqueros", y todos los demás bancos depositan en él fuertes sumas de dinero. Utilizan estos depósitos para liquidar las transacciones que realizan entre ellos.
• El Banco Central regula los flujos de capitales hacia adentro o hacia afuera del país.
• El Banco Central regula el volumen de crédito disponible dentro del país; uno de los instrumentos que utiliza para tal propósito es la tasa de descuento, la cual es la tasa de interés que el Banco Central aplica a los depositantes y a los prestatarios. Como es evidente, dicha tasa de descuento influye sobre la tasa de préstamos que utilizan todas las demás instituciones y organizaciones financieras y comerciales.
• En Estados Unidos, el Federal Board System desempeña en gran parte el mismo papel que el del banco central.

2. *Bancos comerciales*

Estas instituciones proporcionan a los individuos y a las empresas todos los servicios que ofrecen los bancos.

3. *Bancos de negocios*

Proporcionan a las empresas servicios financieros corporativos, tales como: adquisiciones por fusión, ofertas públicas de compra, flotación de emisiones en la Bolsa de Valores, préstamos a plazo mediano, financiamiento a las exportaciones, arrendamientos, etc.

4. *Bancos de ahorro*

Instituciones dedicadas a la apertura de cuentas de ahorro. Pagan un interés a los depositantes. Por lo general, las tasas de interés varían en función del plazo de preaviso para el retiro de fondos. Los depósitos a plazo —en cuyo caso el aviso de retiro de fondos debe ser más prolongado— tienen tasas de interés más altas.

XI. B.2. **Types of banks** (continued)

5. *The GIRO*
Recently set up in some countries, it operates along the same lines as our "Ordenes postales".

6. *Building Societies*
Obtain funds from private investors by issuing shares and taking deposits, and lend money for house purchase (or the purchase of commercial premises).
The loan is secured by mortgage. They are a relatively minor factor in long-term industrial finance, but have provided many small businesses with capital.

7. *Savings and loan Associations (U.S.)*
Cooperative associations formed under federal or state law in the U.S., that solicit savings in the form of shares, invest their funds in mortgages and permit deposits in and withdrawals from shareholders accounts similar to those allowed for savings accounts in banks.

XI . B. 3. **Services of banks**

1. Current accounts; 2. Deposit accounts; 3. Loans;4. Overdrafts;
5. Discounting of bills of exchange;
6. Issuing of banker's drafts; 7. Issuing of traveller's checks;
8. Regular payment (subscription to clubs, insurance premiums, etc.);
9. Provisions of cash (for the payment of employees by firms);
10. Safe custody of deeds and valuables;
11. Night safes;
12. Dealing in stock exchange securities and giving advice on investments;
13. Acting as executor of a will;
14. Status inquiries (giving information to a firm's bank on the financial situation of another firm doing business or about to do business with the former);
15. Obtaining foreign currencies for their customers;
16. Financing—and advising—in the field of foreign trade.

XI. B.2. **Tipos de bancos** (continuación)

5. *Casas de giros postales*
Se crearon recientemente en algunos países, funcionan de acuerdo con las mismas modalidades de nuestros "giros postales".

6. *Sociedades constructoras* (especie de asociación que facilita el acceso a la propiedad)
Estas instituciones obtienen fondos de los inversionistas privados mediante la emisión de acciones y mediante la captación de depósitos, y prestan dinero para la compra de casas-habitación (o para la compra de instalaciones comerciales).
Este tipo de préstamos están sujetos a garantía hipotecaria.
Constituyen un elemento de importancia relativamente menor para el financiamiento industrial a largo plazo, pero, de hecho, han proporcionado fondos a un alto número de empresas pequeñas.

7. *Asociaciones de ahorros y de préstamos (E.U.)*
Consisten en asociaciones de tipo cooperativo que se han formado con apego a las leyes federales o estatales de Estados Unidos. Captan el ahorro bajo la forma de acciones, invierten sus fondos en hipotecas, y permiten la ejecución de depósitos y de retiros sobre cuentas de accionistas parecidas a las que operan las cuentas de ahorros de los bancos.

XI. B.3. **Servicios bancarios**

1. Cuentas corrientes; 2. Cuentas de depósito; 3. Préstamos;
4. Préstamos al descubierto (autorización al descubierto); 5. Descuento de letras de cambio;
6. Emisión de letras de cambio bancarias; 7. Emisión deisión de de viajero.
8. Pagos ordinarios (suscripciones a clubs, primas de seguros, etc.);
9. Suministro de dinero líquido (para los pagos a los empleados de las empresas);
10. Custodia de títulos de propiedad y de objetos de valor;
11. Depósitos nocturnos;
12. Operaciones con valores bursátiles y asesorías para los inversionistas;
13. Actividades de ejecución testamentaria;
14. Investigaciones financieras (consisten en informar al banco de una empresa acerca de la situación financiera de otra empresa que esté haciendo negocios, o que esté a punto de hacerlos, con dicha primera empresa);
15. Suministro de divisas extranjeras para sus clientes;
16. Financiamiento —y asesoría— en el campo del comercio exterior.

XI. B.4. **Means of payment**

Bill of exchange (or draft)

An order requiring the person to whom it is addressed to pay on demand or at some future date a stated sum of money to, or to the order of, a specified person, or to bearer. It requires acceptance by the drawee.

There are three parties to a bill of Exchange: The creditor, who draws the bill (drawer)—The debtor, upon whom the bill is drawn (drawee)—The person to whom the money is to be paid (payee), and who may be the drawer himself or a third party to whom the drawer is indebted.

Promissory note

A promise, signed by the debtor, to pay a certain sum of money at a certain date. It is a formal document which may be produced as evidence of a debt.

I.O.U. (I owe you)

A written acknowledgement of a debt which, unlike a promissory note, has no real legal value.

Banker's draft

A draft drawn by a bank upon another bank, or ordering one of its own branches or agents to pay on demand a certain sum of money to a specified person.

Such drafts may be bought by customers who have to travel, or they may be used to settle foreign debts.

Letter of credit

A letter issued by a bank and requesting a correspondent abroad to advance money to the bearer (for a specified or unlimited amount) and to draw upon the issuing bank for the corresponding sum.

XI. B.4. **Medios de pago**

Letra de cambio (o giro)

Consiste en una orden que requiere que la persona a quien va dirigida pague a la vista o en alguna fecha futura una cierta suma de dinero a, o a la orden de, una persona determinada, o al portador. Esta operación implica la aceptación del girado.

En la letra de cambio participan tres partes: El acreedor, que es quien gira la letra (el girador)— el deudor, que es la persona sobre la cual se gira la letra (el girado)— la persona a quien se ha de pagar el dinero (el tenedor o portador), la cual puede ser el girador mismo o un tercero a quien el girador deba dinero.

Pagaré

Es una promesa, firmada por un deudor, de pagar una cierta suma de dinero en una fecha determinada. Es un documento formal que puede probar la existencia de una deuda.

Reconocimiento de deuda

Consiste en un reconocimiento de una deuda puesto por escrito el cual, a diferencia de un pagaré, no tiene un valor jurídico real.

Giro bancario

Consiste en una letra de cambio girada por un banco sobre otro banco, pudiendo incluir la orden de que una de sus sucursales o agentes paguen a la vista una cierta suma de dinero a una persona determinada.

Los giros bancarios pueden ser comprados por aquellos clientes que tienen que viajar, o pueden usarse para liquidar deudas extranjeras.

Carta de crédito

Consiste en una carta emitida por un banco con la solicitud de que un corresponsal del extranjero entregue una cantidad de dinero al portador (por una suma determinada o ilimitada) y gire la suma correspondiente sobre el banco emisor.

XI. B.5. **Personal loans and overdrafts**

Personal loans differ from overdrafts in two important respects, apart from the higher interest charged on them. First, no security is required. Second, a fixed repayment schedule is laid down at the outset, so that the borrower knows exactly how much the loan will cost him each month. More generally, personal loans will tend to be offered in preference to overdrafts when relatively large sums and protracted repayment periods are involved, though there are plenty of exceptions to that rule.

It follows from this that the customer with the best chances of securing an overdraft is the one who can offer his bank some security in exchange. Stock or share certificates, life assurance policies and property deeds are the most acceptable forms of security, though the bank will not necessarily go through the motions of taking up formal legal title to them.

Even if the bank did ensure itself the right to sell an asset lodged as security in the event of default, it would be most reluctant to do so. "We are", as one general manager puts it, "not in the money-lending or pawnbroking business". Therefore the ability to provide security is itself no guarantee that an overdraft will be forthcoming. If reasonable doubts exist about a prospective borrower's ability to repay he will be offered a personal loan or nothing at all. The higher interest charged on a personal loan helps to compensate for the greater risk run by the bank.

In addition to offering security, then, it helps to have a generally good reputation at the bank. What makes bank managers see red is not the customer who impudently asks for a large overdraft but the customer who refuses to ask for a small one and then runs into the red without notice. A first-time offender will probably receive no more than a polite talking-off but recidivism may lead to the charging of interest at a high rate or the ultimate sanction—the bounced check.

XI. B.5. **Préstamos personales y cuentas al descubierto**

Los préstamos personales difieren de las Cuentas al Descubierto en dos importantes respectos, además del hecho de que se carga una tasa de interés más alta sobre los primeros.

Primeramente, no requieren de garantía prendaria. En segundo término, se establece un programa fijo de reembolso desde el principio, con la finalidad de que el prestatario sepa con exactitud cuánto le costará el préstamo cada mes. De una manera más general, los préstamos personales tienden a ofrecerse con mayor prioridad que las cuentas al descubierto en aquellos casos que involucran sumas relativamente elevadas así como periodos de reembolso muy prolongados, aunque hay numerosas excepciones a esta regla.

De estas ideas se deduce que el cliente que tiene más probabilidades de obtener una cuenta al descubierto es aquél que puede proponer a su banco algún tipo de garantía prendaria. Los certificados de títulos o de acciones, las pólizas de seguros y los títulos de propiedad son las formas más aceptables de garantía colateral, aunque el banco no necesariamente haya de llevar a cabo los trámites que se requieren para obtener la propiedad jurídica de dichos bienes.

Pero aún en el supuesto de que un banco hubiera adquirido el derecho a vender un activo cedido como garantía en caso de incumplimiento de pago, dudaría mucho en hacer efectiva dicha facultad. Como lo dijo el director de un banco: "Nosotros no estamos en la industria de prestamistas sobre prendas." Por consiguiente, la capacidad (del prestatario) para proporcionar garantías colaterales no constituye en sí misma una garantía para la concesión de una cuenta al descubierto. Cuando existen dudas bien fundadas acerca de la capacidad de un prestamista eventual para cumplir con el reembolso, se le da a escoger entre un préstamo personal o nada. Las tasas de interés que se cargan sobre un préstamo personal son más altas y ello contribuye a compensar el incremento en riesgo que corre el banco.

De esta forma, además de ofrecer una garantía colateral, ayuda mucho el tener una reputación generalmente buena dentro del banco. Lo que hace ver cifras rojas a los directores de los bancos, no es aquel cliente que solicita con impudencia una cuenta al descubierto de magnitud considerable, sino aquél que se rehusa a solicitar una de cuantía razonable y después cae en cifras rojas sin previo aviso. Cuando es la primera vez que el cliente deja de cumplir con sus compromisos, tal vez solamente reciba una atenta llamada de atención, pero la reincidencia puede conducir a la asignación de una tasa de interés más alta o a la sanción suprema: el rechazo del cheque.

XI B.6. **Vocabulary** (banking)

acceptance house	banco de redescuento (solamente trabaja con otros bancos) casa de aceptación de giros
account	cuenta
• current account	• cuenta corriente
• deposit account	• cuenta de depósito
• statement of account	• estado de cuenta
• overdrawn account	• cuenta al descubierto (v. gr., que se puede sobregirar)
accrued interests	intereses devengados, intereses acumulados
advance against shipping documents	entrega contra documentos de embarque
to apply for a loan	solicitar un préstamo
to ask for security	solicitar una garantía
to audit an account	auditar una cuenta
balance	saldo
bank	banco
banking establishment	establecimiento bancario
banker	banquero
banking	1. la banca (como actividad) 2. la organización bancaria
bank charges	cargos bancarios, intereses, comisiones, gastos de recuperación, gastos menores
bank clerk	empleado de banco
banker's commission (or fee(s))	comisión bancaria, honorarios bancarios
bank holiday	día feriado (día en que no trabajan los bancos)
bank of issue	banco de emisión, banco emisor
Bank of International Settlements (B.I.S.)	Banco de Liquidaciones Internacionales (B.L.I.)
bank manager	director de banco, administrador de banco
bank vault	bóveda bancaria (galería de cajas de seguridad)
to bear interest	causar intereses, producir un interés
bill of exchange	letra de cambio
borrower	prestatario
bullion	lingote, barra (de oro o de plata)
buck (U. S. slang)	dólar (modismo de Estados Unidos)
to cash	convertir en efectivo, en dinero líquido
cashier [teller (U.S.)]	cajero, caja registradora
to carry interest	producir un interés, causar un interés
to charge interest	cargar un interés, percibir un interés
check, cheque; -book	cheque, chequera
clearing bank	banco compensador, banco de compensación

XI. B.6. **Vocabulary** (banking)

collateral	colateral, prenda, fianza
collateral security	garantía colateral, prenda real
collecting of checks and bills	cobro de cheques y de letras de cambio
collection agency	agencia de cobranzas
coin	moneda
commitment fee(s)	honorario(s) de apertura de crédito
counterfoil	talón, recibo
cover	caución, fianza, garantía, cobertura
credit	crédito (concesión de un crédito; solvencia)
• cash credit	• crédito de caja, préstamo en dinero líquido, préstamo en efectivo
• consumer credit	• crédito al consumidor
• export credit	• crédito a la exportación
• frozen credit	• crédito congelado
• import credit	• crédito a la importación
• secured credit	• crédito (o préstamo) garantizado
• unsecured credit	• crédito no garantizado, préstamo quirografario
creditor	acreedor
credit balance	saldo acreedor
credit department	departamento de crédito, departamento de préstamos
credit facilities	facilidades de crédito
credit side	crédito, haber (en lenguaje contable)
crossed check	cheque cruzado
current account	cuenta corriente
debtor	deudor
debentures	obligaciones
deed	acta
deferred interest	interés diferido
deposits	depósitos
• savings deposits	• depósitos de ahorros
• term deposits	• depósitos a plazo
deposit-slip	ficha de depósito, boleta de depósito
to deposit money with a bank	depositar dinero en un banco
deposit account	cuenta de depósito
deposit currency	depósito de moneda de curso legal
depositor	depositante
discount credit	crédito de descuento

XI. B.6. **Vocabulary** (banking)

to discount a bill	descontar una letra de cambio
dishonored draft, bill	letra de cambio protestada
documentary credit	crédito documentado
to draw a bill	girar una letra de cambio
to draw money	girar dinero (contra alguien)
drawer } cf. XI. B.4	girador, librador
drawee } cf. XI. B.4	girado
drive-in bank	banco con acceso para automóviles
due date (maturity)	fecha (plazo) de vencimiento
to endorse	endosar
equity	acción (capital contable)
export credit	crédito a la exportación
to fall due	vencer, llegar a su vencimiento
fixed interest, yield securities	valores de renta fija
foreign exchange department	departamento de cambios
to forge	falsificar, inventar
for and on behalf of ...	a nombre de, a cuenta de
to float a loan	colocar un préstamo
GIRO (G. B.) = Cf. XI-B.2	casa de cheques postales
to give notice	dar un aviso, dar notificación
to grant a loan	conceder un préstamo
to grant an overdraft	conceder una cuenta corriente al descubierto
guarantee	garantía, caución, fianza, cobertura
to honor a bill	hacer honor a una deuda
import credit	crédito a la importación
to increase the interest rate	aumentar la tasa de interés
indebtedness	deudas, endeudamiento
interest	interés
• accrued interest	• interés devengado, interés acumulado
• deferred interest	• interés diferido
• outstanding interest	• intereses vencidos, intereses pendientes de pago
interest bearing	que produce intereses, que causa intereses
interests on arrears	intereses atrasados

Dollar: viene del alemán "Taler", abreviatura de "Joachimstaler", nombre dado a las piezas de dinero que se tallaban en Joachimstal, en Bohemia. El "Taler" fue introducido a España en el Siglo XVI, y posteriormente a las colonias españolas de América.

XI. B.6. **Vocabulary** (banking)

International Bank for Reconstruction and Development (The World Bank) Bank)	B.I.R.D., Banco Mundial
International Finance Corporation (I.F.C.)	banco afiliado al Banco Mundial
International Monetary Fund (I.M.F.) (I.M.F.)	Fondo Monetario Internacional (F.M.I.)
Investment bank	banco de inversiones
to invite subscription to a loan	convocar a la suscripción a un préstamo
an I.O.U.	reconocimiento de deuda
to issue	emitir
issuing bank	banco emisor
the issue was oversubscribed	la emisión fue sobresuscrita
legal tender	moneda de curso legal
to lend on overdraft	prestar al descubierto, conceder un préstamo que se puede sobregirar
lender	prestamista
letter of credit	carta de crédito
loan	préstamo, anticipo
loan agreement	contrato de préstamo
loan department	departamento de préstamos
loan repayable by …	préstamo reembolsable por …
loan on collateral	préstamo con garantías colaterales
loan on mortgage	préstamo hipotecario
loan on personal property (on movables)	préstamo mobiliario
loan on real property	préstamo inmobiliario
to lodge money with a bank	depositar dinero en un banco
LIBOR (London Interbank Offered Rate)	Tasa Londinense de Oferta Interbancaria
to make out a check	extender un cheque
medium-term loan	préstamo a plazo mediano
merchant bank	banco de negocios
money on deposit	dinero depositado, fondos depositados, en depósito
mortgage, to mortgage	hipoteca, hipotecar
• mortgage deed	• escritura hipotecaria
• mortgage finance department	• departamento de hipotecas
• mortgage loan	• préstamo hipotecario
• first (second) mortgage	• hipoteca de primer (de segundo) rango

XI. B.6. **Vocabulary** (banking)

open check	cheque no cruzado
to open an account (with)	abrir una cuenta (con)
outstanding	pendiente de pago, por pagar, atrasado
outstanding interest	intereses pendientes de pago
overdraft (cf. to grant)	al descubierto, sobregirable, que se puede sobregirar
to overdraw (an account)	girar al descubierto
overdue	atrasado, atrasos, vencido y pendiente de pago
paying-in slip	ficha de depósito
payable at sight	pagadero a la vista
to pawn	empeñar, entregar en prenda
to pledge	pignorar, ceder en garantía colateral
portfolio management	administración de una cartera (de inversiones)
postal check	cheque postal
postal savings-bank	banco de ahorro postal
principal	principal (de un préstamo)
promissory note	pagaré
quid	Libra Esterlina (modismo)
to raise a loan	obtener un préstamo
to raise, to reduce the interest rate	aumentar, reducir la tasa de interés
rate of exchange	tasa de cambio, tipo de cambio
ready money	dinero contante
receipt	recibo
reminder	recordatorio, carta de recordatorio
remittance	remisión, envío, depósito (de fondos)
to repay, reimburse, refund a loan	reembolsar un préstamo
to redeem	reembolsar, redimir, amortizar (una hipoteca)
to run a deposit with a bank	tener una cuenta en un banco
safe	caja fuerte (de seguridad)
safe custody of securities and valuables	custodia de títulos y de objetos de valor
safe deposit	depósitos en cajas de seguridad
safe deposit department	departamento de depósitos en cajas de seguridad
savings deposits	depósitos de ahorros
savings-bank	banco de ahorros
savings-bank book	libreta de ahorros, libreta de caja de ahorros
savings department	departamento de ahorros
secured credit	préstamo con garantías (reales)

XI. B.6. **Vocabulary** (banking)

to secure a loan	obtener un préstamo, garantizar un préstamo
security	caución, fianza, garantía, cobertura
securities department	departamento de valores
Special Drawings Rights (S.D.R.)	Derechos Especiales de Giro (D.T.S.)
stale check	cheque prescrito
statement of account	estado de cuenta
strong room	cámara fuerte
stub	talón (de cheque)
subscriber	suscriptor
teller (U.S.)	cajero
transfer	transferencia, traspaso (de fondos)
term deposits	depósitos a plazo
terms of a loan	condiciones de un préstamo
underwriting department	departamento de suscripciones
unit trust	sociedad de inversión de capital variable
unsecured credit	crédito no garantizado, crédito (o préstamo) quirografario
wicket	taquilla
withdrawal	retiro (de dinero)
to withdraw money	retirar dinero
to yield interest	producir (redituar) un interés

Business file twelve

Insurance

Seguros

A. Situations

A.1. A visit from the Insurance man
A.2. Excerpt from a letter

B. Records

B.1. Key Sentences: Insurance
B.2. Insurance in the world
B.3. The Riskiest jobs of all
B.4. Vocabulary

XII. A.

Storyline

The Company is still in the process of enlarging its premises, particularly with the building of a new warehouse [wɛrhaus], and the new property has to be insured. They need not take out a special insurance policy. Rather, the original one has to be revised [rivaizd], and new clauses [clɔzəs] must be inserted.

An executive from the insurance company calls at the Company's head office to discuss particulars [pərtikjələrs] with the Company Secretary.

Resumen

La Empresa se encuentra aún en el proceso de ampliación de sus instalaciones, particularmente en lo que respecta a la construcción de un nuevo almacén, y el nuevo inmueble tiene que ser asegurado. No necesita suscribir una póliza de seguro especial. Más bien, la póliza original debe ser revisada, y se deberán insertar nuevas cláusulas.

Un ejecutivo de la compañía de seguros visita las oficinas centrales de la Empresa para discutir los detalles con el Secretario General.

XII. A.1. **A visit from the insurance man**

Secretary = S.; *Insurance Man* = *I.M.*; *Company Secretary* = C.S.

S. Good morning Sir. Can I help you?

I.M. I have an appointment with Mr. Seymour at three o'clock. My name is Rowland, from the Star and Stripes Insurance [inʃ**u**rəns] Company. I'm afraid I am a bit early.

S. A. I'll see if Mr. Seymour can see you now. (*Picks up phone and dials a number*). Miss Dowling, I have Mr. Rowland from the Star and Stripes Insurance Company in Reception to see Mr. Seymour.
Miss D. Yes, Mr. Seymour's just back from the meeting. You can send him up right away.

S. Mr. Seymour is expecting you. Will you please follow me.

(In Mr. Seymour's office)

C.S. Ah Mr. Rowland! Glad to see you. Would you rather see the plan here or do you want me to take you round the new building first?

I.M. I think we can start on the basis of the document you sent us. Then we can go and have a look on the spot.

C.S. Yes. Here is a copy of the letter we sent you.

I.M. For the office building, the amount of insurance as it stands now is 700 000 dollars. And 300 000 is the additional value owing to the repairs?

C.S. That's right. I have all the relevant documents here. And this here is a blueprint of the new warehouse, with the type of material used, safety and insulation provisions. They have used a new fireproof material. The architect [arkətɛkt] is on site [saɪt] today. He will supply any additional information you may need.

The financial giants of the City are not the bankers, but the money managers of the insurance companies and pension funds.

XII. A.1. **Una visita del asegurador**

Secretaria = S.; *Asegurador* = A.; *Secretario General* = S.G.

S. Buenos días, Señor. ¿En qué puedo servirle?

A. Tengo una cita con el señor Seymour a las 3 de la tarde. Me llamo Rowland,[1] y vengo de la Compañía de seguros Star and Stripes. Me temo que he llegado con un poco de anticipación.

S.G. Voy a ver si el señor Seymour puede recibirlo en este momento. (*La secretaria descuelga el teléfono y marca un número*). Habla la señorita Dowling, tengo en la recepción al Sr. Rowland de la Compañía de seguros Star and Stripes, quien desea ver al señor Seymour.
Señorita D. Sí, el señor Seymour acaba de volver de una junta. Puede usted hacerlo subir de inmediato.

S. El señor Seymour lo está esperando. ¿Quiere usted seguirme por favor?

(*En la oficina del señor Seymour*)

S.G. ¡Ah, Sr. Rowland! Me da gusto verle. ¿Prefiere usted ver el plano aquí, o prefiere que primero lo lleve a visitar el nuevo edificio?

A. Creo que podemos empezar tomando como base el documento que nos envió. Después podríamos ir a darle un vistazo al lugar.

S.G. De acuerdo. Aquí tiene usted una copia de la carta que les enviamos.

A. Para el edificio de oficinas, el valor actualmente asegurado es de 700 000 dólares. ¿Representan los 300 000 dólares el valor adicional proveniente de las reparaciones?

S.G. Exactamente. Tengo aquí todos los documentos relevantes. Ésta es una heliográfica del nuevo almacén, con el tipo de material que se ha utilizado, y los sistemas de protección y de aislamiento. Han usado un nuevo material a prueba de incendios. El día de hoy el arquitecto estará en los talleres de la obra. Él le puede proporcionar todos los informes complementarios que pueda usted necesitar.

---

(1) *My name is Rowland o Rowland's the name* (Rowland is the name), mi nombre es Rowland ... me llamo Rowland

---

Los gigantes financieros de la Ciudad no son los banqueros, sino quienes administran el dinero de las compañías de seguros y de los fondos de retiro.

XII. A.1. **A visit from the insurance man** (continued)

I.M. Good. Now what about coverage [kʌvəridʒ] during the construction period?...
... And have you considered getting insured for compensation of loss of profits in case of damage [daemidʒ] to the plant? We have new policies which are very much in favor with our bigger industrial clients...

XII. A.2. **Excerpt from the letter to the insurance company**

... amount of the premium [primiəm] will have to be revised and we wish to have your quotations for the following:

Risk (additional)	Premises	Amount of Insurance
Fire	Office Building (additional after Repairs and Alteration)	+ 300 000 U.S. Dlls.
Fire	New Warehouse	+ 400 000 U.S. Dlls.
Burglary	New Warehouse	

The insurance cover should operate from the 6th of October 19..

International insurance was an English development, and in the 14th century the symbols of British insurance companies—suns, phoenixes or globes— spread over many countries. Nowadays, nearly 3/4 of their annual premium income come from overseas business, in over a hundred countries.

XII. A.1. **Una visita del asegurador** (continuación)

A. Bien. ¿Y qué hay acerca de la cobertura durante el periodo de construcción? ...

... Además, ¿ha usted considerado la posibilidad de asegurarse contra las pérdidas de utilidades que se producirían en caso de que se dañara la planta? Tenemos nuevas pólizas que se han visto muy favorecidas por nuestros clientes industriales más grandes ...

XII. A.2. **Extracto de la carta dirigida a la compañía de seguros**

... el monto de la prima tendrá que ser revisado y deseamos conocer sus cotizaciones para los siguientes aspectos:

Riesgo (adicional)	Instalaciones	Monto del seguro
Incendio	Edificio de oficinas (suplemento después de las reparaciones y de las modificaciones)	$ 300 000
Incendio	Nuevo almacén	$ 400 000
Robo	Nuevo almacén	

La cobertura del seguro debería entrar en vigor a partir del 6 de octubre de 19..

Los seguros internacionales fueron un desarrollo inglés, y, en el Siglo XIV, los símbolos de las compañías de seguros inglesas —soles, aves fénix o globos— se dispersaron por muchos países. Hoy en día, casi las tres cuartas partes de su ingreso anual por primas proviene de negocios ubicados en el extranjero, en más de un centenar de países.

XII. B.1. **Tradúzcanse las oraciones...**

1. Las obligaciones de X Y Z excluyen todo tipo de consecuencias, cualesquiera que éstas pudieran ser, así como cualquier responsabilidad directa o indirecta aparte de las que se estipulan específicamente en el presente contrato.
2. En particular, no se cubren las pérdidas sobre utilidades o sobre la producción.
3. Todos los anexos son parte integral del presente contrato.
4. Toda modificación tendrá validez únicamente cuando se haga mediante un acuerdo firmado por las dos partes.
5. Ninguna de las dos partes tendrá derecho a transferir a un tercero los derechos y obligaciones que se deriven del presente contrato sin el previo acuerdo escrito de la otra parte.
6. Salvo acuerdo en contrario, las demoras indicadas se contarán a partir de la fecha en la cual entre en vigor el contrato.
7. X Y Z será totalmente responsable por los daños que se causen a los aprendices o por los daños que les sean causados a éstos por conducto de terceras partes.
8. La póliza entrará en vigor únicamente después de que se haga el pago correspondiente ...
9. En caso de incumplimiento en el pago de la prima el contrato se verá terminado.
10. El asegurado se compromete a cumplir con los requisitos de seguridad.
11. El comprador contratará una póliza de seguros que cubra el valor del embarque durante el transporte marítimo.
12. Pensaba que el seguro contra daños a terceros era suficiente, pero me han aconsejado que contrate un seguro contra todo riesgo.
13. Sírvase encontrar aquí una fotocopia del acuerdo adicional.
14. Nos comprometemos a cubrir sus riesgos durante la duración del contrato.

XII. B.1. . . . y revise sus respuestas

1. The obligations of X Y Z are exclusive of any consequence whatsoever, and of any direct or indirect liability other than those specifically stipulated in the present agreement.
2. In particular, losses on profit or production are not covered.
3. All the schedules (annexes) are part and parcel (integral elements) of the present agreement.
4. Alterations will only be valid in the form of (as) endorsements signed (undersigned) by the two parties—(alterations will only be valid if endorsed in writing by...).
5. Neither of the two parties may transfer to a third party the rights and obligations issuing (proceeding; stemming) from the present agreement without prior consent in writing from the other party.
6. Unless otherwise stated, the time-limits stipulated are calculated from the commencement of the agreement (from the date on which the agreement comes into effect).
7. X Y Z will be fully liable for injuries to the trainees or for injuries caused by them to third parties.
8. The policy is inoperative until payment is made.
9. The agreement will be terminated in case of default on the premium (non payment of the premium).
10. The insured undertakes (will undertake) to comply with safety regulations.
11. The buyer (purchaser) will take out an insurance policy covering the value of the cargo (shipment) during sea transport.
12. I thought third party insurance was sufficient, but I've been advised to take out an all-in (all risks) policy (a policy y against all risks).
13. Please find enclosed the photocopy of the endorsement (rider; additional clause).
14. We undertake to cover your risks for the duration of the agreement.

XII. B.1. **Tradúzcanse las oraciones...**

15. Me sorprende no haber recibido todavía mi certificado de aseguramiento.
16. Sería mejor llegar a un acuerdo económico amigable con la otra parte.
17. El monto del daño todavía no ha sido estimado.
18. En respuesta a su queja, le informamos que la cláusula que usted menciona fue eliminada de nuestras pólizas hace cinco años.
19. La responsabilidad de los accidentes de trabajo incumbe al patrón.
20. Para reportar un accidente, diríjase al ajustador de siniestros....
21. Tenía la impresión de que los riesgos de ruptura y de fugas estaban igualmente cubiertos.
22. En caso de avería común, las pérdidas ocasionadas se repartirán proporcionalmente entre el propietario del barco y el dueño de la carga.
23. En el campo de los seguros marítimos, hay pólizas de viaje y pólizas flotantes.
24. Mi póliza contra incendio y contra robo está a punto de expirar.
25. La navegabilidad de un navío o de un avión es uno de los elementos que se deben tomar en cuenta al calcular la tasa de una prima.

Nota acerca de Lloyd's: Los aseguradores de Lloyd's a quienes se les llama "underwriters" en atención a la costumbre que tienen de firmar con su nombre cualquiera de los riesgos que están dispuestos a cubrir, son los aseguradores más importantes del mundo. Ofrecen seguros contra toda clase de riesgos, pero principalmente son célebres por los seguros marítimos. *En sí misma, Lloyd's no practica los seguros:* quienes ofrecen los seguros son sus miembros, ya sea a título individual, o bajo la forma de sindicatos.
Lloyd's data del Siglo XVIII. Inicialmente era una casa de café frecuentada por negociantes.

XII. B.1. . . . y revise sus respuestas

15. I am surprised at not having received (at not having been sent) my insurance certificate yet.
16. It would be better to reach a friendly settlement with the other party.
17. The amount of the damage has not been assessed yet.
18. In reply to your complaint, we inform you that the clause you mention (you refer to) was deleted from our policies 5 years ago.
19. Liability for industrial injuries rests with (falls to) the employer.
20. When reporting an accident, apply to the claims adjuster.
21. I had the impression that breakage and leakage were also covered.
22. In case of general average, the losses (sustained) are borne proportionately by (spread... between) the shipowner and the owner of the cargo.
23. In the field of marine insurance (underwriting), there are voyage policies and floating policies.
24. My fire and theft policy is about to expire...
25. Seaworthiness or airworthiness are taken into account in the calculation of the premium rate.

Note on Lloyd's: Lloyd's underwriters—so called because of the custom of writing their names under any risk they are prepared to cover—are the most important insurers in the world. They undertake all kinds of insurance business, but are best known for marine insurance. *Lloyd"s itself does not do insurance business*: this is undertaken by its members, either as individuals or working in syndicates.
Lloyd's dates back from the 18th century, and was initially a coffee-house frequented by merchants.

XII. B.2. **Insurance in the World**

Insurance is divided into two kinds. First, insurance against accidents—ship sinking, buildings burning and cars running over people. Secondly, insurance (or technically "assurance") of a man's life against a fact of life—death[1]. The first kind is hazardous and is based ultimately on a calculated gamble. The second is largely predictable, for the average span of men's live—when hundreds of thousands are involved-can be quite accurately calculated.

• "Non life insurance". Its traditional heart has been Lloyd's whose financial backbone is made up by over six thousand "names" grouped in 271 ''syndicates", who provide the capital and must pay up for disasters—with unlimited liability... Lloyd's, like trade banking, depends on a mixture of trust and daring. They were the first insurers in the world to cover cars, planes or crops, or to insure against earthquakes or twins and triplets. The whole procedure depends upon the "gentleman's agreement". Their reputation relies not only upon their reliability, but on their readiness to insure almost anything, very quickly.

• "Life insurance". The legendary Prudential is by far the biggest among the twelwe most important life insurance companies in England is the legendary Prudential. To the public the PRU. is best known for its 11 000 "Men from the PRU.", the army of local travellers who collect the weekly and monthly insurance contributions. But to the city of London, the PRU. is the largest single investor in the country. It does not need to keep its money ready, like a bank's to prevent a quick withdrawal: it can invest the whole sum, for a whole generation, without the need to call it back. Every week, the PRU. has another two million pounds to invest—pouring it into government stock, industry, or property... There are very few big companies where the PRU. is not a major shareholder, and there are many where it is the biggest. Therefore, it is in a position if it wishes to sway other votes.

Adapted from Anthony Sampson. *The New Anatomy of Britain.*

(1) A number of senior managers of life companies carry after their names the initials F.I.A. (Fellows of the Institute of Actuaries). Actuaries are highly specialised mathematicians who are versed in the intricate study of probabilities, on which the success of life insurance depends.

XII. B.2. **Los seguros en el mundo**

Los seguros se dividen en dos categorías. Primero, el seguro Contra Accidentes—naufragios, incendios de edificios y automóviles que atropellan a personas. Segundo, el seguro de vida de un hombre contra un hecho de la vida: la muerte. El primero es aleatorio, y se basa a fin de cuentas en un riesgo calculado. El segundo es en gran parte previsible, puesto que la duración promedio de la vida de un hombre —cuando se analizan cientos de miles de personas puede calcularse en forma muy precisa.[1]

• "El seguro contra accidentes." Su centro tradicional ha sido la Compañía Lloyd's cuya estructura financiera está constituida por más de 6 000 "nombres" agrupados en 271 "sindicatos", que proporcionan el capital y cubren los siniestros con una responsabilidad ilimitada. Tal y como sucede con la banca de negocios, Lloyd's depende de una combinación de audacia y de confianza. En el mundo, fue la primera compañía en asegurar los automóviles, los aviones o las cosechas, y también fue la primera en ofrecer seguros contra los temblores de tierra, o los gemelos o los trillizos. Su forma de actuación se basa en el convencimiento verbal. Su reputación no descansa únicamente en su seguridad, sino en su disponibilidad para asegurar casi inmediatamente cualquier cosa.

• "El seguro de vida." La legendaria "Prudential" es por mucho la más grande de las doce compañías de seguros de vida más importantes en Inglaterra. Ante los ojos del público, la "PRU", es principalmente conocida por sus 11 000 "hombres de la PRU", quienes constituyen un ejército de viajeros locales que se encargan de cobrar las cuotas mensuales y quincenales de las pólizas de seguro. Pero para la ciudad de Londres, la PRU es el inversionista individual más grande que hay en el país. A diferencia de los bancos, no necesita tener sus fondos disponibles para cubrir un retiro inmediato: puede invertir la suma total, durante toda una generación, sin tener necesidad de retirarla. Cada semana, la PRU dispone nuevamente de dos millones de libras esterlinas para invertirlos —los cuales coloca en valores del gobierno, en la industria, o en bienes raíces. Hay muy pocas compañías grandes de las cuales la PRU no sea un accionista importante, y hay muchas de ellas en donde la PRU es el accionista mayoritario.
Por consiguiente, tiene la posibilidad, cuando así lo desea, de influir sobre los demás votos.

Adaptado de Anthony Sampson, *The New Anatomy of Britain*

(1) Un cierto número de los dirigentes de las companías de seguros ponen después de sus nombres las iniciales F.I.A. (Fellows of the Institute of Actuaries - Miembros del Instituto de Actuarios). Los actuarios son expertos en Matemáticas quienes se especializan profundamente en el complejo estudio de la Teoría de Probabilidad, tema del cual depende el éxito de los seguros de Vida.

XII. B.3. **The riskiest jobs of all**

Insurance companies regularly make statistical studies of disaster, and one of the things they examine is the relative danger of different jobs. Recently one of them completed a study of hazardous occupations. Some of its more intriguing are the following:

Probably the most dangerous job is sponge diving [d**a**iviŋ]. Happily, only 25 persons in the U.S. still try to make a living in that pursuit because artificial sponges have taken over most of the market. Aerialists [ɛriələst]—trapeze [traep**i**z] artists and high-wire artists—are also way up on the high-risk list, and motorcycle racing is an even more dangerous calling. Among auto racers, judging by insurance premiums, the professionals risking the most are those who drive 600 miles per hour in a straight line over salt flats in places such as Bonneville, Utah, and Lake Eyre, Australia.

Insurance firms list dangerous jobs in two categories. The first includes workers susceptible to violent accidental death, such as structural-steel workers; the second consists of those who may die from the longterm effects of environmental factors that threaten health, such as coal miners who develop "black lung" disease.

Of all the first-category jobs, the most dangerous turns out to be that of a lumberman in the Pacific area. Following that, in order, are bank guards, workers who deal with explosives, anthracite-coal miners, electrical workers who climb poles, state policemen, deep-sea fishermen.

According to statistics, one of the most hazardous jobs of all is the U.S. Presidency. After assuming office, roughly one out of three American Presidents lives out his normal life expectancy.

Newsweek, June 1974.

XII. B.3. **Los trabajos más peligrosos**

Las compañías de Seguros regularmente llevan a cabo estudios estadísticos acerca de los desastres, y una de las cosas que examinan es el grado de peligro de los diferentes empleos. Una de ellas terminó recientemente un estudio acerca de las ocupaciones más peligrosas.

A continuación presentamos algunos de los resultados más sorprendentes de esta encuesta. Es probable que el trabajo más peligroso sea el de los pescadores de esponjas. Afortunadamente, sólo quedan en Estados Unidos 25 personas que tratan de ganarse la vida de esta manera, dado que las esponjas artificiales han conquistado la mayor parte del mercado.

Los acróbatas —los trapecistas y los funámbulos— figuran también al principio de la lista de alto riesgo, y las carreras de motociclistas son todavía la profesión más peligrosa. Entre los pilotos de automóviles de carreras, a juzgar por el monto de las primas de seguros, los profesionales que se arriesgan más son aquellos que manejan a 600 millas por hora en línea recta a lo largo de los desiertos de sal tales como Bonneville, Utah, y el lago Eyre, en Australia.

Las empresas de seguros dividen los empleos peligrosos en dos categorías. La primera incluye a los trabajadores que se exponen a una muerte violenta por accidente, por ejemplo, los obreros que trabajan en las estructuras de acero; la segunda comprende a aquellos que pueden morir a causa de los efectos a largo plazo provenientes de factores ambientales que amenazan a su salud, por ejemplo, los mineros de carbón, quienes desarrollan la enfermedad conocida como "pulmón negro".

De todos los trabajos que ocupan la primera categoría, el más peligroso viene a ser el de los leñadores que trabajan en el área del Pacífico.

Posteriormente, en orden descendente, vienen los guardias de los bancos, los obreros que manipulan explosivos, los mineros de antracita, los electricistas que tienen que subirse a los postes, los miembros de la policía de los estados y los pescadores de alta mar.

De acuerdo con las estadísticas, uno de los trabajos más peligrosos de todos es la Presidencia de Estados Unidos. Después de la toma de posesión, aproximadamente uno de cada tres Presidentes de Estados Unidos llega al término normal de su esperanza de vida.

Newsweek, Junio de 1974.

XII. B.4. **Vocabulary - Insurance**

abandonment	abandono (de sus reivindicaciones)
acceptances	aceptaciones
accommodation line	aceptación de riesgos
accidental event	accidente, siniestro
accrued interest	interés devengado, interés acumulado
accumulation	acumulación, capitalización
actuary	actuario
addendum, amendment to,	apéndice, reforma a
additional clause	cláusula adicional
additional insurance	seguro adicional
(to) adjust a claim	liquidar un siniestro
(to) adjust the average	ajustar el promedio
all-in policy	póliza contra todo riesgo
ascertainment of damage	constatación de un siniestro
(to) assess the damage (loss)	evaluar los daños, las pérdidas
(to) assess the premium	calcular una prima
assurance	seguro (sobre todo de vida y marítimo)
at all hazards	cualquiera que sea el riesgo, a cualquier riesgo
attachment	momento en que entra en vigor una póliza
attachment of risk	acción de poner en riesgo
average adjuster	ajustador (o tasador) de averías
average adjustment	ajuste de averías
average surveyor	inspector de averías
• free of particular average ("F.P.A.")	libre de averías particulares
• general average[1] (G.A.)	avería general, avería común
• particular average[2] (P.A.)	avería particular
(to) backdate	poner en vigor con efecto retroactivo
barratry	baratería, (daños voluntarios)
(to) be insured with a company	estar asegurado con una compañía
beneficiary of a policy	beneficiario de una póliza

(1) Ejemplo: Daño causado en el interés común del transportista y del propietario de las mercancías transportadas y que involucra, consecuentemente, a las dos partes o a su asegurador. Ejemplo: parte de la carga arrojada al mar para evitar que se extienda el incendio.
(2) Daño que no involucra más que a una sola de las partes o a su asegurador. Ejemplo: daño hecho a las mercancías transportadas sin responsabilidad del transportista.

XII. B.4. **Vocabulary - Insurance** (ctd)

benefits	garantías
blanket policy	póliza general, póliza colectiva
bodily injury	perjuicio corporal, daño corporal
branch office	oficina regional
burglary insurance	seguro contra robo
(to) cancel a policy	cancelar una póliza, rescindir una póliza
canvasser	gestor, corredor de comercio, solicitador
casualty	accidente, siniestro
cessation of risk	cesación del riesgo, fin del riesgo
(to) charge a premium	cargar una prima
	demanda de liquidación
claim	reclamante
claimant	departamento de siniestros
claims department	coaseguros
coinsurance	riesgos de colisión
collision risks	instauración de riesgos, inicio de riesgos
commencement of risk	
(to) comply with the terms of a policy	cumplir con las cláusulas de una póliza
consequential damage	daños indirectos
contractant	contratante
the agreement states that ...	el contrato estipula que ...
the agreement terminates on ...	el contrato termina el ...
contribution	contribución, cotización
coverage	garantía, cobertura
(to) cover a risk	cubrir un riesgo, garantizar un riesgo
cover note	carta de cobertura
covering note	póliza provisional (Mar.)
craft risks	riesgos del oficio
crop insurance	seguro agrícola
currency of the policy	duración de la vigencia de la póliza
(to) backdate	poner en vigor con efecto retroactivo
damage	daño, daños
damage by sea water, fresh water	daños por agua salada, por agua dulce
damage in transit	averías de ruta, averías durante el tránsito
damage survey	reconocimiento de daños, examen de daños
damage value	valor en estado de avería
dating back	efecto retroactivo
days of grace	días de gracia, período de gracia (dícese de los préstamos)
delivery of policy	entrega de la póliza

XII. B.4. **Vocabulary - Insurance** (ctd)

(to) discontinue premium payment	suspender el pago de las primas
due date	vencimiento
(to) effect an insurance on	dar efecto a un seguro
endorsement	por endoso
endowment insurance	seguro dotal
(to) establish the proof of a loss	establecer la prueba de un siniestro
estate	patrimonio, bienes, propiedades
evidence	evidencia, justificación
extent of cover	alcance de la cobertura (de una póliza)
facultative reinsurance	reaseguramiento facultativo
family history	antecedentes familiares
faults or defects	faltas o defectos
fire & theft insurance	seguro contra incendio y contra robo
fire hazard	peligro de incendio, riesgo de incendio
fire plug	clavija para incendio
floating policy (floater)	póliza flotante, póliza ajustable
floatsam & jetsam	productos y objetos arrojados al mar
force majeure	fuerza mayor
formal notice	notificación formal, aviso formal
fortuitous event	evento fortuito
freight insurance	seguros de fletes
friendly society	sociedad de cooperación mutua
fully comprehensive insurance	seguro contra todo riesgo
general average (cf. average)	avería común
genuine risk	riesgo genuino
glass breakage insurance	seguro contra rupturas de vidrio
gross premium	prima bruta
hail insurance	seguro contra granizo
(to) handle claims	administrar quejas, reclamaciones
hydrant (fire plug)	boca o toma de agua para incendios
increase in the risk	incremento de riesgo, agravamiento del riesgo
increased value insurance	seguro de plusvalía (para prever las alzas durante la travesía)
(to) indemnify somebody for ...	indemnizar a alguien por ...
industrial injuries insurance	seguro contra accidentes del trabajo
insurance	seguro

insurance agent	agente de seguros
(the) insurance attaches as from, becomes effective ...	el seguro empezará a correr desde el ... entrará en vigor el ...
insurance broker	corredor de seguros
insurance business	industria de los seguros
insurance certificate	certificado de seguros
insurance company	compañía de seguros
insurance consultant	consultor de seguros, asesor en seguros
insurance expert	experto en seguros
insurance policy	póliza de seguros
insurance taker	contratante de seguros
insurance premium	prima de seguros
(to) insure	asegurar
insured	asegurado
insurer	asegurador, aseguradora
(to) issue a policy	emitir una póliza
jettison and washing overboard	acto de lanzar al mar, baldeo marítimo
lapse	caucidad, prescripción
leakage	derrame
legal protection insurance	seguro de protección legal
life annuity	anualidad vitalicia, renta vitalicia
life expectancy	expectativa de vida, probabilidad de vida
limit of indemnity	límite de indemnización
livestock insurance	seguro para el ganado
Lloyd´s Underwriters	Aseguradores de Lloyd
loss arising from negligence	pérdidas causadas por negligencia
lost or not lost	cláusula particular de los seguros que cubre todo tipo de riesgos
lump sum settlement	liquidación por suma acumulada, por suma global liquidación a tanto alzado
malicious damage	daño por (acto de) maldad
maturity	vencimiento (conclusión del plazo de una póliza)
medical history	historial médico, antecedentes médicos o clínicos (de un paciente)
membership	membrecía, adhesión
misrepresentation	declaración inexacta, mala representación, representación inexacta
mutual company	empresa mutualista
n.f.o. ("new for old")	del viejo al nuevo, nuevo por viejo (dícese de las reducciones de precio)
non delivery clause	cláusula de no entrega, ausencia de compromiso de entrega

XII. B.4. **Vocabulary - Insurance** (ctd)

non forfeiture	no decomiso, ausencia de confiscación, no prescripción, no caucidad
notice of accident, notification	notificación de accidente, aviso de accidente
notice of claims	aviso de siniestro, notificación de siniestro
obligatory reinsurance	reaseguramiento obligatorio
old age insurance	seguro para la vejez, para la senectud
(to) overinsure	sobreasegurarse
paid-up policy	póliza pagada por completo
particular average (cf. average)	avería particular, específica
particulars	condiciones particulares, aspectos particulares
the (other) party	la parte (adversa), la (contra) parte, la (otra) parte.
(to) pay for the insurance of ...	pagar las primas de seguro de ...
pilferage	pillaje
piracy	piratería
plate glass insurance	seguro contra ruptura de vidrio
policy period	periodo de duración de una póliza, duración de una póliza
(to) pool risks	mancomunar riesgos, compartir riesgos
premium due date	fecha de vencimiento de la prima
premium rate	tasa de la prima
(to) process claims	procesar reclamaciones
professional risks indemnity insurance	seguro por indemnización contra riesgos profesionales
proof of claims	prueba de reclamaciones, justificación de las pretensiones
property damage	daños en propiedad, daños materiales
(to) provide cover	proporcionar una cobertura (contra algún riesgo)
recoverable sums	sumas recuperables, montos recuperables
(to) refloat a stranded ship	volver a poner a flote un navío varado
restraint	restricción
reinsurance, to reinsure	reaseguro, reasegurar
reinsurance exchange or syndicate (U.S.)	sindicato de reaseguramiento, consorcio de reaseguramiento
reinsurance pool	consorcio de reaseguramiento
(to) renew a policy	renovar una póliza
revival	restablecimiento, renovación
rider	acuerdo que modifica una póliza de seguros
riot clause	cláusula contra motines o alborotos populares
risks covered by the policy	riesgos cubiertos por la póliza
(to) run aground	encallar, arrojarse a la costa
salvage costs	gastos de salvamento
seizure	asimiento, embargo, decomiso

XII. B.4. **Vocabulary - Insurance** (ctd)

(to) settle a claim	liquidar un siniestro
short-landed cargo	cargamento desembarcado con faltantes
sickness and disablement insurance	seguro contra enfermedades y accidentes
sound value	valor firme, valor cierto
(to) spread the risk	esparcir los riesgos
(to) spring a leak	hacer una vía de agua
strike clause	cláusula de huelga
subrogation clause	cláusula subrrogatoria
(to) substanciate a loss	substanciar una pérdida, justificar un siniestro
supplementary policy	póliza complementaria
(to) surrender a policy	rescindir una póliza
surrender value of a policy	valor de redención de una póliza, valor de una póliza a su vencimiento
survey report	reporte de una encuesta
sweat damage	daños por vapor de cala
(to) take out an insurance against	asegurarse contra, tomar un seguro contra
(to) take out a policy	tomar una póliza
termination of risk	terminación del riesgo, fin del riesgo
term insurance	aseguramiento temporal, aseguramiento a plazo
theft clause	cláusula de robo
third party insurance	seguro de terceros, para terceros
third party liability	responsabilidad civil (para daños a terceros) G.B.
total liability	responsabilidad total, responsabilidad ilimitada (hacia terceros)
total loss	pérdida total
(to) underwrite a risk	suscribir un riesgo
underwriter	asegurador
unemployment insurance	seguro contra el desempleo
valuation of a policy	valuación de una póliza, fijación del valor a asegurar
void (policy)	sin efecto, nulo (dícese de las pólizas)
waiting period	periodo de espera
waiver	renunciante (dícese de quienes renuncian a un derecho establecido en un contrato)
weather insurance	seguro contra condiciones climatológicas desfavorables, seguro contra mal tiempo
whole life insurance	seguro en caso de muerte
W.P.A. (with particular average)	con avería en particular
wreck risks	riesgos de naufragio
(to) write insurance	suscribir seguros

XIII

Business file thirteen

Computers

Computadoras

A. Situations

A.1. Lunchtime gossiping
A.2. Buying a computer

B. Records

B.1. Key sentences: Computers
B.2. Computerized incompetence
B.3. Vocabulary

XIII. A.

Storyline

For some time there has been talk of installing a computer. But apart from the financial outlay involved, this implies drastic changes in organization and procedures, the hiring of specialists and the retraining [ritreiniŋ] of at least part of the present accounting [əkauntiŋ] staff.

The Board of Directors is divided into three groups of people: those who favor the purchase or rent of a computer, those who want to have a time-sharing agreement with a computer firm, and those who are basically against having a computer.

Resumen

Durante algún tiempo se ha estado hablando de instalar una computadora. Pero aparte del desembolso financiero que se necesitará, dicha adquisición implicará cambios radicales de organización y de procedimientos, la contratación de especialistas y la capacitación de por lo menos una parte del personal actual del área de contabilidad.

El Consejo de Administración se divide en tres grupos: aquellos que favorecen la adquisición o la renta de una computadora, aquellos que desean que se haga un contrato a tiempo compartido con una empresa de servicios especializados en informática, y finalmente los que se oponen terminantemente a la adquisición de una computadora.

XIII. A.1. **Lunchtime gossiping**

Stephen McDunn who works in the Accounting Department and Vic Bruce from Sales, are discussing the latest rumor: over a lunch-room.

S. Are you absolutely sure? Who told you about it?

V. You'd be surprised. But I promised to keep my mouth shut.

S. Come on... Just give me a hint.

V. No, I can't do that. Anyway, it's pretty sure we are going to have a computer installed here. Punch cards and all...; apparently, it's more a question of prestige [prɛst**i**ʒ] than anything else.

S. But I heard the boss saying that the firm was too small to justify the buying or renting of a computer.

V. Well apparently they made him change his mind. The idea seems to be that a time-sharing agreement is not flexible [flɛksəbəl] enough.

S. But what do they want a computer for?

V. Well, apparently, to do most of the accounting work. Also for inventories [**i**nvəntoriəs], payrolls, etc. Your department is going to be reorganized entirely, and you are supposed to be retrained.

S. What?

V. Yes—On-the-job-training. You'd have seminars and courses about data-processing [d**ei**tə-pr**a**sɛsiŋ], etc. They've already had a consultant in on this.

S. Well, I don't like the idea—and I don't like a damn computer specialist telling me about my job.

V. We feel the same at Sales. We're in the picture too, because they also want to use computerized [kəmpj**u**təraizd] customer records. So we'll have to know about the new systems. They say it will be much easier for the storage of data...

S. Mind you, I'm not entirely against it...

V. I feel the same. But what worries me is that new fellow (chap) they're going to hire. What do you call them? Programmer-analysts? They are going to run the show and tell us what to do.

S. I don't know. But I know a couple of boys who are not prepared to be bossed around.

XIII. A.1. **Pláticas durante el almuerzo**

Stephen McDunn, quien trabaja en el Departamento de Contabilidad, y Vic Bruce, del área de ventas, están haciendo comentarios acerca de los últimos rumores mientras toman su almuerzo en el merendero.

S. ¿Está usted absolutamente seguro? ¿Quién le habló de eso?

V. No me lo creería usted. Pero prometí cerrar la boca.

S. Vamos... Hágame aunque sea tan solo una pequeña insinuación

V. No, no me es posible. De todas formas es casi seguro que se nos vaya a instalar una computadora aquí. Las tarjetas perforadas, y todo lo demás...; aparentemente, es más una cuestión de prestigio que de otra cosa.

S. Pero oí decir al patrón que la empresa era demasiado pequeña para justificar la compra o la renta de una computadora.

V. Bueno, aparentemente lo han hecho cambiar de opinión. El problema parece ser que un contrato de tiempo compartido no es lo suficientemente flexible.

S. ¿Pero entonces para qué quieren una computadora?

V. Bueno, aparentemente, para hacer la mayor parte del trabajo de contabilidad. Y también para los inventarios, para la nómina, etc. Su departamento va a ser totalmente reorganizado, y usted ha sido elegido para ser capacitado.

S. ¿Qué?

V. Sí - Una capacitación en el puesto de trabajo. Usted tendrá que tomar varios seminarios y cursos conexos con el procesamiento de datos, etc. Ya han tenido un consultor en dicho tema.

S. Pues no me gusta la idea - y no me gusta que un infame especialista en computadoras me diga cómo tengo que hacer mi trabajo.

V. Pensamos lo mismo en el área de ventas. A nosotros también nos tienen en la mira, porque también quieren usar un registro computarizado para los clientes. Por tanto, tendremos que aprender los nuevos sistemas. Afirman que así será mucho más sencillo al almacenamiento de datos...

S. Fíjese, no estoy enteramente contra ello...

V. Siento lo mismo. Pero lo que me molesta es ese tipo que van a contratar. ¿Cómo se les llama? ¿Analistas de programas? Son ellos quienes van a hacer las leyes y quienes nos van a decir qué hacer.

S. No lo sé. Pero conozco un par de muchachos que no se van a dejar mandar tan fácilmente.

XIII. A.2. **Buying a computer**

The Board of Directors eventually decided to buy a computer.

The General Manager, Arthur S. Briggs, and David Lavalle will have to finalize the various conversations they have had with computer manufacturers. They have not surrendered [sərɛndəd] to some salesmen's talks saying their needs would certainly increase substantially, and they dismissed the idea of buying or hiring a big machine requiring special premises and numerous skilled staff.

They have selected a small business computer. They have reckoned hire-purchase to be the most profitable way, in view of the fact that the installing firm—"Computer Technology & Associates"—will service the Modular 33 equipment, train the operating personnel, and take care of the practical problems of installation and program-writing.

C.T.A. will also process the work produced at year end.

The major tasks of management—payroll [peiroul] stock-taking, invoicing—will be processed on the Modular 33.

Conversely, scientific [saiəntifik] computations in the design department will be carried out at a lower cost with pocket calculators—now widespread—, and with which all engineers have been equipped. (Similarly, and given the nature of their manufacturing processes, they have decided not to switch to industrial process controls).

XIII. A.2. **Adquisición de una computadora**

El Consejo de Administración ha decidido finalmente adquirir una computadora.

El Director General, Arthur S. Briggs, y David Lavalle hacen un resumen[1] de las diversas conversaciones que han tenido con los productores de computadoras. No han cedido a los argumentos de ciertos vendedores según los cuales sus necesidades crecerían sin duda muy rápidamente, y han descartado la idea de comprar o de arrendar un aparato de gran tamaño que requiera de instalaciones particulares y de un personal especializado muy numeroso.

Han seleccionado una pequeña computadora de negocios. El arrendamiento-venta les ha parecido el sistema más ventajoso, teniendo en cuenta el hecho de que la empresa instaladora —la S. S. C. I.[2] "Computer Technology & Associates"— garantizará el mantenimiento del equipo "Modular 33", el entrenamiento del personal operativo, y se ocupará de los problemas prácticos de instalación y de escritura de los programas.

"Computer Technology & Associates" también procesará al fin del año los trabajos que se hayan producido.

Las principales tareas de la administración — la nómina, la compra de acciones, la facturación— se procesarán a través del equipo "Modular 33".

En oposición, los cálculos científicos del departamento de Diseño se llevarán a cabo a un costo más bajo utilizando calculadoras de bolsillo —hoy en día ampliamente difundidas en el mercado— habiéndose provisto a todos los ingenieros de una de ellas. (De manera similar, y dada la naturaleza de sus procesos de manufactura, han decidido no optar por el control de procesos industriales.)

(1) *to finalize:* literalmente, finalizar, concluir.
(2) S. S. C. I. (Sociedad de Servicios y de Asesoría en Informática) = *software house.*

XIII. B.1. **Tradúzcanse las oraciones...**

1. Los tres principales atributos que caracterizan a una computadora son la rapidez, la capacidad y la versatilidad.
2. Un individuo promedio necesita aproximadamente un minuto para añadir 10 cantidades de 7 cifras cada una. En la misma cantidad de tiempo, ciertas computadoras pueden sumar 1 000 millones de cantidades.
3. El contenido de cien volúmenes de una magnitud igual a la del directorio telefónico de Nueva York podría quedar contenido en una unidad de almacenamiento: en un segundo, podrían consultarse 15, 000 direcciones.
4. Se puede utilizar la misma computadora para imprimir estados de cuenta bancarios, para calcular las probabilidades de éxito de una apuesta, las estadísticas de una población y las órbitas de los satélites.
5. La computadora solamente puede hacer aquello que se le dice que haga; no puede decirse a sí misma; "Me pregunto qué significa esto".
6. En consecuencia, cuando una computadora emite una petición final de pago de una factura de 0 dólares, no es la máquina quien hace algo tonto; más bien, está obedeciendo correctamente el contenido de una instrucción tonta.
7. Para alimentar información a la máquina, es necesario traducir el lenguaje humano al lenguaje de máquina.
8. Los datos deben ser reunidos y recolectados con un cuidado escrupuloso: el cálculo se somete al principio del G. I. G. O. (Garbage in garbage out = basura entra-basura sale).
9. Lo poco que se sabe acerca de los circuitos del cerebro indica que éste es varios miles de millones de veces más complejo que la más avanzada de las computadoras.
10. ¿Serían entonces las computadoras tan sólo un conjunto de máquinas grandes, costosas, rápidas y tontas que únicamente sirven para escribir y para hacer sumas?
11. Asegúrese de que su sistema actual de información sea razonablemente claro antes de automatizarlo, de otra forma, la nueva computadora tan sólo servirá para empeorar el lío.
12. No detenga el sistema manual hasta que el personal no especializado de su organización piense que la automatización está funcionando bien.
13. Antes de contratar un especialista en computadoras, ponga como condición que venga a pasar un tiempo en su fábrica.
14. La potencia y la velocidad de una computadora depende de la cantidad disponible de memorización por acceso directo.
15. En el procesador de la computadora, los puntos de almacenamiento contienen caracteres, palabras y bytes.

XIII. B.1. . . . y revise sus respuestas

1. The three main distinguishing features of a computer are speed, capacity and versatility.
2. An average person takes about a minute to add up ten 7-digit numbers. In the same time, some computers can add up 1 000 million or more numbers.
3. The contents of a hundred volume of the New York telephone directory could be accommodated in one storage unit: in one second, 15 000 addresses (entries) can be looked up.
4. The same computer can be used to print bank statements, calculate betting odds, population statistics, satellite orbits.
5. The computer can only do what it is told; it cannot say to itself "I wonder what this means?".
6. Therefore when a computer issues a final demand for payment of a bill for $0 dollars, it is not the machine that has done something stupid: it is correctly obeying a stupid instruction.
7. To place information in the machine it is necessary to translate from human to machine language.
8. Data must be collected and coded with scrupulous care: computing is subject to the G.I.G.O. principle[1].
9. What little is known of the brain's own circuits indicates that it is several billion times more complex than that of the most advanced computers.
10. So are computers only big, expensive, fast dumb adding machines and typewriters?
11. Make sure your present report system is reasonably clear before you automate, otherwise your new computer will just speed up the mess.
12. Don't stop the manual system until the non-experts in your organization think that automation is working.
13. Before you hire a computer specialist, make it a condition that he spend some time in your factory.
14. The power and speed of a computer depend on the amount of available immediate access storage.
15. In the computer's processor, storage locations hold characters, words or bytes.

(1) Cf. XIII B.3.1

XIII. B.2. **Computerized incompetence**

Charles Babbage, an English mathematician of the nineteenth century, was the engineering genius who invented the speedometer and the cowcatcher. He once wrote to Lord Tennyson:

"Sir, in your otherwise beautiful poem The Vision of Sin there is a verse which reads:

Every moment dies a man.
Every moment one is born.

It must be manifest that if this were true, the population of the world would be at a standstill. In truth the rate of birth is slightly in excess of that of death. I would suggest that in the next edition of your poem you have it read:

Every moment dies a man,
Every moment 1 1/16 is born...

I am, Sir, yours, etc."

Is it any wonder that this man is father of the highspeed digital computer? He spent the last four decades of his life engaged in a monumental attempt to build an "Analytical Engine" that would perform every single arithmetical function without any human guidance except the feeding of instructions and the turning of the switch.

The Analytical Engine was fantastically sophisticated in spite of the ungainliness of its gears, levers, and cranks. Like modern computers it consisted of four interconnected sections—a memory bank, a computation section, a control center, and an input-output center. The mechanical monster was programmed with punch cards.

XIII. B.2. **Incompetencia computarizada**

Charles Babbage, un matemático inglés del Siglo XIX, fue el genio de la ingeniería que inventó el velocímetro y el quitapiedras.[1] Un día le escribió a Lord Tennyson:[2]

"Señor, en su poema por demás bello intitulado *La Visión del Pecado* hay un verso que se lee así:

Cada instante muere un hombre
Cada instante nace un hombre

Se debe manifestar que si ello fuera[3] verdad, la población del mundo estaría detenida[4]. En realidad, la tasa de nacimiento es ligeramente superior a la de las muertes. Yo le sugeriría que en la próxima edición de su poema usted escribiera:

En cada instante muere un hombre
En cada instante nace 1 1/16.

Le agradeceré su consideración. Señor ... "

¿Es de extrañar que este hombre sea el padre de las calculadoras numéricas de alta velocidad? Pasó las cuatro últimas décadas de su vida tratando incansablemente de construir un "Motor Analítico" que ejecutara absolutamente todas las funciones aritméticas sin ninguna intervención humana, excepto en lo referente a la alimentación de instrucciones y al encendido del interruptor.

El Motor Analítico tenía un grado extraordinario de sofisticación aún a pesar de la mala apariencia de sus engranes, palancas, y manijas. Al igual que las computadoras modernas, se formaba de cuatro secciones interconectadas-un banco de memoria, una sección de cálculo, un centro de control y un centro de insumo-producto. Dicho monstruo mecánico se programaba por medio de tarjetas perforadas.

(1) Literalmente, caza-vacas (en los trenes de Estados Unidos); también puede traducirse como barredor de locomotoras.
(2) Poeta inglés oficial muy afamado durante el periodo de la Reina Victoria, popularmente conocido por su epopeya "El Ataque de la Brigada Ligera".
(3) *were*: este pretérito indica un hecho no establecido, supuesto, etc.
(4) at a *standstill:* literalmente, inmovilizado, sin movimiento.

XIII. B.2. **Computerized incompetence** (continued)

Unfortunately for Babbage, what he needed to make his computer practical was the vacuum tube, which was not invented until 1906. Complex World War II projects stimulated engineering interest in developing a computer, utilizing the vacuum tube, that would handle huge computational jobs at unprecedented speeds. Miniaturization through transistorization has enabled the computer to store incredible quantities of data on tape and small magnetic disks.

Computers are vulnerable to incompetence in spite of the fact that they seldom make mistakes on their own. The computers are helplessly dependent on the reliability of the information and instructions fed into them. A key-punch operator may make a mistake and you will receive a domestic phone bill for $ 2 314.69 for the month of July, when you were away on vacation. Unfortunately, the computer has no way of knowing that the key-punch operator had a temporary lapse or that you were on vacation.

Dr. L.J. Peter
(The Peter Prescription)

In 1972, Dr. Peter formulated the Peter Principle:
"In a hierarchy every employee tends to rise to his level of incompetence."

*He had founded a new science, hierarchiology, the study of hierarchies [**hai**rarkiz].*

According to him, "for every job that exists in the world there is someone, somewhere, who cannot do it. Given sufficient time and enough promotions, he will arrive eventually at the job..."

Desafortunadamente para Babbage, lo que le faltaba para hacer práctica su computadora era el tubo de vacío, el cual se inventó hasta 1906. Los complejos proyectos ligados con la Segunda Guerra Mundial estimularon el interés de la ingeniería en el desarrollo de las computadoras utilizando el tubo de vacio, el cual ejecutaría enormes trabajos de cálculo a velocidades desconocidas hasta aquel entonces. La producción de miniaturas mediante la instalación de transistores ha capacitado a la computadora para almacenar cantidades increíbles de datos en cintas y en discos magnéticos de tamaño pequeño.

Las computadoras son vulnerables a la incompetencia a pesar del hecho de que rara vez cometen errores por sí mismas. Las computadoras dependen irremediablemente de la confiabilidad[1] de la información y de las instrucciones que se les alimenten. Un operador de tarjetas perforadas puede cometer un error, y usted recibirá una factura telefónica nacional por $2 314.69 para el mes de julio, durante el cual usted estaba de vacaciones. Desafortunadamente, la computadora no tiene forma de saber que el operador de tarjetas perforadas haya tenido un aturdimiento temporal o que usted estaba de vacaciones.

Dr. L. J. Peter
(La Prescripción de Peter)

En 1972, el Dr. Peter formuló el Principio de Peter:

> "En una jerarquía cada empleado tiende a elevarse a su nivel de incompetencia."

Fundó una nueva ciencia, "La jerarquiología", que es el estudio de las jerarquías.

Según él, "para cada trabajo que existe en el mundo hay alguien, en alguna parte, que es incapaz de hacerlo. Si a dicha persona se le da suficiente tiempo y suficientes promociones, finalmente llegará a este puesto..."

(1) *reliability:* literalmente, el hecho de poder contar con, la seguridad del funcionamiento, la confiabilidad en.

XIII. B.3. **Vocabulary - Computers**

1. *Abbreviations*

fifo	first in, first out sistema de primeras entradas, primeras salidas (En español se abrevia "peps")
gigo	garbage in, garbage out basura entra, basura sale
lifo	last in, first out sistema de últimas entradas, primeras salidas (En español se abrevia "ueps")
siro	sequential in, random out entrada secuencial, salida aleatoria
ALGOL	Algorithm Oriented Language (para matemáticos)
AUTOPSY	Automatic Operating System
COBOL	Common Business Oriented Language (para programas comerciales)
FORTRAN	Formula Translation (para científicos)
H.L.L.	Higher Level Logic
L.S.D.	Last Significant Digit
MANIAC	Mechanical and Numerical Integrator & Computer
MAC	Multiple Access Computer

2. *Vocabulary*

access time	tiempo de acceso
accumulator	acumulador
address register	registro de direcciones
algphanumeric	alfanumérico
analysis	análisis
algorithm	algoritmo
assembly language	lenguaje de ensamble, lenguaje ensamblador
basic	básico, de base
back-space	espacio anterior
to back-space	retroceder un espacio
backing store	memoria auxiliar, memoria de apoyo
batch (processing)	bache, lote (procesamiento de)
bi (tri, multi) processor	bi (tri, multi) procesador

XIII. B.3. **Vocabulary - Computers**

bit	"bit" (dígito binario) cifra, elemento, posición binaria: 1 o cero
buffer, buffer, storage	tope, límite (de la memoria), memoria intermedia
built-in	incorporado, integrado
bug	insecto, microbio, falla, descompostura, defecto
byte	conjunto de "bits", octeto
card file	archivero de tarjetas
card jam	atascamiento de tarjetas
card punch	perforadora de tarjetas
card reader	lectora de tarjetas
card sorter	clasificadora de tarjetas
cartrige	cartucho, cargador
C. R. T. : cathode ray tube	tubo de rayos catódicos
control memory, store	memoria central (de almacenamiento)
central processing unit central processor	unidad central de procesamiento
channel	canal
character set	juego de caracteres
character string	cadena de caracteres
chart	tabla, diagrama, cuadro
check-point	punto de verificación, punto de referencia
chip	microcomponente (de un circuito integrado)
to clear	borrar, volver a poner en ceros
clock	reloj
clockwise	en el sentido de las manecillas del reloj
compiler	compilador, programa de compilación
computer	computadora, calculadora
computational	evaluación, cálculo
computing center	centro de cálculo, centro de cómputo
to concatenate	enlazar, encadenar
conditional jump	ramificación condicional
console	consola, mesa de mandos
controller	órgano de mandos, de conección, contralor
control unit	unidad de control
conversational (mode)	(modo) conversacional
core	núcleo, centro
counterclokwise	en sentido inverso de las manecillas del reloj

XIII. B.3. **Vocabulary - Computers**

data	dato, datos
data bank	banco de datos
data base	base de datos, archivo central
data processing, D. P.	procesamiento de datos
to debug	corregir o modificar funciones o programas computarizados
data logging	registro cronológico de datos
to delete	eliminar, borrar, suprimir
device	1. aquí: dispositivo periférico de la computadora 2. dispositivo, mecanismo
digit	cifra, carácter
digital	digital, numérico
digital computer	computadora digital
directory	directorio
D. S. U.: disc storage unit	unidad de memoria de discos
discrepancy	discrepancia, diferencia
disk, disc	disco
disc drive	unidad de disco
display	pantalla, consola de visualización
display unit	unidad de despliegue visual
to display	visualizar, desplegar
drum	tambor
dummy	fingido, falso, aparente (dícese de los métodos de simulación)
to dump	vaciar, transferir de una memoria a otra
dynamic allocation of the memory	asignación dinámica de la memoria
editor	editor, programa destinado a editar reportes e informes
eight-bit byte	octeto
to emulate	simular, imitar
emulator	simulador, imitador
error report	reporte de errores
to feed	alimentar
feedback	retroalimentación
field	campo
file	archivo, expediente
file label	etiqueta de un archivo
firmware	microprogramación
flaw [flɔ]	defecto
to flicker	oscilar, fluctuar
flow [flou]	flujo, circulación, pasaje

to focus	enfocar, concentrar
to format	dar formato, encuadernar
fuse	fusible
to gain	ganar, aumentar
game theory	teoría de juegos
gap	abertura, vacío, laguna
garbage	basura, desecho, elemento inútil
general purpose	para todo propósito, para todo uso, universal
handler	programa periférico de mando
hardware	equipo cibernético, máquina cibernética, material de procesamiento informático
higher language	lenguaje evolucionado, lenguaje mayor
idle	en reposo, ocioso, detenido
to implement	poner en aplicación, implantar, ejecutar
increment	incremento, aumento
input	insumo, entrada, introducción
input/output	insumo/producto, entrada/salida, emisor/receptor
to insulate	aislar
integer	entero
interrupt	interrupción (órgano, señal)
integrated circuit	circuito integrado
interface	interfase, unión, conjunción
inverse file	archivo inverso
item	artículo
to itemize	detallar, pormenorizar
iteration	iteración, repetición
jack	enchufe de conexión
jones plug	toma de clavijas múltiples
junk	desecho
keyboard	teclado
keyboard console	consola de teclado
to label	etiquetar
language	lenguaje
layout	distribución, disposición, esquema

XIII. B.3. **Vocabulary - Computers**

level	nivel
library	biblioteca
listing	lista, listado
light pen	pluma luminosa
line printer	impresora (de línea por línea)
linkage	edición de ligadura, empalme, conexión, vínculo
to list	listar, establecer una lista línea por línea
to load	cargar un programa
loader	cargador
location	ubicación, situación
logical shift	sustitución lógica
logging	registro
loop	ciclo, circuito (en forma de bucle)
machine instruction	instrucción de máquina
machine language	lenguaje de máquina
macrogenerator	programa macrogenerador
magnet	magneto, imán, electroimán
magnetic core	núcleo magnético
magnetic disc store	memoria de disco magnético
magnetic drum	tambor magnético
M.I.C.R.: Magnetic Ink Character Recognition	Reconocimiento Magnético de un Carácter
magnetic tape	banda magnética, cinta magnética
main	principal
main memory	memoria central, memoria principal
maintenance	mantenimiento
maintenance agreement	contrato de mantenimiento
malfunction	falla, defecto, malfuncionamiento
mass memory	memoria de masa
M.T.B.F. Mean Time Between Failures	tiempo medio entre descomposturas
M.T.T.R.: Mean Time to Repair	tiempo medio de reparación
mega	1 millón
memory size	capacidad de memoria
microprogramming	microprogramación
modem	modem (modulador-desmodulador)
to monitor	vigilar, supervisar, controlar (a veces se traduce incorrectamente como "monitorear")

XIII. B.3. **Vocabulary - Computers**

monitor program	programa de control
monoprogramming	monoprogramación
move instructions	instrucciones de transferencia
multiprocessor	multiprocesador, máquina de varias unidades de cálculo
multiprocessing	multiprocesamiento
multiprogramming	multiprogramación
network	red
nested	imbricado, anidado, alojado
nested loops	circuitos intercalados, jerarquizados
numerical address	dirección numérica
occurrence [əkɛrəns]	ocurrencia, aparición de alguna cosa, evento
O.C.R.: Optical Character Recognition	Reconocimiento Óptico de Caracteres
off-line	fuera de línea, autónomo, no conectado
on-line	en línea, conectado
off-circuit	fuera de circuito
operand	operando
operational research	investigación operativa, investigación operacional, investigación de operaciones
operating system	sistema operativo, sistema de explotación
optional device	dispositivo opcional, dispositivo facultativo
outcome	producto, resultado, consecuencia
output	producto, resultado final
outset	inicio, principio, comienzo
overflow	sobreflujo, sobrecarga, rebase (de la capacidad)
overflow register	registro de sobrecarga (de capacidad)
overhaul	reparación, examen, revisión
overlap	traslape, recubrimiento
to overlap	traslapar, recubrir
package	paquete, conjunto de programas
padding	relleno, ripio (dícese de los escritos)
panel	tablero, panel, pizarra
paper feed	alimentación de papel

XIII. B.3. **Vocabulary - Computers**

paper tape	cinta de papel, cinta perforada
paper tape punch	perforadora de cinta de papel
parity check	control de paridad, prueba de paridad
partition	partición, tabique
patch	pieza de enlace
pattern	modelo, tipo, diseño, patrón, muestra
pattern recognition	reconocimiento de estructura, reconocimiento de patrón
peak	pico, cresta, cima
peripheral control unit	unidad de contro periférico
plug	broche, ficha, enchufe, tomacorriente, conexión
power off/on	apagado/prendido
prerequisite	prerequisito
process	proceso, marcha a seguir, método, procedimiento, proceso
processor	procesador
to punch	perforar
punch (ed) card	tarjeta perforada
punch operator	perforador
punch tape	cinta perforada, banda perforada
push button	botón de presión
queue	línea de espera, cola, fila
random	aleatorio, hecho al azar
random access	acceso directo, acceso aleatorio
reader	lectora
read only memory	memoria fija
read only store	memoria muerta
real time	tiempo real
realiable	confiable, seguro, sólido
remote	a distancia, remoto, alejado
remote control	control remoto, comando a distancia
remote batch	Lote remoto, teleprocesamiento por lotes
removable	removible, desmontable, desprendible
a requisite	un requisito, una condición
rerun	nueva corrida, reinicio, recomienzo
to reset	volver a poner en ceros
restart	reinicio, repunte
to restore	restaurar
to resume	volver a tomar, terminar

XIII. B.3. **Vocabulary - Computers**

information retrieval	recuperación de información (en un archivo)
to return	devolver, remitir
reverse	inverso, contrario
to rewind	rebobinar
ribbon	cinta
routine	rutina, sub-programa
routing	ruta, encauzamiento
run	corrida, transición a través de una máquina
safety	seguridad
saw tooth voltage	tensión (o voltaje) en forma de diente de sierra
shedule	plan, previsión, horario, programa
scratch pad memory	bloc de notas y recordatorios
to seize	asir, atrapar
to select	seleccionar, elegir
sensor	sensor
sequential indexed	indexación secuenciada, organización
organization sequence	secuencia indexada, escalonamiento, secuencia, sucesión, secuencia organizacional
to set	posicionar, dar posición, fijar
to share	compartir, repartir, participar
shift	cambio, sustitución (de posición de caracteres)
sign [sain]	signo
signal [signəl	señal
slash	barra de división
to slave	dominar, esclavizar, sujetar
software	término que engloba al conjunto de programas, procedimientos, reglas relativos al funcionamiento del procesamiento electrónico de datos. Puede traducirse como "programas de computación"
software house	Sociedad de servicios y de asesoría en informática
(to) sort	clasificación, (clasificar)
sound proofing	prueba de sonido
specifications	especificaciones, lista de cargos
spurious	apócrifo, ilegítimo, falso
to stack	apilar
to step	dar un paso, avanzar un paso
storage	memoria, almacenamiento (de datos)

XIII. B.3. **Vocabulary - Computers**

subroutine	subrutina, sub-programa
subsystem	subsistema
summary	sumario, resumen, compendio
supervisor	supervisor (de un programa)
to swap	intercambiar, cambiar
switch	interruptor, conmutador
sysin (ingoing system)	operación de entrada
sysout (outgoing system)	operación de salida
system analyst	analista de sistemas, especialista en sistemas
system generator	generador de sistemas
to tackle	asir, atacar un trabajo
to tally	etiquetar
tape	banda, cinta, cinta magnética
task	tarea
teleprocessing	teleprocesamiento
teleprinter	teleimpresora
teletype	teletipo
terminal	terminal
timer	cronómetro, contador de tiempo
timing	fijación de la duración
time-sharing	tiempo compartido
track	canal, pista, vía
to translate	traducir
to trigger	desencadenar
unavailable	no disponible
to unblock	descomponer, desagrupar
undebugged	funciones o programas computarizados no corregidos o modificados
to unpack	desempaquetar, desembalar, separar renglones
to update	poner al día, especificar
to upgrade	mejorar el rendimiento, la calidad
up to date	a la fecha, actualizado, al día
upshot	resultado, fin, conclusión
variable length	longitud variable
virtual machine	máquina virtual
virtual memory	memoria virtual
visualization	visualización
voltage surge	sobrecarga, sobretensión, exceso de voltaje
waiting time	tiempo de espera

XIII. B.3. **Vocabulary - Computers**

warning	advertencia, aviso
watch dog	controlador de secuencia, de duración
word	palabra
to wire	alambrar, conectar
X - rays	rayos X

XIII. B. 4. **Vocabulary** (revisión)

outlay	disposición,distribución física (de los elementos de un circuito)
to involve	involucrar, comprometer, envolver
to imply	implicar, suponer
drastic	radical, drástico
to hire	contratar (los servicios de álguien)
to retrain	reciclar, reconvertir

A.1.

hint	alusión, insinuación, indicación, sugerencia
data processing	procesamiento de datos
to computerize	computarizar, poner en la computadora
storage	almacenaje, almacenamiento
to worry	preocuparse
chap, fellow, boy	chico, tipo, buen hombre (familiar), muchacho, fulano
to run the show	hacer la Ley (literalmente, poner en movimiento el espectáculo)
to boss around	administrar, conducir, gobernar, hacer la Ley

A.2.

eventually	a fin de cuentas, finalmente
to finalize	finalizar
to surrender	rendir, entregar, ceder, renunciar a, abandonar (una propuesta)
to dismiss	despedir, licenciar
skiller staff	personal especializado
to reckon	contar, calcular, computar
hire-purchase	arrendamiento-venta
to train	entrenar, capacitar, formar
payroll	paga, nómina
invoicing	facturación

XIV

Business file fourteen

Selecting an advertising agency

Selección de una agencia de publicidad

A. Situations

- A.1. The Managing Director receives D. Lavalle
- A.2. David Lavalle looks for an agency
- A.3. David meets Marc Nathan, from A.B.I.
- A.4. Preparing the campaign
- A.5. Vocabulary (revision)

B. Records

- B.1. Key Sentences: Advertising
- B.2. What an advertising agency does
- B.3. Market and media
- B.4. Birth of mail order advertising
- B.5. Vocabulary: Media (A a I)

XIV. A.

Storyline

The firm has decided that now is the time to launch on the market its "Easy Rider" bicycle equipped with the "Superfast" gear system.

David Lavalle is asked to select an advertising agency. He will screen a number of candidates in order to find the agency whose abilities will be the most helpful to his firm.

Resumen

La Empresa ha decidido que éste es el momento oportuno para lanzar al mercado su bicicleta "Easy Rider" equipada con el sistema de cambios de velocidades "Superfast".

Se le ha pedido a David Lavalle que seleccione una agencia de publicidad. El señor Lavalle examinará un cierto número de posibles agencias con propósito de encontrar aquella cuyas cualidades sean las más útiles para su empresa.

XIV. A.1. **Arthur S. Briggs, Managing Director receives David Lavalle**

A.S.B. ... David, I want you to find the right agency to help us launch our new product and I don't think...

D.L. ... That the Bluestone Agency people are really capable of handling that type of account.

A.S.B. Exactly. And for two reasons. First, to my knowledge they don't have any experience in this area and believe me, David, there is no substitute [sʌbstətut] for market experience. I think it's the most important thing in an agency after, of course, what they call creativity.

And then there is the human [h**ju**mən] factor; you're going to act as our advertising [aedvərtaiziŋ] manager, David, and I'm sure you would not get along well with Bill Whitey and his team...

D.L. I heard about them through Jim Turley. You're right. So I suppose you'll suggest that I screen a number of candidates.

A.S.B. Yes, David. I want you to include large and small agencies, old-established agencies and new ones. I want you to find out which one in your list fits our fundamental need, that is to say, which has experience in solving problems such as the ones we are now facing. This implies [impl**ai**z] naturally that this agency should have been highly successful in similar campaigns, so don't hesitate to ask them for case histories over the past five years.

D.L. What will be the scope of my responsibility?

A.S.B. David, you'll have full and direct responsibility. Too many people involved in such a choice [tsɔis] would only create confusion [kənf**ju**ʒən]...

Half the money I spend on advertising is wasted, and the trouble is I don't know which half.

Lord Leverhulme

XIV. A.1. **Arthur S. Briggs, Director General, recibe a David Lavalle**

A.S.B. ... David, quiero que encuentre usted la agencia indicada para ayudarnos[1] a lanzar nuestro nuevo producto y no creo que ...

D.L. ... las gentes de la agencia Bluestone sean verdaderamente capaces de ocuparse[2] de este tipo de presupuesto.

A.S.B. Exactamente. Y por dos razones. En primer término, hasta donde yo sé, no tienen ninguna experiencia en esta área, y créame David, no hay sustituto para la experiencia de mercado. Creo que es la cosa más importante que debe tener una agencia después, naturalmente, de aquello que se llama creatividad.

Además, existe el factor humano; usted va a actuar como nuestro Gerente de Publicidad, David, y estoy seguro de que no se llevaría bien con Bill Whitey y su equipo ...

D.L. He oído hablar de ellos por conducto de Jim Turley. Tiene usted razón. Por lo tanto supongo que usted me va a sugerir que examine[3] un cierto número de candidatos.

A.S.B. Sí, David. Quiero que usted se ponga en contacto con agencias grandes y pequeñas y con agencias nuevas y establecidas desde hace mucho tiempo. Quiero que encuentre cuál de su lista conviene mejor[4] a nuestras necesidades fundamentales, es decir, cuál tiene la experiencia necesaria para resolver problemas tales como los que estamos enfrentando ahora. Esto implica naturalmente que esta agencia debería haber tenido mucho éxito en campañas similares. Por lo tanto, no dude en pedirles que presenten casos concretos acerca de los cinco últimos años.

D.L. ¿Cuál será el alcance de mi responsabilidad?

A.S.B. David, usted tendrá una responsabilidad completa y directa. Un número muy grande de personas implicadas en dicha elección no harían más que crear confusión.

(1) *to help us launch:* ayudarnos a lanzar... *to help* va frecuentemente seguido del infinitivo sin *to.*
(2) to handle: agarrar con la mano, ocuparse de, manejar, conducir.
(3) *to screen:* examinar, seleccionar, escoger.
(4) *to fit:* adaptarse, ajustarse, convenir.

La mitad de dinero que gasto en publicidad es en vano, y el problema es que no sé cuál es esa mitad.

XIV. A.2. **Looking for an agency**

David Lavalle, acting as Advertising Manager, first looks through *Advertising Age's*[1] annual table of agency billings. This enables [ineibəls] him to eliminate agencies handling competitive [kampɛtətiv] accounts. Thus, although he appreciates [əprisieits] the campaigns of David & O'Gilwee, he has to delete them from his list, due to their handling of the Hamilton Bike Co. account.

He also calls a few friends to ask them for their opinions and what they think of the agencies they use. This investigation results in a new elimination. Then David sends a basic [b**ei**sik] questionnaire to the remaining agencies.

He receives a number of replies and decides to contact two agencies, A.B.I. (Advertising Brain International) and Martin & Roberts Associates [əs**ou**siəts], in order to meet the people he may be likely to work with. He needs more information on their background and their qualifications [kwaləfək**ei**ʃəns].

Finally he decides to use the services of A.B.I.

(1) *U.S. advertising magazine.*

XIV. A.3. **Meeting with Mark Nathan**

David meets Mark Nathan, Account Executive for A.B.I. Their discussion will revolve around the product itself and on the target market.

M.N. David, what I need first is a thorough [θɛrou] analysis of your product. I want to know everything about it: its function, its history, its competitors—and their brand images—, its potential market...

D.L. We've prepared a file crammed with figures [**fi**gjərs]. But I will briefly summarize [sʌməraiz] our policy and tell you what we expect from you.

XIV. A.2. **En busca de una agencia**

David Lavalle, actuando como Gerente de Publicidad, examina primeramente la tabla anual de la revista *Advertising Age*[1] donde se indica el volumen global de los contratos facturados por las agencias de publicidad. Esto le capacita para eliminar aquellas agencias que manejan cuentas de la competencia. De tal forma, aunque el Sr. Lavalle aprecia las campañas de David & O'Gilwee, debe eliminarlas de su lista, debido a que manejan la cuenta de Hamilton Bike Co.

También llama a algunos de sus amigos para sondear sus opiniones y para preguntarles lo que piensan de las agencias que utilizan. Esta investigación da como resultado una nueva eliminación. Más tarde David envía un cuestionario básico a las agencias restantes.

Recibe un número de respuestas y decide contactar a dos agencias, la A.B.I. (Advertising Brain International) y la Martin & Roberts Associates, a fin de conocer las gentes con las que probablemente podría llegar a trabajar. Necesita más información acerca de sus antecedentes y de sus calificaciones.

Finalmente decide utilizar los servicios de A.B.I.

(1) *U.S. advertising magazine.*

XIV. A.3. **Una reunión con Mark Nathan**

David se reúne con Mark Nathan, Ejecutivo de Cuenta de A.B.I. Su discusión se concentrará en el producto mismo y en el mercado que se ha establecido como blanco de ataque.

M.N. David, lo que necesito primero es un análisis completo de su producto. Quiero saberlo todo acerca de él: su función, su historia, sus competidores —y sus imágenes de marca—, su mercado potencial.

D.L. Hemos preparado un expediente con una gran cantidad de cifras. Pero voy a hacer un breve resumen de nuestra política y le voy a indicar lo que esperamos de ustedes.

XIV. A.3. **Meeting with M. Nathan** (continued)

The product is a bicycle named "Easy Rider". Nothing new so far. But it is equipped [ikw**i**pd] with our patented automatic gear system, "Superfast". We have five competitors who are doing quite well but none of them offers anything similar to our system. Two of them, Hamilton Bike [baik] Co. and B.M.S. Manufacturing, hold a big share of the market, the latter being well introduced in the U.S. market. A survey conducted last year shows the existence of an important new market. All these details are at your disposal in the file.

M.N. Have you already got an advertising program?

D.L. Not at all! That'll be your job. We only have specification sheets for our distributors.

M.N. You see, David, our strategy will depend upon your target audience...

D.L. ... and on our budget...

M.N. ... of course. But a budget can vary. I would say that your target audience hardly looks specific. We would require a thorough survey on bicycle users' profiles [pr**o**ufails] according to their income, occupation, age, sex, education and areas.

D.L. Don't you think we must create a new brand image?

M.N. Exactly. The problem is to win over a new audience and to change the traditional [trəd**i**ʃənəl] image of the bike which is generally associated with kids and working class people. And I think the three chords [kɔrds] to strike should be: HEALTH [hɛlθ], SPEED, ECONOMY. With the energy crisis [kr**a**isəs] and traffic problems, this message should get across easily. I would even add that for such a product, there aren't any key-audiences but that in a way, doctors and traffic authorities [əθ**a**rətis] could be considered as such.

XIV. A.3. **Una reunión con M. Nathan** (continuación)

El producto es una bicicleta llamada "Easy Rider". Nada nuevo hasta aquí. Pero está equipada con nuestro sistema patentado de cambios de velocidades automáticos, "Superfast".

Tenemos cinco competidores que se están desempeñando muy bien pero ninguno de ellos ofrece algo similar a nuestro sistema. Dos de ellos, Hamilton Bike Co. y B.M.S. Manufacturing, poseen una porción grande del mercado, y este último ha penetrado bien en el mercado de Estados Unidos. Una encuesta que se realizó el año pasado muestra la existencia de un nuevo mercado importante. Todos estos detalles están a su disposición en el expediente.

M.N. ¿Ya tiene usted un programa publicitario?

D.L. No, ninguno del todo. Ése será su trabajo. Solamente tenemos hojas de especificación para nuestros distribuidores.

M.N. Vea usted, David, nuestra estrategia dependerá de su audiencia fijada como blanco de ataque...

D.L. ... y de nuestro presupuesto ...

M.N. ... desde luego. Pero un presupuesto puede variar. Yo diría que su audiencia fijada como blanco de ataque no me parece muy específica. Necesitaríamos una encuesta muy completa acerca de los perfiles de los usuarios de las bicicletas de acuerdo con sus ingresos, profesión, edad, sexo, nivel de estudios y zonas geográficas.

D.L. ¿No piensa usted que debemos crear una nueva imagen de marca?

M.N. Exactamente. El problema consiste en ganar un nuevo público y en cambiar la imagen tradicional de la bicicleta, la cual se asocia por lo general con los niños y con los individuos de la clase trabajadora. Y pienso que los tres acordes que se deberían tocar son los siguientes: SALUD, VELOCIDAD, ECONOMÍA.

A causa de la crisis de energía y de los problemas de circulación este mensaje debería ser fácilmente comprendido. Aún más, yo añadiría que para tal producto no existen audiencias clave sino que, en cierto sentido, los médicos y las autoridades responsables de la circulación podrían considerarse como tales.

XIV. A.4. **Preparing the campaign**

After studying David Lavalle's file, Mark Nathan is now familiar with Global Tools and its new product. He also has a few more details concerning the potential new users.

He knows who they are:

- Middle class students and clerks
- women (attracted by the simplicity of the gear system),

and where they are:

- in cities and suburban areas.

He also wants the brand image to be created around the name of "SUPERFAST", which according to tests will be better received by the public than "EASY RIDER"; this brand name is consequently [kansəkwɛntli] abandoned.

As he had suggested the key words of the campaign appear to be, SPEED, HEALTH and ECONOMY, and the media selection will be geared to these three ideas.

- the radio and TV spots will emphasize Health,
- the Newspapers will emphasize Economy,
- the Posters will emphasize Speed

A sample area will be tested by direct mail and with a combination of those three concepts.

DIVISION DE LA POBLACIÓN
(Para seleccionar el blanco)

A, B, C, D, E, indicate social classes, income (*ingreso*), purchasing power (*poder de compra*).

A 3%: Upper Middle Class (*altos ejecutivos, profesiones liberales*).
B 10%: Middle Class (*ejecutivos medios, algunas profesiones liberales, estudiantes*).
C_1 24%: Lower Middle Class (*magisterio, empleados de oficina, nuevos ejecutivos*).
C_2 30%: Manual - Skilled Working Class (*obreros calificados*).
D 25%: Working Class (*obreros no calificados*).
E 8%: Lower Subsistance Level (*pensionados, viudas, mano de obra irregular*).

XIV. A.4. **Preparación de la campaña**

Después de haber estudiado el expediente de David Lavalle, Mark Nathan ha quedado familiarizado con la Global Tools y su nuevo producto. También tiene un poco más de detalles acerca de los nuevos usuarios potenciales.

Él sabe quiénes son:

- Estudiantes de clase media y empleados
- mujeres (atraídas por la simplicidad del sistema de engranes automáticos)

y dónde están:

- en las ciudades y en las áreas suburbanas

Él también quiere que se cree la imagen de marca en torno del nombre de "SUPERFAST", el cual, de acuerdo con las pruebas, será mejor recibido por el público que "EASY RIDER"; consecuentemente, este nombre de marca se abandonará.

Como él lo había sugerido, las palabras clave de la campaña parecen ser, VELOCIDAD, SALUD Y ECONOMÍA, y la selección de medios se ajustará a estas tres ideas.

- los comerciales de radio y de T.V. insistirán en la SALUD
- los periódicos insistirán en la ECONOMÍA
- los anuncios publicitarios insistirán en la VELOCIDAD

Se probará por correspondencia una zona seleccionada y para ello se utilizará una combinación de estos tres conceptos.

Vocabulary (revision)

to waste	desperdiciar
to handle	ocuparse de, manejar, agarrar con la mano
agency billings	volumen global de contratos de una agencia, facturación hecha por una agencia
to enable	capacitar, permitir
thorough	completo, total, contundente
to summarize	resumir, compendiar
to carry out	llevar a cabo, ejecutar
survey	encuesta
to emphasize	enfatizar, poner de relieve, hacer hincapié

XIV. B.1. **Tradúzcanse las oraciones...**

1. Todavía tenemos que definir las principales tendencias de la campaña.
2. En México, la inversión publicitaria es mucho más pequeña que en Estados Unidos.
3. Aquella parte de una población que uno trata de alcanzar se le denomina "blanco de ataque".
4. Los criterios que definen el blanco de ataque son la ocupación profesional, el sexo, la edad y el área geográfica.
5. Estos anuncios pueden atraer tal vez la mirada, pero hasta ahora no han atraído a un solo cliente.
6. El "Director de Medios" es el ejecutivo responsable de la selección y de la programación de los Medios Publicitarios.
7. Los apoyos publicitarios son los medios por conducto de los cuales los anuncios son transmitidos a aquellos consumidores o usuarios sobre quienes se pretende influir.
8. Se debe admitir que el patrocinar un programa de T.V. da mejores resultados que el distribuir folletos.
9. En este caso en particular, los reportes diarios y semanales han demostrado ser medios de comunicación más efectivos que los tableros de anuncios.
10. Trataremos de alcanzar nuestro objetivo antes de Pascuas.
11. Un anuncio publicitario debe crear una imagen que no sea olvidada por la audiencia.
12. El propósito de un comercial no es divertir sino vender.
13. Un simple cambio de título puede multiplicar las ventas por diez.
14. En nuestros días, la familia promedio estadounidense está expuesta a más de 1 500 anuncios publicitarios por día.
15. Debemos contratar a alguien con capacidad para escribir textos "contagiosos".
16. La investigación de la motivación trata de relacionar el comportamiento con los deseos, emociones e intenciones subconscientes.
17. Casi nadie presta una atención total a los comerciales; casi nadie los ignora por completo.
18. Los publicistas consagran gran parte de su tiempo y de su energía tratando de determinar si los resultados de todos sus esfuerzos son efectivos o no.

XIV. B.1. . . . y revise sus respuestas

1. We still have to define the main trends of the campaign.
2. Investment in advertising is much smaller in Mexico than in the United States.
3. The portion of the population aimed at is called the target.
4. The criteria defining the target are professional occupation, sex, age, geographical area.
5. These posters may be eye-catching, but so far they have failed to attract a single customer.
6. The media director is the executive responsible for the selection and scheduling of advertising media.
7. Advertising media are the means by which advertisements are conveyed to the consumers or users whom they are designed to influence.
8. It must be admitted that sponsoring a T.V. program gives better results than handing out leaflets.
9. In this particular case, dailies and weeklies have proved more effective media than hoardings.
10. We'll try to achieve our objective before Easter.
11. An ad must establish an image that the audience will not forget.
12. The purpose of a commercial is not to entertain but to sell.
13. A mere change of headline can increase sales ten times.
14. The average American family is now exposed to more than 1 500 ads a day.
15. We must hire someone to write aggressive copy.
16. Motivation research attempts to relate behavior to underlying desires, emotions and intentions.
17. Hardly anybody pays total attention to commercials; hardly anybody totally ignores them.
18. Admen spend a lot of time and energy in trying to determine whether the result of all their effort is effective or not.

XIV. B.2. **An Advertising Agency**

Some advertising agencies are one-man operations. At the other extreme, an agency may have as many as 7 000 employees—the largest one in the U.S. does. Basically, an advertising agency carries out the following functions:

1. Plans your advertising.

2. Selects media and contracts (agreements) for space and time.

3. Prepares the advertising (copy, layouts, and other creative work)

4. Produces finished advertisements in the physical form required by different media.

5. Creates and produces direct-mail pieces and other collateral material.

6. Takes care of record-keeping, accounting, and other details involved in the advertising.

Agencies are paid in four ways:

1. Commission allowed by media.

2. Fees paid by the clients.

3. Service charges on materials and services purchased for the preparation of advertising, such as typesetting, engravings, photostats, photographs, etc.

4. Charges for advertising not involving commissions, such as direct mail.

In dealing with media, an advertising agency is an independent contractor, not an agent for the advertiser in the usual sense of the word agent. If you pay an advertising agency for space or time used in an advertisement and the agency fails to pay the publisher or broadcasting station, you have no further responsibility for it.

(Selecting Advertising Media)
U.S. Government Printing Office

If you aspire to manage an agency, you must accept the fact that you are always going to be travelling on the edge of a precipice (David Ogilvy).

XIV. B.2. **Una agencia de publicidad**

Ciertas agencias de publicidad son empresas individuales. En el otro extremo, una agencia puede llegar a tener hasta 7 000 empleados —tal y como es el caso de la más grande de ellas en Estados Unidos.
Básicamente, una agencia de publicidad lleva a cabo las siguientes funciones:

1. Planifica la publicidad.

2. Selecciona los medios de comunicación y se encarga de los contratos para los espacios (publicitarios) y los horarios.

3. Prepara la campaña publicitaria (textos, maquetas, y otros trabajos de naturaleza creativa).

4. Produce y termina los anuncios publicitarios en la forma física requerida por los diferentes medios de comunicación.

5. Crea y produce piezas publicitarias de tipo postal así como otros materiales complementarios.

6. Se ocupa de las tareas de archivo, de la contabilidad, y de otros detalles más propios de la publicidad.

Las agencias son remuneradas en cuatro formas:

1. Mediante una comisión acordada por los medios de comunicación.

2. Mediante honorarios pagados por los clientes

3. Mediante los gastos hechos en conexión con los materiales y servicios que se hayan comprado para la preparación de la campaña, tales como la composición tipográfica, los grabados, los clisés, las fotocopias, las fotografías, etc.

4. Mediante aquellos gastos publicitarios que no impliquen comisiones, tales como la publicidad por correspondencia.

Al tratar con los medios de comunicación, la agencia de publicidad es un contratista independiente, y no un agente para el anunciante en el sentido usual de la palabra "agente". Si se le paga a una agencia publicitaria por un espacio u horario de tiempo utilizados para un anuncio y la agencia deja de pagar al publicista o a la estación transmisora, quien haya contratado dichos servicios queda libre de toda responsabilidad.

(Selección de medios publicitarios)
U.S. Government Printing Office

Cuando se aspira a administrar una agencia, se debe aceptar el hecho de que siempre se estará viajando al borde del precipicio. (David Ogilvy).

XIV. B.3. **Markets and media**

There are local markets, regional markets, national markets. There are male and female markets. There is an upper-class market, a middle-class market, a lowerclass market. There are urban, rural, and suburban markets. There are old-folks markets, middle-age markets, young-married markets, teen-age markets, children's markets. And, of course, there are the markets segregated by common interests: the home-furnishings-and-decorations market, the sports-car market, the high-fidelity market, the baby-products market, the gourmet market, the fashion market. To reach these many markets there are many media, some 1 750 daily newspapers, 450 television and 3 300 radio broadcasting stations, 600 consumer magazines, 325 000 billboards, and several million car cards in vehicles of public transportation. Only the blind and deaf or utterly comatose (who rarely spend much money anyway, or some method would be found to reach them) can avoid daily contact with advertising media. The advertiser's problem is one of selection.

In no other area of his work does the advertising man find so much information, so much apparently logical basis for his decisions. Circulation and audience figures, combined with rate cards, give a 'cost per thousand' figure, which tells the advertiser how much he must spend to put his message before a thousand people by the use of this particular medium. Breakdowns of the circulation number enable the advertiser to compare his sales in a market to the circulation delivered in that market by each advertising medium. Often a medium will even deliver an analysis of the brand preferences, economic status, personal habits and psychological quirks of its audience, which the manufacturer can then compare with the characteristics of the people who buy his product. And yet, media buying remains as personal a matter as anything else in advertising...

'Anybody who tells you that media buying is entirely scientific,' says senior vice-president Jim McCaffrey of David Olgivy's agency, 'is either a liar or a coward.'

Martin Mayer, *Madison Avenue.*

XIV. B.3. **Mercados y medios de comunicación**

Hay mercados locales, regionales o nacionales. Hay mercados femeninos y masculinos. Hay un mercado de la alta burguesía, el de la clase media, y el de la clase obrera. Hay un mercado rural y un mercado citadino, y un mercado suburbano. Hay los mercados de la tercera edad, los de las gentes de edad mediana, de los jóvenes casados, y los de los adolecentes y los de los niños. Y, evidentemente, hay los mercados que se organizan en torno de intereses comunes: el mercado de la decoración y del amueblado del hogar, el de los automóviles deportivos, el de la alta fidelidad, el de los productos para bebés, el de los productos gastronómicos, y el de la alta costura.
Para llegar a estas audiencias, existen numerosos medios de comunicación: más de 1 750 diarios, 450 cadenas de televisión, y 3 300 estaciones de radio, 600 revistas de consumidores, 325 000 carteleras, y varios millones de espacios reservados para la publicidad en los vehículos de transporte colectivo. Tan solo los ciegos y los sordos o los comatosos avanzados (quienes de todos modos gastan rara vez mucho dinero, o de otra forma hace mucho tiempo que se hubiera encontrado un medio publicitario para llegar a ellos) pueden evitar el contacto diario con los medios publicitarios.

El problema de los publicistas es de tipo selectivo.

En ninguna otra área de su trabajo encuentra el publicista tanta información, ni aparentemente tantas razones lógicas para sus decisiones. Las cifras de difusión y de audiencias, combinadas con las tarjetas de tarifas le dan un "costo por millar", el cual indica al publicista la suma que deberá desembolsar para que su anuncio sea transmitido a mil personas, a través de la intermediación de un medio en particular. Los análisis detallados de las cifras de difusión permiten al anunciante comparar sus ventas en un mercado respecto de la difusión que realizan en dicho mercado cada uno de estos medios publicitarios. A menudo, un medio de comunicación puede proporcionar un análisis de las preferencias de las marcas, del estatus económico, de los hábitos y de las particularidades sicológicas de su público, para que el fabricante pueda compararlos con las características de las personas que compran su producto. Y sin embargo, la elección de un medio publicitario sigue siendo un aspecto esencialmente personal, como todo lo demás en la publicidad ...
"Cualquiera que diga que la elección de un medio publicitario es un aspecto totalmente científico", afirma Jim McCaffrey, vicepresidente de la agencia David Ogilvy, "es o un mentiroso o un miedoso".

Martin Mayor, *Madison Avenue.*

XIV. B.4. **Mail order advertising**

In 1923, when Claude Hopkins was president of Lord & Thomas, he wrote—a 20,000—word book, published under the title *Scientific Advertising*. The book began with the words: 'The time has come when advertising in some hands has reached the status of a science.' In 1952, Hopkins' book was republished under the auspices of market researcher Alfred Politz, who was a physicist before he was a salesman and does not loosely throw around the word 'scientific'. 'Within the area he covered, Politz wrote, his measurements were absolutely valid. To determine the value of advertising, he took as his standard of measurement, *sales*—'the only accurate measuring rod.'

The area Hopkins covered was mail-order advertising, the fundament on which the entire structure of the business had been raised. It was mail order which demonstrated to sceptical manufacturers that it really paid to advertise: you could see the results. You put your ad in the paper, telling people to clip the coupon and send it in with a dollar if they wanted the advertised product. Then you counted the arriving coupons and dollars, subtracted the costs of manufacturing, shipping, and advertising, and banked your profit. Or put it into more advertising.

Returns from mail-order ads could obviously be used to test the relative value of two different advertisements for the same product: if ad A drew 4 000 coupons and 4 000 dollars, while ad B drew 8 000 coupons and 8 000 dollars, then ad B was clearly the better selling message. Eventually this testing became refined to the point where only one element of the ad—the wording of the headline or the placement of the coupon or the size of the type—would be tested at a time. After all elements had been tested, a final advertisement would be prepared and run for as long as replies and dollars kept coming in.

Martin Mayer *Madison Avenue*.

XIV. B.4. **La publicidad en las revistas**

(mediante la inserción de un cupón de envío)

En 1923, cuando Claude Hopkins era presidente de Lord & Thomas, escribió un libro de 20 000 palabras, publicado bajo el título de Scientific Advertising. El libro empezaba con estas palabras: "Hemos llegado a una época en la que, en ciertos casos, la publicidad ha alcanzado el estatus de una ciencia." En 1952, el libro de Hopkins fue reeditado bajo los auspicios de Alfred Politz, un especialista en investigaciones de mercado, quien era físico antes de dedicarse a las ventas, y quien no distribuía la calificación de "científico" a diestro y siniestro. Dentro del área de la cual se ocupaba, escribe Politz, "sus apreciaciones eran perfectamente válidas. Para determinar el valor de la publicidad, tomó como estándar de medición las ventas —el único estándar exacto de medida".

El área de la cual se ocupaba Hopkins era la publicidad que se difundía en los periódicos y en las revistas,[1] fundamento sobre el cual reposa toda la estructura de la publicidad. Eran las ventas por correspondencia lo que demostró a los industriales escépticos que realmente valía la pena hacer publicidad: se podían ver los resultados. Se pone un anuncio en el periódico, pidiéndole a la gente que desprenda el cupón y que lo envíen junto con $1 dólar si se interesan en el producto anunciado. Posteriormente se cuenta el número de cupones y de dólares, sustrayendo los costos de fabricación, de embarques, y de publicidad, y el beneficio se deposita en el banco; o bien, se le reinvierte en una publicidad más importante.

Las respuestas que provienen de los anuncios de venta por correspondencia pueden obviamente usarse para probar el valor relativo de dos diferentes anuncios para un mismo producto: si se envían 4 000 cupones y 4 000 dólares para un anuncio A, y 8 000 cupones y 8 000 dólares para un anuncio B, será del todo evidente que B contiene el mejor mensaje de ventas. Finalmente, este tipo de pruebas se refinaron a tal grado que tan solo un elemento del anuncio —la redacción del título o la colocación del cupón o el tamaño de los tipos— sería probado a la vez. Después de que todos los elementos hubieron sido probados, el anuncio final quedaba preparado, y aparecía por todo el tiempo que se siguieran recibiendo respuestas y dólares.

Martin Mayer, *Madison Avenue*

(1) *mail order advertising:* publicidad que se difunde a través de los periódicos y de las revistas mediante la inserción de cupones y de vales para pedidos. Dichos cupones deben ser desprendidos y enviados por el comprador (recorte de cupones).
mail order selling: ventas por correspondencia (pedidos por correspondencia según catálogo).
mail order house: empresa de ventas por correspondencia.
mailing: envío de documentos publicitarios y similares a una lista de personas (clientes potenciales) seleccionadas mediante fichero.

XIV. B.5. **Vocabulary** (1)

A.A.A. (American Academy of Advertising)	Academia Americana de Publicidad
A.A.A.A. (4 A's) American Association of Advertising Agencies	Asociación Americana de Agencias de Publicidad
A.B.C.[1] (American Broadcasting Co.)	Cadena de T.V. Estadounidense
A.B.C.[2]: Audit Bureau of Circulation (U.S.)	oficina de auditorías de difusión y circulación
account	cuenta, cliente, presupuesto
to advertise	anunciar, hacer publicidad
advertisement, ad.	anuncio publicitario, anuncio pequeño, cartelera
adman	anunciante, publicista
advertising	publicidad
advertising account	presupuesto (o cuenta) de publicidad
• agency	• agencia de publicidad
• budget	• presupuesto de publicidad
• campaing	• campaña publicitaria
• charges	• gastos publicitarios
• columnists	• periodistas de publicidad
• costs (expenses)	• gastos de publicidad
• department	• departamento de publicidad
• executive, contact	• jefe de publicidad en una agencia
• film (spot)	• película publicitaria
• manager	• gerente de publicidad (en la empresa de un cliente)
• media	• medios publicitarios, medios de comunicación
• pillar	• columna o poste de publicidad
• rates	• tarifas publicitarias
• space	• espacio publicitario
agate line	medida estadounidense que equivale a una línea de 5 puntos
age group	clase (o grupo) de personas mayores de edad
agony column	columna de un periódico donde se reportan personas extraviadas o desaparecidas así como ciertos anuncios personales

(1) Vocabulario de medios de comunicación, 2da. parte de J a Z, véase XV. B.5.

XIV. B.5. **Vocabulary**

A.M. (amplitude modulation)	**modulación de amplitud**
A.N.G. (American Newspaper Guild)	**sindicato de prensa de Estados Unidos**
animated cartoon	**dibujo animado, caricatura**
announcer	**anunciante, animador, presentador**
A.N.P.A. (American Newspaper Publisher Association)	**Asociación americana de ediciones de periódicos**
A.P.: Associated Press	**agencia de prensa, E.U.**
applause mail	**correo de los auditores (para certificaciones, compulsas, etc.)**
art director	**director de arte, director artístico**
art mat paper	**papel mate para para trabajos artísticos**
A.S.N.E. (American Society of Newspaper Editors)	**Sociedad Americana de Editores de Periódicos**
attractive	**atractivo, seductor**
audience	**audiencia, público**
awards	**recompensas, precios**
background	**antecedentes, fondo, base**
backpage	**la página anterior, la última página**
bargain sale	**venta de descuento, venta de ocasión**
bill	**factura**
bill board	**tablero de anuncios publicitarios**
bill poster	**anuncio, póster**
bill posting	**colocación (o fijación) de anuncios publicitarios**
bill posting contractor	**empresario de anuncios publicitarios**
billing	**facturación, volumen global de los contratos facturados**
blind test	**prueba ciega**
block	**clisé**
bold face type	**caracteres gruesos, letras gruesas**
to boost	**hinchar, inflar**
border	**frontera, límite, orilla**
box-top offer (U.S.)	**declaración, aviso (puesto sobre el embalaje)**
brand (image)	**(imagen de) marca**
breakthrough	**brecha**
B.R.I. (Brand Rating Index) (U.S.)	**sistema de evaluación de apoyos en Estados Unidos (índice de Evaluación de Marcas)**
brief	**resumen, informe, breviario**
broadcasting advertising	**publicidad hecha a través de la radio o de la televisión**

XIV. B.5. **Vocabulary**

brochure, booklet	folleto, libreto
business reply card	carta de respuesta (en los negocios)
buying of space, space buyer	compra de espacio, comprador de espacio
buying of time, time buyer	compra de tiempo, comprador de tiempo
campaign	campaña
canvassing	gestión a domicilio
caption	leyenda, subtítulo
cartridge	cartucho
catalogue, catalog (U.S.)	catálogo
catch line	fórmula
catchy	fácil de memorizar, fácil de aprender
C.A.T.V. (Community Antenna Television System), cable TV	televisión por cable
C.B.S. (Columbia Broadcasting System)	cadena de TV estadounidense
C.C.T.V. (Closed Circuit Television)	televisión de circuito cerrado
censorship	censura
channel	canal, cadena de TV
charts, line-charts	gráficas, gráficas de líneas (incluyendo curvas)
chief editor	jefe de redacción
circular (letter)	circular (en forma de carta)
circulation (= number sold)	circulación (número vendido)
classified advertisements	anuncios clasificados (de tamaño pequeño)
clearance-sale	venta de liquidación
closing-date	fecha límite, fecha de cierre
coated paper	papel couché (lit. papel revestido)
column	columna
column width	amplitud de una columna
comics	historietas, cuentos ilustrados.
comic-strip	cinta (o tira) dibujada, tira animada
commercial designer	diseñador de publicidad, diseñador de comerciales
commercials	comerciales, cortes televisivos, películas publicitarias
company newspaper	periódico empresarial, revista (privada) de una compañía
complete voucher copy	copia de un comprobante completo, documento justificativo o probatorio de un ejemplar completo
complimentary subscription	suscripción de cortesía, suscripción gratuita.
consumer acceptance	aceptación del consumidor, aceptación del público
consumer advertising	publicidad dirigida hacia los consumidores, hacia el público consumidor
control room	cuarto de control (oficinas) de televisión
co-operative advertising	publicidad colectiva

 Vocabulary

copy	copia (publicitaria), texto, publicidad con redacción escrita
copy of a paper	número o ejemplar de un periódico
	depósito legal (de una obra);
copyright	derecho de autor, derechos de propiedad literaria
copy testing	prueba de un anuncio, prueba de mensajes publicitarios
copy-writer	redactor publicitario, conceptualizador de anuncios
correspondence column	columna para correspondencia, correo amistoso para lectores (dícese de las revistas)
counter display	mostrador de exhibición
cover	cubierta, forro, portada
coverage	cobertura, amplitud, área de aplicación
crossheads	subtítulos
C.U. (closed-up)	plan maestro, plan mayor, fotografía en vivo
customer-catching techniques	técnicas para atraer a los clientes
cut	corte, clisé
daily paper	periódico diario
deadline	fecha límite
to deal with	tratar con, tratarse de,
depth interview	entrevista a fondo, plática o conversación "no directiva"
depth prober	sicólogo utilizado en la investigación de la motivación
desires, drives	deseos, necesidades, tendencias
diagrams	diagramas
direct advertising	publicidad directa
direct-mail advertising	publicidad postal, publicidad por correo
to display, display	presentar, presentación
display stand	estante de exhibición, estante de presentación
D.M.A.A. (Direct Mail Advertising Association)	(Asociación Publicitaria por Correo Directo)
dolly	camión o plataforma móvil para cámara de filmación
dubbing	doblaje
dummy	maqueta, libro de galeras
to edit	editar, hacer un montaje
editor	editor, redactor, director de un periódico o revista
editorial	editorial
editorial advertising	publicidad editorial, publicidad con textos redactados
editorial matter	material editorial, textos editoriales con redacción

XIV. B.5. **Vocabulary**

electric sing	anuncio luminoso, anuncio eléctrico
electric spectacular	anuncio animado con iluminación
endorsement	aprobación
engraving	clisé para grabado
enlargement	agrandamiento, ampliación, expansión
to entice into buying	impulsar a la compra
entry form	formulario de inscripción (por concurso)
estimate	estimación, presupuesto (de una obra)
exposure	exposición
eye stopper	que llama la atención, que atrae la mirada
F.C.C. (U.S.) (Federal Communications Commission)	Comisión Federal de Comunicaciones (E.U.)
to feature an event	presentar un evento
features	características, artículos de fondo
featuring ...	con la participación de ... con la caracterización de ...
field interviewing	entrevistas de campo
film library	biblioteca de películas, cineteca
flashing sign	anuncio centellante o relampagueante
flashy	relumbrante, alborotador
Fleet Street	centro periodístico de la ciudad de Londres
F. M. (frequency modulation)	modulación de frecuencia
folder	plegadizo
follow-up advertisement	publicidad reforzada (que se fija en la memoria)
follow-up letter	carta de recordatorio
forms close	fecha límite
frame	marco, estructura
free lance journalist	periodista independiente, periodista a destajo
front page	primera página, página del frente
galley proof	pruebas de galeras, galerada
get-up	presentación
give-away	regalo publicitario
to give (a product, a brand) en edge over competitors	dar una ventaja sobre los competidores
glazed paper	papel satinado
glossy print proof	prueba sobre papel satinado
gossip	chisme
graphs	gráficas, diagramas, curvas
half tone	media tinta, fotograbado hecho a media tinta
handbill	prospecto

XIV. B.5. **Vocabulary**

head, heading, headline	título, encabezado, notas marginales
headphone	bocina telefónica, auricular del teléfono
height	altura
help wanted	ofertas de empleo
hoardings	tablón o pizarra de avisos
hoarding site	asiento de un aviso o de un anuncio
house organ	periódico de una empresa
I.A.P.A. (International American Press Association)	Asociación Internacional de Prensa Americana
illuminated advertising	publicidad luminosa
incentive	incentivo
inch	pulgada - 25 mm o 14 líneas (tipografía)
income groups	grupos de ingresos (dícese de las encuestas)
to inflate an event	alargar un evento
in line shaded	encuadrado, puesto en marcos
insert	cosa insertada (en un libro, periódico, etc.)
to insert an ad	poner un anuncio (en un periódico, en una revista, en el radio, etc.)
insertion order	orden de inserción
institutional advertising	publicidad institucional (de prestigio)
to introduce an article	lanzar un producto, introducir un producto en el mercado
introductory advertising	publicidad para el lanzamiento (de un nuevo producto)
investigation	investigación, encuesta
issue	problema; número (o ejemplar) de un periódico

Continuación **J** a **Z**: XV. B.**4.**, Pág. 331.

Business file fifteen

Preparing the campaign

Preparación de una campaña publicitaria

XV. A.

Storyline

The approach recommended by the agency has been accepted by Global Tools.

A.B.I. prepares the ads and starts production. The Campaign starts with a combined [kembaind] use of newspapers, magazines, radio, T.V. and posters. Then Public Relations come into the picture.

Resumen

El enfoque recomendado por la agencia ha sido aceptado por Global Tools.

La agencia A.B.I. prepara los anuncios y empieza la producción. La campaña comienza con una utilización combinada de los periódicos, de las revistas, de la radio, de la televisión y de los anuncios.

Después entran en escena las relaciones públicas.

XV. A.1. **Media selection**

Under the direction of Mark Nathan (from A.B.I.), who is now in charge of the Superfast account, the advertising campaign gets under way through the joint efforts of Agatha Langdon, Creative Director and of Hugh Harris, Media Director.

H. Harris, who has analyzed the media and whose recommendations have been approved by Mark Nathan, selects the most appropriate time-periods on Radio and Television.

• The radio messages [mɛsidz] will be broadcast during—the morning and evening driving hours (7 a.m. to 9 a.m./5 p.m. to 7 p.m.). The target [targət] is people driving to his job or coming back from it, listening to radio and caught in a traffic jam [dʒaem].
• The T.V. spots will be scheduled (programmed) for prime time on Fridays and Saturdays, at 8,30 p.m., and are aimed at a broader target.

He also books spaces for posters and car-cards (on buses). Finally, a number of magazines are selected which aim more directly at women audiences.

Meanwhile, Agatha Langdon gathers a team of copywriters, artists and photographers, to prepare catchphrases and texts for radio and television spots, as well as drawings and photographs for the newspapers and magazines.

XV. A.2. **Posters and catch phrases**

• Posters show cyclists ahead of traffic jams
(Superfast will get you out of the jam and keep you fit)
or miserable pedestrians missing their bus
(Superfast never lets you down and keeps you fit)

The consumer isn't a moron; she is your wife (David Ogilvy).

XV. A.1. **Selección de los medios**

Bajo la dirección de Mark Nathan (de la A.B.I.), quien está ahora a cargo del presupuesto de Superfast, la campaña de publicidad se prepara con los esfuerzos conjugados de Agatha Langdon, directora del área de diseños creativos y de Hugh Harris, director de medios publicitarios.
H. Harris, quien ha analizado los medios publicitarios y cuyas recomendaciones han sido aprobadas por Mark Nathan, selecciona los horarios de tiempo más apropiados para la radio y para la televisión.

• Los mensajes de radio serán difundidos durante el curso de las horas de manejo de la mañana y de la tarde (de 7 h. a 9 h. y de 17 h. a 19 h.). La audiencia fijada como blanco de ataque son las personas que manejan hacia su trabajo o que regresan de él, mientras escuchan el radio, en un embotellamiento de tránsito.

• Los espacios de los comerciales de TV serán programados durante el curso de las horas de alta audiencia, los viernes y los sábados, a las 8.30 p.m., e irán dirigidos a una audiencia mucho más grande.

También reserva espacios para anuncios y para pequeños desplegados en los autobuses. Finalmente, se selecciona un cierto número de revistas que se dirigen de una manera más directa al público femenino.

Mientras tanto, Agatha Langdon reúne un equipo de redactores, de artistas y de fotógrafos, para preparar los lemas y los textos apropiados para los espacios de radio y televisión, así como los dibujos y las fotografías más convenientes para los periódicos y para las revistas.

a.m.; p.m.: antes de mediodía (del latín: ante meridien); después del mediodía (del latín: post meridien).

XV. A.2. **Anuncios y lemas publicitarios**

• Los anuncios muestran varios ciclistas adelante de los embotellamientos de tránsito.
(Superfast le sacará del embotellamiento y lo mantendrá en forma)
o un grupo de desafortunados peatones perdiendo el autobús
(Superfast nunca lo abandona y lo mantendrá en forma)

El consumidor no es un tonto; es su esposa (David Ogilvy).

XV. A.2. **Posters and catch phrases** (continued)

- Catch phrases appear in the press:
  - Superfast: the economy ride
  - There's nothing cheap about our bike except its price!
  - You'll love that machine...
  - Ride on top with Superfast!
  - Your health is our overriding concern
  - We all need recycling...
  - Superfast gives you a free ride!

XV. A.3. **A TV commercial**

"The Superfast story"

On the screen two young shortand typists are chatting in their office while someone can be heard approaching in the adjoining room.

Janet: (*Watching the clock*) You know Mary, the boss is no longer late...

Mary: ... He's been on time for a week since he gave up driving.

J. ... He looks fitter and thinner.

M. ... No wonder, he bought that new automatic bike!

J. ... Well he might even end up arriving before us!

Jingle (Image of a slim boss cycling [saikliŋ] *joyfully among jammed drivers, fading* [feidiŋ] *into an unpleasantly crammed underground carriage where Janet and Mary are standing looking at their watches).*

M. (Feeling' her waist and hips thoughtfully) [θɔtfəli]

... Unless we started riding an automatic bike too...

Same jingle agai (The image fades into a slim and joyful pair of young girls riding their bikes along a beautiful Park) Voice over:

Keep Fit, save money
with Superfast
the bicycle that changes gears
automatically.

The headline is the most important element in most advertisements (David Ogilvy).

XV. A.3. **Anuncios y lemas publicitarios** (continuación)

- Varios lemas publicitarios aparecen en la prensa
  - Superfast: el camino hacia la economía
  - ¡No hay nada de barato en nuestra bicicleta excepto su precio!
  - Usted se enamorará de esta máquina
  - ¡Vaya hasta adelante con Superfast!
  - Su salud es nuestra principal preocupación
  - Todos tenemos necesidad de "reciclarnos"
  - ¡Superfast le proporciona un viaje gratuito!

XV. A.2. **Un comercial de televisión**

"La historia de Superfast"

En la pantalla, dos jóvenes taquimecanógrafas platican en su oficina mientras que se puede escuchar que alguien se aproxima en la pieza contigua.

J. (mirando el reloj) Ya lo sabes María, el jefe ya no llega tarde ...

M. ... Ha estado llegando a tiempo durante toda una semana desde que dejó de manejar.

J. ... se ve más delgado y parece estar en mejor forma.

M. ...¡No me extraña, ya que compró esta nueva bicicleta automática!

J. ...¡Aún más, podría terminar llegando antes que nosotras!

Indicación sonora (Imagen de un jefe esbelto pedaleando alegremente en medio de muchos automovilistas embotellados, desvaneciéndose mientras aparece un autobús subterráneo en el que Janet y Mary permanecen de pie mirando su reloj).

M. (*Sintiendo conscientemente su cintura y sus caderas*)

... A menos de que nosotras empezáramos a andar también en bicicleta automática ...

La misma indicación sonora de nuevo. (La imagen se desvanece mientras aparece un par de esbeltas y alegres jóvenes paseando en sus bicicletas por un bello parque.)

Comentario: Manténgase en forma y ahorre dinero con Superfast la bicicleta que cambia de velocidades automáticamente.

El título (el encabezado) es el elemento más importante en la mayoría de los anuncios (David Ogilvy).

XV. A.4. **Public Relations**

Mark Nathan suggests that David Lavalle reinforce the campaign by a Public Relations program.

During a meeting between John Carmino, Public Relations officer at Global Tools, Mark Nathan and David Lavalle, it is decided:

1. To sponsor a series [s**i**riz] of conferences and debates [dib**e**its] on the preservation of the environment and the saving of energy. Personalities involved in these problems and known for being fond of on cycling will be invited (at the company's expense). This job will be handled by the Public Relations Firm, KEEL & HOWLTON.
2. To conduct an 'Open house' at Global Tools. John Carmino will be in charge of the operation.

The first debate, 'The saving of energy' is widely attended by the press; a cocktail party is offered at the Sherylton Hotel. The guest of honor is Professor Sam Yuleson, an American specialist in economics, who is lecturing throughout the United States and has just arrived from New York. He is accompanied by a free lance journalist, Alan Clark, who is approached by an agent from KEEL & HOWLTON—Alan Clark agrees to write an editorial feature which will be published in the press:

"PROFESSOR SAM YULESON RIDING THE ECONOMIC CYCLE"

From our correspondent. New York, June 19. ..

"We've all got to realize we've come to the end of an era. *No amount of back pedaling will alter the economic facts. We must change gears and ride into the future* [fj**u**tsər], Professor Sam Yuleson said in a speech addressed at several Universities of the United States. To the surprise and delight of his audience, the professor, looking remarkably slim and fit in his riding shorts, had arrived on time while the rest of the officials [əf**i**səls] were hopelessly held up by the traffic. Warning that inflation can *destroy our countries, our homes, our liberties...*, Professor Sam Yuleson added that the economic cycle..."

X.V. A.4. **Relaciones públicas**

Mark Nathan le sugiere a David Lavalle reforzar la campaña mediante un programa de relaciones públicas.
Durante el transcurso de una reunión entre John Carmino, funcionario de relaciones públicas en la Global Tools, Mark Nathan y David Lavalle, se decide lo siguiente:
1. Patrocinar una serie de conferencias y de debates sobre la preservación del medio ambiente y el ahorro de la energía. Varias personalidades preocupadas por estos problemas y conocidas por su gran fervor hacia el ciclismo serán invitadas (con gastos por cuenta de la compañía). Este trabajo será manejado por la Firma de Relaciones Públicas, KEEL & HOWLTON.
2. Llevar a cabo una operación "a puertas abiertas" en la Global Tools. John Carmino estará a cargo de la operación.
El primer debate, "El ahorro de la energía", se ve muy concurrido[1] por la prensa; se ofrece una fiesta de coctel en el hotel Sherylton. El invitado de honor es el profesor Sam Yuleson, un especialista estadounidense en Economía que está dando conferencias a través de Estados Unidos y quien acaba de llegar de Nueva York. Está acompañado de un periodista independiente, Alan Clark, quien es contactado por un agente de KEEL & HOWLTON - Alan Clark acepta escribir un artículo que será publicado en la prensa:

"EL PROFESOR SAM YULESON DIRIGE EL CICLO ECONÓMICO"

De nuestro corresponsal, Nueva York, Junio 19..
"Todos tenemos que darnos cuenta de que hemos llegado al fin de una época. Ninguna vuelta hacia atrás alterará la realidad económica. *Debemos cambiar de velocidad y cabalgar hacia el futuro,* declaró el profesor Sam Yuleson durante un discurso dado en varias Universidades de Estados Unidos. Para sorpresa y admiración de su auditorio, el profesor, notablemente esbelto y en forma, y llevando su traje para andar en bicicleta, había llegado a tiempo mientras que el resto de los funcionarios invitados se encontraban desesperadamente bloqueados[2] por el tráfico.Al advertir que la inflación *puede destruir nuestros países, nuestras casas, nuestras libertades* ..., el profesor Sam Yuleson añadió que el ciclo económico ..."

---

(1) *to attend:* asistir, presenciar (una conferencia, etc.); *to-to sth=* ocuparse de alguna cosa.
(2) *to hold up:* bloquear, trabar, entorpecer.

XV. A.5. **Open house**

> ***Public Relations:*** Any communication created primarily to build prestige or goodwill for an individual or an organization.

John Carmino prepares an "open house" at Global Tools and draws up a working checklist. The objective is to create an "event" around "Superfast" and also to show how quality is built into the product.

1. Prepare, print and mail invitations (return postcard to plan attendance).
2. Display signs for tour areas.
3. Arrangement with caterers [k**ei**tərərs] (refreshments, serving facilities.)
4. Party tent and folding tables.
5. Parking; get on-duty policemen.
6. Traffic directions at highway entrance to plant.
7. First aid room. Hostesses.
8. Supervisors [s**u**pərvaizərs] to attend to people and guide them through departments. (Prepare badges [b**a**edz] and name list).
9. Designate "off limits" areas in plant.
10. Thorough plant housecleaning.
11. Public address system playing F.M. music.
12. Product displays.
13. Contest (with prize) to be organized on the plant grounds.
14. Gifts (bags "Welcome to Global Tools" with souvenir booklets on cycling and company history).
15. Policy for paying overtime to on-duty employees.
16. Check with other local events to avoid duplication.
17. Prepare press kit; invite local press representatives of business papers, photographer for company publication and press coverage.
18. Communications coordination (Rent 4 walkie-talkies).
19. Dismantling of display and cleaning of plant.
20. Insurance. All guests and employees fully covered by insurance during open house.

XV. A.5. **Operación "puertas abiertas"**

Relaciones públicas: toda comunicación creada principalmente para establecer el prestigio o la clientela de un individuo o de un organismo.

John Carmino prepara una operación "a puertas abiertas" en la Global Tools y redacta un plan de trabajo punto por punto. El objetivo consiste en "crear un evento" en torno de "Superfast" y también en mostrar la forma en la que la calidad se incorpora al producto.

1. Preparar, imprimir y enviar por correo las invitaciones (con cupón de respuesta para prever el número de visitantes).
2. Desplegar letreros (con flechas) para indicar los sectores de visita.
3. Arreglos con los despenseros (refrescos, instalaciones de servicio).
4. Lonas de protección (y mesas desplegables).
5. Estacionamiento para automóviles; servicios de vigilancia.
6. Colocación de señales y de flechas sobre la carretera de acceso a la fábrica.
7. Cuarto de primeros auxilios. Anfitriones y recepcionistas.
8. Supervisores que se ocuparán del público para guiarlo a través de los departamentos. Preparar gafetes distintivos y una lista de invitados.
9. Determinar las zonas que no son de visita dentro de la empresa.
10. Limpieza total de la fábrica.
11. Sistema de anuncios al público con difusión de música de F.M.
12. Exposición de los productos.
13. Organización de un concurso (con premios) dentro del terreno de la fábrica.
14. Regalos (bolsas con la leyenda "Bienvenidos a Global Tools" con folletos de recuerdo acerca del ciclismo y la historia de la compañía).
15. Política para el pago de horas extras a los empleados en servicio.
16. Verificar la existencia de otros eventos locales para evitar las duplicidades.
17. Preparar un expediente de prensa; invitar a los representantes de la prensa local, de los periódicos de los negocios, y a un fotógrafo para el periódico de la empresa y para el reportaje de prensa.
18. Coordinación de las comunicaciones. (Renta de cuatro emisores-receptores de bolsillo.)
19. Desmontaje de las exposiciones y limpieza de la fábrica.
20. Seguros. Todos los invitados y todo el personal deben quedar totalmente asegurados durante la operación "a puertas abiertas".

XV. B.1. **Tradúzcanse las oraciones...**

1. Michel no bebe un cierto tipo de cerveza porque la publicidad le diga que lo haga, sino porque es bueno para él.
2. Todo lo que tiene que ver con la publicidad se parece al lenguaje de la guerra.
3. Se oye hablar de la campaña, de las operaciones, de la estrategia y de las audiencias fijadas como blanco de ataque.
4. Un buen anuncio vende el producto sin llamar la atención sobre él mismo.
5. Nadie sabe con certeza qué es lo que hace que un comercial publicitario sea un éxito enorme o un fracaso.
6. Sin embargo, se llevan a cabo algunas pruebas para determinar lo que debería funcionar para un cliente o para un producto en particular.
7. Los publicistas llegan incluso al extremo de medir el nivel de transpiración (y así del interés) de ciertos voluntarios mediante la fijación de electrodos sobre sus manos.
8. O bien, estudian la dilatación de la pupila de ciertos espectadores mientras éstos observan una prueba de película publicitaria.
9. Las tarifas publicitarias se calculan según su precio de costo por cada mil lectores.
10. Si alguien toma una revista que contiene un cierto anuncio se habrá sometido a aquello que los publicistas llaman "una oportunidad para ver" (o a una exposición).
11. Cada anunciante comprará aquel medio publicitario que le proporcione el más alto porcentaje de personas dispuestas a comprar su producto.
12. Se estima que el adulto estadounidense promedio pasa 32 minutos por día leyendo un periódico (una media de 9 a 10 000 palabras).
13. La televisión funciona en promedio casi 6 horas y media por día en cada hogar estadounidense.
14. También se estima que el estadounidense promedio, entre 2 y 65 años de edad, mira la televisión más de 3,000 días (es decir, aproximadamente, 9 años de su existencia).
15. Las dos palabras más eficaces que se pueden utilizar en un título son *gratuito y nuevo.* Rara vez se puede utilizar la palabra gratuito, pero casi siempre se puede usar la palabra nuevo (David Ogilvy).
16. De acuerdo con un dirigente de una conocida constructora de automóviles grandes, los vehículos se venden más por su imagen o por su valor simbólico que por su utilidad como medio de transporte.

XV. B.1. . . . y revise sus respuestas

1. Michael doesn't drink a certain type of beer because the ads tell him to, but because it's good for him.
2. Everything to do with advertising looks like the language of war.
3. You can hear of campaign, operations, strategy and targets.
4. A good advertisement sells the product without drawing attention to itself.
5. No one really knows what causes one commercial to be a huge success or a flop.
6. However tests are undertaken to determine what should work for a particular product or client.
7. Admen go so far as measuring the perspiration level (and thus interest) on volunteers through electrodes clamped to their hands.
8. Or they record the dilation of the viewers's pupils as they watch test commercials.
9. Advertising rates are calculated upon the cost per thousand readers (C.P.T.).
10. If someone picks up a magazine containing a certain advertisement he has had what admen call 'an opportunity to see' (O.T.S.) or 'exposure'.
11. Each advertiser will buy the medium which provides him with the largest percentage of people who purchase his product.
12. The average U.S. adult is estimated to spend thirty-two minutes a day reading a newspaper—an average of nine to ten thousand words.
13. Television is tuned on during 6 1/2 hours a day in the average American home.
14. It is assumed that the average American, between 2 and 65, watches television during more than 3 000 days (roughly 9 years of his life time).
15. The two most powerful words you can use in a headline are *free* and *new*. You can seldom use free, but you can almost always use new (David Ogilvy).
16. According to a big car manufacturer executive, vehicles are sold more for their image or symbolic value than as a means of transportation.

A Printed advertising media

• Direct advertising: handed out or distributed.
• Direct-mail advertising: sent through the post.

Material used: leaflet, postal-card, catalogue, folder, booklet, company publication (or house organ).

• Publication advertising: 1. Newspapers (Morning, Evening and Sunday editions; Daily, Weekly newspaper supplement). 2. Magazines: ▪ Consumer magazines (general and special interest) ▪ Business publications: —professional magazine, trade magazine—institutional magazines—general business publications.

B Broadcast media

In the U.S.A., the majority of radio and television programs are sponsored by advertisers. In some countries radio is a monopoly of a semi-governmental corporation, such as the case of the B.B.C. Some advertisers have to operate through one of the commercial stations based on the various Continents, but for T.V. advertisements they may use the services offered by the independent television system.

C Outdoors advertising

• Posters, painted walls, multivision signs, roadside signs, car cards (on public transportation vehicles).

D Other media

•*Film advertising:* movie watchers are a captive audience. The ads, from 40 to 60 seconds long, appear on the screen between feature pictures and news.

•*Point of purchase or point of sale advertising:* window display—merchandises rack.

•*Miscellaneous:* many kinds of articles can be used; for instance, classified by place of use:
▪ wall (calendars) ▪ desk (ashtrays, paperweights) ▪ pocket (pens, combs, memo books, etc.) ▪home (kitchen gadgets, etc.).

• *Directories:* with them you reach people who have already decided what to buy; they want to know where to buy it.

XV. B.2. **Apoyos publicitarios y medios**

A Apoyos publicitarios impresos

• *Publicidad directa:* entregada en la mano o distribuida.
• *Publicidad por correspondencia:* enviada por correo.
Materiales utilizados: prospectos, tarjetas postales, catálogos, expedientes desplegables, libretas o fascículos, periódicos de empresas.
• *Publicidad de prensa:* 1. Periódicos (ediciones de la mañana, de la tarde y del domingo; diarios, suplementos periodísticos semanales). 2. Revistas: revistas de consumidores (de interés general y especial); publicaciones de negocios: — revistas profesionales, revistas comerciales — revistas institucionales — publicaciones generales de negocios.

B Medios publicitarios radio-televisivos

En Estados Unidos la mayoría de los programas de radio y de televisión son patrocinados por anunciantes. En algunos países, el radio es un monopolio de una corporación semigubernamental, tal como es el caso de la B. B. C. Algunos anunciantes tienen que operar a través de una de las estaciones comerciales situadas en los diversos continentes, pero en lo que respecta a los anuncios televisados, pueden usar los servicios que ofrece el sistema de televisión independiente.

C Publicidad al exterior

• Anuncios, paredes pintadas, páneles de multivisiones, páneles de carreteras, anuncios de vehículos (colocados en vehículos de transporte público).

D Otros apoyos publicitarios

• *Publicidad de películas:* los espectadores de cine constituyen un público cautivo. Los anuncios, de una duración de 40 a 60 segundos, aparecen sobre la pantalla entre el largo metraje y las noticias.
• *Publicidad sobre el punto de compra* o sobre el punto de venta: aparadores de vitrina - bastidores de mercancía.
• *Misceláneos:* se pueden utilizar muchos tipos de artículos; por ejemplo, clasificados por lugar de uso:
▪ de pared (calendarios); ▪ de escritorio (ceniceros, pisa-papeles); ▪ de bolsillo (plumas, peines, libretas de memoranda, etc.); ▪ para el hogar (artefactos de cocina).
• *Directorios:* a través de ellos se puede llegar a la gente que ya ha decidido qué es lo que va a comprar; quieren saber dónde comprarlo.

XV. B.3. **Vocabulary** (revisión)

A.1.

account	cuenta, presupuesto (publicitario)
to broadcast	(radio) transmitir
target	audiencia fijada como blanco de ataque
a jam	un embotellamiento
prime time	horas de alta audiencia
to aim	visualizar, dirigir, apuntar
car-card	anuncio pequeño, anuncio de vehículo (colocado en un autobús, carro de pasajeros,etc.)
copy-writer	redactor de copias
catch-phrases	lemas publicitarios
drawings	dibujos

A.2.3.

screen	pantalla
to chat	charlar
fit	en forma
thin	delgado
to fade	desvanecerse, esfumarse; *fade in, out:* hacer aparecer o desaparecer progresivamente una imagen en una película filmada
slim	delgado, esbelto
bike	abreviación de *bicicleta*
to let s.c. dowm	traicionar, abandonar a alguien
overriding	lo principal, lo más importante

A.4.

to sponsor	patrocinar, promover, (con anuncios publicitarios)
savings, to save	ahorros, ahorrar
to be fond of, to be keen on	tener pasión por, ser amante de, tener fervor por, ser aficionado a
expense	gasto
to attend	asistir a, presenciar
to lecture	dar una conferencia
free lance (journalist)	periodista independiente, periodista a destajo
to realize	darse cuenta
to be held up	estar bloqueado

A.5.

open house	operación a puertas abiertas, operación a cielo abierto
event	evento
thorough	total, completo
plant	planta, fábrica
overtime	horas extras, horas complementarias

XV. B.4. **Vocabulary** (2)

jingle	rima (mensaje publicitario que se presenta en forma de canción), indicador sonoro
to justify	justificar
key audience	audiencia principal, audiencia clave
key number	número clave
label	etiqueta, letrero, rótulo
lapel microphone	micrófono de solapa
lay-out	maqueta, ajuste
leading article	artículo de fondo
leaflet	prospecto
letters to the editor	cartas al editor, correo de los lectores
light face type	caracteres delgados (de imprenta)
line	línea, especialidad, artículo
line advertising	publicidad de una línea (de productos)
line cut	clisé (cortado) al trazo
literal error	error literal, errata
lonely heart column	correo amistoso, correo sentimental
loudspeaker advertising	publicidad por altoparlante
lower case	letras minúsculas, letras pequeñas
Madison Avenue	Avenida Madison, centro de la publicidad en la Ciudad de Nueva York
mailing list	lista de correo, lista postal
mail order business	casa (o negocio) de ventas por correspondencia
make-up	ajuste, imposición
market forecast	pronóstico de mercado, previsión de mercado
magnetic tape	cinta magnética
market research	investigación de mercado, estudio de mercado
market survey	estudio de mercado
matrix, mat	matriz
media	medios publicitarios, medios de comunicación, apoyos para comercialización (prensa, radio, TV)
media planner	responsable de la planificación de los medios (publicitarios)
media planning	planificación de la utilización de los medios (de publicidad)
merchandising	técnicas de comercialización aplicadas a un producto en particular
misprint	error de imprenta, errata
mobile unit	unidad móvil, carro de reportajes

motion picture advertising	publicidad cinematográfica
motivational research (M.R.)	investigación de las motivaciones (estudio de las motivaciones)
muck rakers (magazines)	rastrilladores del fango (periodismo)
N.A.B. (U.S.) (National Association of Broadcasters)	Asociación Nacional de Difusores
N.B.C. (National Broadcasting Co.)	Compañía Difusora Nacional, una cadena de televisión de Estados Unidos
neon sing	anuncio de luz de neón
news agency	agencia de prensa, agencia noticiosa
news in brief	notas breves, hechos diversos
newspaper	periódico
newspaper man	periodista
newsreels	actualidades
obsolete	obsoleto, pasado de moda
off-peak	fuera de las horas de congestionamiento
optical effect	efecto óptico
optional	opcional, facultativo
outcome	resultado, producto, efecto final
outlet	salida, escape, tienda distribuidora, mercado para un producto
packaging	empaquetamiento, acondicionamiento
pan or panning	panorámico
paper	papel
paragraph break	párrafo aparte, punto y aparte
peak time	hora pico, hora de mayor congestionamiento
pica	1/6 de pulgada (medida de Estados Unidos)
placard	anuncio, cartelón
point-of-purchase advertising	publicidad sobre el punto de compra
point-of-sale advertising	publicidad sobre el punto de ventas
poll	sondeo
position	posición
poster	anuncio, cartelón
poster advertising	publicidad por medio de anuncios, o de cartelones
poster designer	diseñador de cartelones
poster panel	panel de un anuncio, de un cartelón
premium	prima
press advertising	publicidad de prensa
press release	comunicado a la prensa

XV. B.4. **Vocabulary**

press run	tiraje (de prensa)
pre-testing	preprueba, preprobado
to print	imprimir
product manager	gerente de producto
proof	prueba
prospective customer, prospect	cliente prospectivo, cliente eventual, prospecto
provincial papers	periódicos de provincia
psychological makeup	perfil sicológico
publication date	fecha de publicación
publisher	editor, propietario de un periódico, de una revista
publishing house	casa de ediciones
publishing trade	industria editorial
quarter-page advertisement	anuncio de un cuarto de página
quarterly journal	periódico trimestral
quiz	juego (con adivinanzas)
radio announcement	anuncio de radio, comunicado publicitario
radio quiz	juego radiofónico
rag	pliego de papel, periódico, publicación
rate	tarifa, tasa
rate card	tarifa de publicidad
rating	evaluación
R. C. A. (Radio Corporation of America)	Radio Corporación de América
readership survey	encuesta acerca de los hábitos de lectura del público
reading notice (U. S.)	anuncio de lectura, anuncio con texto redactado
ream	resma de papel
recognition	identificación, reconocimiento
redemption rate	tarifa de envío
registered trade-mark	marca registrada
reminder	recordatorio, señal, advertencia
reporter	reportero, relator
reports	reportajes, reportes
reprint	tirada aparte (de un artículo, de un reportaje)
results	resultados, rendimientos
return	no vendido, devolución
rough (drawing)	anteproyecto
to run an ad	poner un anuncio
run of paper position	colocación ordinaria
rush hours	horas de congestionamiento

XV. B.4. **Vocabulary**

sales analysis	análisis de ventas
sales forecast	pronóstico de ventas, previsión de ventas
sales promotion	promoción de ventas
sales quota	cuota de ventas, contingentes de ventas
sample request card	tarjeta de solicitud de muestra
sampling	muestreo
sandwich-man advertising	publicidad por conducto de "hombre-sandwich"
schedule	programa, horario, programa de inserción
screaming headlines	encabezados llamativos e impactantes
screen	pantalla, trama
selling proposition	proposición de ventas
serial	comedia (de televisión, de radio), novela seriada
setting	composición
shelf-strip	repisa de un estante o de un anaquel
to shoot on location	apuntar sobre un punto o posición
shop-soiled	atajado
shop-window	vitrina
showcard	pancarta, anuncio
showy	vistoso, llamativo
shutter	obturador
situation wanted	solicitud de empleo
to size up a market	evaluar las posibilidades de un mercado
sketch	esbozo, dibujo, trazo, croquis
slide	diapositiva
slogan	lema publicitario (a veces se traduce como "eslogan")
slow motion	movimiento lento, a baja velocidad, en cámara lenta
sound truck	camión publicitario sonoro
sound insulation	insonorización, aislamiento del sonido
space	espacio
special edition	edición especial
special effects	efectos especiales (v. gr., trucos cinematográficos)
sporting journalist	periodista deportivo
sports page	crónica deportiva, página deportiva (de un periódico)
spot news summary	resumen de noticias del día, "flash" informativo
statistics	estadística
to stick a bill	pegar un anuncio (en la pared, en una pizarra, etc.)
sticker	calcomanía, pieza auto-adherible
still	inmóvil, fijo, con la vista fija
story-line	bosquejo o esbozo de una obra dramática, trama de una obra
streamer	banderola
strip cartoon	caricatura en tiras, banda o cinta de dibujos
sub-editor	subeditor
subscriber	suscriptor, abonado

XV. B.4. **Vocabulary**

subscription	suscripción, abono
sunday paper	periódico del domingo
syndicated columnist	periodista cuya editorial se reproduce en decenas de diarios
tape	cinta o banda magnética
tape recorder	grabadora, magnetófono
target	audiencia fijada como blanco de ataque
tear sheet	página justificativa
title	título (genérico)
timing	elección del momento, oportunidad
topic	tópico, tema
trade advertising	publicidad comercial, publicidad hecha a los revendedores
trade-image	símbolo, imagen de marca, imagen comercial
trade-mark	marca comercial, marca registrada
trade paper	periódico comercial
triggers	estimulantes
T. V. commercial	comercial de TV, comercial publicitario
type	tipo, carácter
U. P. I. (United Press Agency)	Agencia Unida de Prensa (Una agencia de prensa estadounidense)
unsold copies	copias no vendidas
V. C. R. (Video Cassette Recorder)	Videograbadora de casetes, magnetoscopio de casetes
V. H. F. (Very High Frequency)	muy alta frecuencia
videodisc	videodisco
voice over (V. O.)	comentario sobre imagen
voucher	comprobante, factura
voucher copy	copia del comprobante, número facultativo
V. T. R. (Video Tape Recorder)	Grabadora de videocintas, magnetoscopio de cinta
wants ads	anuncios pequeños (donde se solicita ayuda, personal, clases particulares, etc.)
wave length	longitud de onda
weather report	reporte meteorológico, pronósticos del tiempo
weekly paper	semanal, periódico semanal
white space	espacios blancos
width	anchura, amplitud
window bill	anuncio de vitrina, anuncio de aparador
window display	escaparate, material publicitario de escaparate
window dresser	arreglista (o encargado) de aparador o escaparate
winning entry	respuesta ganadora (en los boletines y periódicos), cupón premiado
wording	redacción

XVI

Business file sixteen

Accountancy

Contabilidad

A. Situations

A.1. Balance sheet
A.2. Commentary
A.3. Definitions

B. Records

B.1. Key sentences
B.2. Vocabulary

XVI. A. **Introduction**

This chapter is not intended to replace a bookkeeping textbook. Its only aim is to give the layman access to the balance sheets of international firms. Although the actual layout of most of the Latin-American accounting documents would be a little different, a systematic item-to-item comparison would have exceeded the limits of this book.

Este capítulo no tiene como finalidad reemplazar a un libro de texto de contabilidad. Su único propósito es permitir a los legos (a los no especialistas en el campo) un acceso a los balances generales de las empresas de alcance internacional. Aunque una presentación real que incluyera a la mayoría de los documentos contables latinoamericanos sería un poco diferente, una comparación sistemática de partida-por-partida nos hubiera llevado más allá de los límites de esta obra.

Observaciones acerca de la presentación del balance

A pesar de las recomendaciones del *Institute of Certified Accountants* (EE UU), en los países anglosajones aún se está muy lejos de lograr una presentación homogénea o sistemática de los balances de las empresas. En la medida en la que se ha manifestado una tendencia hacia la unificación, ésta se ha orientado hacia una presentación vertical de tipo secuenciada. Sin embargo, con mucha frecuencia, aún se encuentra la presentación tradicional en forma horizontal con dos apartados:

el activo a la izquierda – el pasivo a la derecha

El balance que presentamos aquí pertenece precisamente a este último tipo. Obsérvese que la presentación estadounidense, de manera similar a las prácticas contables latinoamericanas, se basa en un orden decreciente de liquidez para el activo, y en un orden decreciente de exigibilidad para el pasivo.

XVI. A.1. **A typical balance sheet**

1. ASSETS

Current Assets		
Cash		1 425 000
Marketable Securities, at Cost		2 325 000
(Market Value: 2 370 000)		
Accounts Receivable	3 150 000	
Less: Provision for Bad Debts............................	150 000	3 000 000
Inventories......................		2 250 000
Total Current Assets		9 000 000
Investment in Unconsolidated Subsidiaries		450 000
Property, plant, and equipment Land........................	225 000	
Buildings........................	5 700 000	
Machinery.......................	1 425 000	
Office Equipment............	150 000	
	7 500 000	
Less: Accumulated Depreciation	2 700 000	
Net Property, Plant, and Equipment	4 800 000	
Prepayments and Deferred Charges	150 000	
Goodwill, Patents, Trademarks	150 000	
Total Assets	14 550 000	

• Obsérvese que este balance se divide en dos partes:
— del lado de la izquierda aparece el Activo: 1. Activos
— del lado de la derecha se encuentra el Pasivo y el Capital: 2. Pasivos y Capital, 3. Capital contable de los accionistas.

En la columna del activo, aparece una lista de todos los productos y bienes poseídos, así como de los créditos pendientes de cobro

XVI. A.1. **Bilan type**

2. LIABILITIES AND STOCKHOLDERS' EQUITY

Current Liabilities		
Accounts Payable	1 500 000	
Notes Payable	1 275 000	
Accrued Expenses Payable	495 000	
Federal Income Tax Payable	480 000	
Total Current Liabilities		3 750 000
Long-term Liabilities		
First Mortgage Bonds, 5% Interest, due 1997	4 050 000	
Total Liabilities	7 800 000	

3. STOCKHOLDERS' EQUITY

Capital Stock:		
Preferred Stock, 5% cumulative, $ 150 Par Value Each; Authorized, Issued, and Outstanding, 6 000 shares	900 000	
Common Stock, $7.50 Par Value Each; Authorized, Issued and Outstanding 300 000 Shares	2 250 000	
Capital Surplus	1 050 000	
Accumulated Retained Earnings	2 550 000	
Total Stockholders' Equity		6 750 000
Total Liabilities and Stockholders' Equity		14 550 000

En el Pasivo se describen todas las deudas y todos los derechos de los acreedores que pesan sobre el Activo.

En la partida de "Capital Contable o Capital de los Accionistas" aparece el monto de la participación de los accionistas en la sociedad, suma de la cual dicha sociedad es responsable frente a los accionistas.

XVI. A.2. **Item by item commentary**

1. Assets

The first item on the asset side of the balance sheet is:

• *Current Assets.* In general, current assets include cash and those assets that can be turned into cash in the reasonably near future, usually within a year from the date of the balance sheet.

• *Cash.* consists of bills and hard money in the till (petty cash fund) as well as the money on deposit in the bank.

• *Marketable Securities.* This asset represents temporary investment of excess or idle cash which is not needed immediately in stocks, bonds, and Government securities for the purpose of earning dividends and interest. Since these funds may be needed on short notice, it is essential that the securities be readily marketable and be subject to a minimum of price fluctuation. The general practice is to show marketable securities at cost, with a parenthetical note showing the market value.

• *Accounts Receivable.* Here we find those amounts not yet collected from customers. They are usually given 30, 60, or 90 days to pay. However, experience shows that some customers fail to pay their bills. Therefore, in order that the asset *Accounts Receivable* be stated at a figure representing the amount that probably will be collected, the total must be reduced by a *Provision for Bad Debts.* Thus the asset value is 3 300 000.

• *Inventories.* The inventory of a manufacturer is composed of three groups: raw materials, partially finished goods, and finished goods ready for shipment to customers. The generally accepted method of valuation of the inventory is *cost or market, whichever is lower*, which gives a conservative figure.

To summarize, *Total Current Assets* includes primarily: Cash - Marketable Securities - Accounts Receivable-Inventories

These are *working assets*: they are in a constant cycle of being converted into cash.

Inventories when sold become accounts receivable; receivables upon collection become cash; cash is used to pay debts and operating expenses.

XVI. A.2. **Comentarios acerca de las partidas contables** (describiendo partida por partida)

1. Activos

La primera partida que aparece en el lado de los Activos del balance es:

• *Los activos circulantes.* Éstos incluyen por lo general el efectivo y aquellos activos que pueden transformarse en efectivo en un futuro razonablemente cercano, comúnmente dentro de un periodo inferior a un año contado a partir de la fecha del balance.

• El *efectivo* consiste en los billetes y en el dinero (moneda fraccionaria) en caja (caja chica), así como en los fondos depositados en el banco.

• *Valores negociables.* Este activo representa la inversión temporal de los excesos de efectivo o de aquel efectivo ocioso que no se necesitará en forma inmediata. Dicha inversión se hace en acciones, bonos, y valores gubernamentales principalmente con la finalidad de ganar dividendos o intereses. Dado que estos fondos pueden llegar a necesitarse en plazos muy breves, es esencial que los valores selectos para inversión sean fácilmente negociables sujetándose a un nivel mínimo de fluctuaciones de precio. La práctica general consiste en mostrar los valores negociables al costo, especificando su valor de mercado con una nota entre paréntesis.

• *Cuentas por cobrar.* Aquí encontramos aquellas sumas que aún no han sido cobradas a los clientes, quienes por lo general disponen de 30, 60, o 90 días para pagar. Paradójicamente, la experiencia ha mostrado que algunos clientes dejan de pagar sus facturas. En consecuencia, con la finalidad de que el activo que se denomina *Cuentas por Cobrar* quede representado por una cifra que muestre realmente la cantidad que probablemente se ha de cobrar, su total debe verse reducido por una *Provisión para Cuentas Malas.* Por consiguiente, el valor de este Activo es de 3 300 000.

• *Inventarios.* El inventario de una empresa manufacturera se descompone en tres categorías: materia prima, productos semiterminados, y productos terminados, listos para embarcarse a los clientes. El método de valuación de inventarios generalmente aceptado está dado por el precio de costo o por el valor de mercado, el que sea más bajo. Este método proporciona una cifra conservadora.

En resumen, los *Activos Circulantes Totales* incluyen principalmente:

Efectivo - Valores Negociables - Cuentas por Cobrar - Inventarios

Éstos son los activos circulantes: se sujetan constantemente a un ciclo de conversión de efectivo.

Los inventarios, una vez que se venden, se convierten en cuentas por cobrar; dichas cuentas por cobrar, al cobrarse, se convierten en efectivo; el efectivo se usa para pagar las deudas y los gastos operativos.

• *Investment in Unconsolidated Subsidiaries* represents the cost to the parent company of the capital stock of another company. The word *subsidiary* means that more than 50% of the subsidiary's capital stock is owned by the parent. When a parent company owns all (or almost all) the stock of another company, then a *Consolidated Balance Sheet* may be issued. This consolidated balance sheet *combines* all assets and liabilities of parent and subsidiary as a single entity.

FIXED ASSETS

The next item. *Property, Plant, and Equipment,* is sometimes referred to as *Fixed Assets*. It represents those assets not intended for sale which are used to manufacture, display, warehouse and transport the products of a company. Accordingly, this category includes land, buildings, machinery, equipment, furniture, automobiles and trucks. The generally accepted and approved method for valuation is *cost less accumulated depreciation based on cost* to the date of the balance sheet.

• *Depreciation* has been defined as the decline in useful value of a fixed asset due to wear and tear from use and passage of time, or to obsolescence which makes the present equipment out of date. The cost incurred to acquire the property, plant and equipment must be spread over its expected useful life. For example: if a truck costs 10 000 and is expected to last five years, then, using a "straight-line" method of depreciation, it will decline at the rate of 2 000 each year. The balance sheet at the end of the first year will show a Net Depreciated Value of 8 000. Land is not subject to depreciation, and its cost remains unchanged from year to year.

• *Net Property, Plant, and Equipment,* therefore, is the valuation of the investment in fixed assets for balance sheet purposes. It generally consists of the cost of the various assets in this classification, *diminished* by the depreciation accumulated to date.

• *Depletion* is a term used primarily by mining and oil companies.

• *Inversiones en subsidiarias no consolidadas.* Representan el costo que tiene para una compañía paterna el capital social de otra empresa. La palabra *subsidiaria*[1] significa que más del 50 por ciento del capital de una empresa de este tipo es poseído por otra institución: una compañía paterna. Cuando una compañía paterna posee todo (o casi todo) el capital de una subsidiaria, se hace posible construir lo que se denomina un Balance General Consolidado. El balance general consolidado combina todos los activos y todos los pasivos de una compañía paterna y de sus subsidiarias, como si fueran una sola entidad.

ACTIVOS FIJOS

La siguiente partida contable, dada por la Propiedad, la Planta y el Equipo, se denomina algunas veces Activo Fijo. Representa aquellos activos no destinados a la venta y que se utilizan para manufacturar, presentar, almacenar y transportar los productos de una compañía. En consecuencia, esta categoría incluye el terreno, los edificios, la maquinaria, el equipo, el mobiliario, los automóviles y los camiones. El método generalmente aceptado para su valuación es el del costo menos la depreciación acumulada, tomando como base el costo a la fecha del balance general.

• *La depreciación* se ha definido como la disminución en la vida útil de un activo fijo debido al uso y al desgaste provenientes de su utilización y del transcurso del tiempo, o de la obsolescencia tecnológica la cual hace que el equipo actual se vuelva anticuado. El costo en el que se haya incurrido para adquirir la propiedad, la planta y el equipo debe distribuirse a lo largo de su vida útil esperada. Por ejemplo, si un camión cuesta 10 000 y se espera que dure cinco años, entonces, al utilizar un método de depreciación "en línea recta", disminuirá a la tasa de 2 000 por año. Al final del primer año, el balance general mostrará un Valor Neto Depreciado de 8 000.

El terreno no está sujeto a depreciación, y su costo sigue siendo el mismo año con año.

• *Propiedad, Planta y Equipo, Neto.* Esta partida representa por lo tanto el valor de la inversión en activos fijos para propósitos de su presentación en el balance. Generalmente representa el costo de los diversos activos que se incluyen dentro de esta clasificación, disminuido de la depreciación acumulada a la fecha.

• *El Agotamiento* es un término que utilizan principalmente las compañías mineras y las que se encargan de la extracción del petróleo.

---

(1) En inglés hay dos palabras que corresponden al término "filial", dependiendo de si la compañía paterna posea una cantidad mayor o inferior al 50 por ciento del capital. En el primer caso, (más del 50 por ciento), se habla de una *"subsidiaria"*, en el segundo (menos del 50 por ciento), se habla de una *"afiliada"*.

• *Prepayments or Advance Payments.* For instance, during the year reported in the sample balance sheet the company paid fire insurance premiums covering a three-year period and leased certain computing machines. According to the terms of the lease agreement paid rental for two years in advance. Consequently, at the balance sheet date, there will be an unexpended item which will be used up in future years—in our example, two years' insurance premiums and one year's rental value of the computers.

• *Deferred Charges* represents a type of asset similar to prepayments. For example, our manufacturer may have spent 450 000 for moving the plant to a new location. The benefits from this expenditure will be reaped over several years into the future. Therefore, the cost will be gradually written off over the next several years.

• *Intangibles* may be defined as assets having no physical existence yet having substantial value to the company. Examples are a franchise, a copyright or a patent. Another intangible asset sometimes found in corporate balance sheets is goodwill.

2. Liabilities

The first item on this side is *Current Liabilities.* It includes all debts that fall due within the coming year.

• *Accounts Payable* represents the amounts that the company owes to its regular business creditors. If the money is owed to a bank or other lender, it will appear under *Notes Payable* (i. e.: in such cases a written promissory note has been given by the borrower).

• The company also owes salaries and wages to its employees, interest on funds borrowed from banks and from bondholders, fees, insurance premiums, pensions, and similar items. If unpaid at the date of the balance sheet, these expenses are grouped as a total under the heading: *Accrued Expenses Payable.*

• *Federal Income Tax Payable* is the debt due to the Internal Revenue Service.

• *Total Current Liabilities* is the aggregate of the above items.

• *Pagos hechos por anticipado.* Supongamos, por ejemplo, que durante el año que se reporta en el balance general antes expuesto la empresa ha pagado primas de seguros contra incendio que cubren un periodo de tres años, y que ha arrendado ciertas máquinas de computación. Además, de acuerdo con los términos del contrato de arrendamiento, ha pagado anticipadamente dos años de renta. En consecuencia, a la fecha del balance general, existirá una partida aún no ejercida que se aplicará en los años por venir —en nuestro ejemplo, dos años de primas de seguros y un año de arrendamiento de computadoras.

• *Cargos diferidos.* Los cargos diferidos representan un tipo de activo similar al de los pagos hechos por adelantado. Por ejemplo, nuestro productor puede haber gastado $450 000 para reinstalar su fábrica en una nueva localidad. Los beneficios provenientes de este gasto se percibirán tan sólo hasta después de algunos años. Por consiguiente, su costo se verá progresivamente disminuido a lo largo de un cierto número de años hacia el futuro.

• *Intangibles.* Estos activos pueden definirse como aquéllos que no tienen existencia física pero que sin embargo tienen un valor sustancial para la empresa. Algunos ejemplos podrían ser las franquicias[1], los derechos de propiedad literaria o las patentes exclusivas. Otro activo intangible que se encuentra a menudo en los balances generales de las empresas es el así llamado "crédito mercantil".

2. Pasivos

El primer rubro que aparece en el lado de los pasivos es el Pasivo Circulante. Éste incluye todas las deudas que vencen dentro del año siguiente.

• *Las Cuentas por Pagar* representan aquellas cantidades que la empresa adeuda a sus acreedores comerciales típicos. Si el dinero se adeuda a un banco o a algún otro prestamista, aparecerá bajo el rubro de Documentos por Pagar (es decir, en tales casos el prestatario habrá suscrito un pagaré).

• *Gastos acumulados por Pagar.* La compañía también incurre en deudas por concepto de sueldos y salarios a sus empleados, por los intereses sobre los fondos tomados en préstamo de los bancos y de los tenedores de bonos, por honorarios, por primas de seguros, por fondos de pensiones, y por otras partidas análogas, las cuales, si aún no se han pagado a la fecha del balance, se acumulan bajo el título de Gastos Acumulados por Pagar.

• *Los Impuestos Federales sobre los Ingresos* representan las sumas adeudadas al Fisco.

• *El Total de los Pasivos Circulantes* está dado por la suma de los rubros descritos en esta lista.

(1) o derecho exclusivo

• *Long-term Liabilities,* under this heading are listed those debts due after one year from the date of the financial report. In our sample balance sheet, the only long-term liability is that represented by the 5% First Mortgage Bonds, due 1997. The bond is really a formal promissory note issued by the company, which in this case agreed to repay the debt at maturity in 1997 and agreed also to pay interest at the rate of 5% per year. Furthermore the bondholders have an added safeguard indicated by the words *First Mortgage:* if the company is unable to pay off the bonds in cash as promised, the bondholders have a claim or lien before other creditors on certain assets which may be sold and the proceeds used to satisfy the debt.

3. Stockholders' equity

Stockholders' Equity or Net Worth is the total equity interest that the stockholders have in this corporation. This is separated for legal and accounting reasons into three categories:

A. Capital Stock in the broadest sense represents owner's shares in the company:

• *Preferred Stock* means that these shares have some preference over other shares as regards dividends or in the distribution of assets in case of liquidation. The Typical Manufacturing preferred stock is designated 5% *cumulative*, $ 150 *par value each*, which means that each share is entitled to $ 7.50 dividends per year *before* any dividends are paid to the common stockholders. The word *cumulative* means that if in any year the dividend is not paid, it accumulates in favor of the preferred shareholders and must be paid to them when available.

• *Common Stock.* Owners of the preferred are entitled to a dividend of $ 7.50 per share each year before owners of common stock receive anything. But $ 7.50 per share may be all the holders of this preferred stock will receive each year. Common stock, on the other hand, has no such limit on dividends payable each year.

• *Pasivos a Largo Plazo.* Bajo este título se enumeran aquellas deudas exigibles a más de un año contado a partir de la fecha del balance.
En el balance que presentamos aquí como muestra, la única deuda a largo plazo es aquélla que está representada por la Primera Emisión de Bonos Hipotecarios al 5 por ciento, reembolsables en 1997. El bono (u obligación como se le denomina algunas veces) es en realidad un pagaré formal emitido por una empresa, la cual, en este caso, ha convenido en reembolsar la deuda en el año de su vencimiento: 1997, y también ha convenido en pagar un interés anual a la tasa del 5 por ciento. Además, los tenedores de bonos (u obligacionistas) disfrutan de una garantía adicional que queda indicada en las palabras "Primera Hipoteca": si la empresa no está en condiciones de reembolsar las obligaciones en efectivo tal y como se convino, los tenedores de bonos tendrán una deuda privilegiada[1] (es decir, prioritaria con relación a las deudas de los demás acreedores) en términos de ciertos activos que pueden ponerse en venta a efecto de recabar fondos para reembolsar la deuda.

3. Capital contable de los accionistas[2]

El capital contable de los accionistas o el *capital neto* representa el total de las participaciones que tienen los accionistas dentro del negocio. Por razones de índole legal y contable, el capital contable de los accionistas se divide en tres categorías distintas:

A. En su sentido más amplio, el Capital Social[3] representa las acciones de los propietarios de la empresa.

• *El Capital Preferente* designa aquellas acciones que tienen alguna prioridad sobre otras acciones en lo que se refiere a dividendos o en la distribución de activos en caso de liquidación. El capital preferente de la empresa Typical Manufacturing ha sido designado como 5 %, *acumulativo,* $150, valor a la par, lo cual significa que cada acción tiene derecho a un dividendo de $7.50 por año antes de que se paguen cualesquiera dividendos a los accionistas comunes. La palabra *acumulativo* significa que si en cualquier año se deja de pagar dividendos, éstos se acumulan a favor de los accionistas preferentes y se les deberán pagar cuando estén disponibles.

• *Capital común.* Los tenedores de las acciones preferentes tienen derecho a un dividendo de $7.50 por acción cada año *antes de que* los propietarios de las acciones comunes reciban cualquier dividendo. Sin embargo, estos $7.50 por acción pueden ser todo lo que reciban cada año los accionistas preferentes. Por su parte, el capital común no está sujeto a tal límite con relación a los dividendos que se deban pagar cada año.

(1) Literalmente: deuda o privilegio
(2) Literalmente: conjunto de accionistas
(3) La mayoría de las veces, el capital social se forma de varias categorías de acciones. No tiene equivalencia directa y exacta con el capital social "Mexicano".

B. *Capital Surplus* is the amount paid in by shareholders over the par or legal value of each share. For example: say that the common stock has a 7.50 par value for each share. Assume that Typical Manufacturing sold 300 000 shares of stock for a total of 3 300 000. The balance sheet will show the 3 300 000 under stockholders' equity allocated between capital stock and capital surplus, thus:

Common Stock, 7.50 Par Value Each: Authorized, Issued and Outstanding 300 000 Shares	2 250 000
Capital Surplus	1 050 000
Total of Capital Stock (Common) and Capital Surplus	3 300 000

C. *Accumulated Retained Earnings or Earned Surplus.*

When a company first starts in business, it has no accumulated retained earnings. At the end of its first year, if its profits are 80 000 and dividends are paid on the preferred stock of 30 000 but no dividends are declared on the common stock, then the balance sheet will show accumulated retained earnings of 50 000. Let us go forward to the second year. Assume the profits are now 140 000 and that dividends paid are 30 000 on the preferred stock and 40 000 on the common stock. The accumulated retained earnings will be 120 000 thus:

Balance at the End of the First Year		50 000
Net Profit for the Second Year		140 000
Total		190 000
Less Dividends Paid:		
On the Preferred Stock	30 000	
On the Common Stock	40 000	70 000
Accumulated Retained Earnings (At the End of the Second Year)		120 000

B. *El Superávit de Capital*[1] es el monto pagado por los accionistas en exceso del valor a la par o del valor legal de cada acción. Por ejemplo, supongamos que una acción común (u ordinaria) tiene un valor a la par de $7.50 por acción. Supóngase también que "Typical Manufacturing" haya vendido 300 000 acciones de capital por un total de 3 300 000. El balance indicará estos 3 300 000 bajo el rubro de capital contable de los accionistas, y se distribuirá entre el Capital Social y el Superávit de Capital, como se muestra a continuación:

Capital común, valor a la par por acción 7.50. 300 000 acciones autorizadas, emitidas y en circulación	2 250 000
Superávit de capital	1 050 000
Total capital social (común) y superávit de capital	3 300 000

C. *Utilidades Retenidas Acumuladas o Superávit Ganado*

Cuando una empresa empieza a hacer negocios por primera vez, no tiene utilidades retenidas acumuladas. Si al final de su primer año sus utilidades son de 80 000 y si se pagan 30 000 de dividendos sobre el capital preferente pero no se declaran dividendos sobre el capital común, el balance general deberá mostrar una cuenta de utilidades retenidas acumuladas de 50 000. Pasemos ahora al segundo año. Supóngase ahora que las utilidades son de 140 000 y que se pagan 30 000 de dividendos sobre el capital preferente y 40 000 sobre el capital común. De esta forma, el monto de las utilidades retenidas acumuladas será de 120 000, como se muestra a continuación:

Saldo al final del primer año		50 000
Utilidad neta para el segundo año		140 000
Total		190 000
Menos dividendos pagados:		
Sobre el capital preferente	30 000	
Sobre el capital común	40 000	70 000
Utilidades retenidas acumuladas (Al final del segundo año)		120 000

(1) El *Superávit de Capital* puede incluir la plusvalía proveniente de las revaluaciones de activo, las donaciones hechas a la empresa, etc.

XVI. A.3. **Otras definiciones**

En Estados Unidos no existe ninguna restricción legal para la redacción y para la presentación de los documentos contables y los criterios generalmente aceptados para tales fines se deben a las iniciativas tomadas por el STOCK EXCHANGE COMMITTEE y por el AMERICAN INSTITUTE OF CERTIFIED PUBLIC ACCOUNTANTS[1]. En los países latinoamericanos son las Leyes de las Sociedades Mercantiles en general quienes garantizan la información mínima de los accionistas.
A continuación presentamos algunos términos complementarios, incluyendo un ejemplo simplificado de la Cuenta de Pérdidas y Ganancias, cuya preparación es obligatoria en conformidad con ciertas leyes locales.

1° El Estado de Resultados (o *Reporte de Ganancias o Estado de Pérdidas y Ganancias*): *"Cuenta de Resultados".*

Además del balance, la cuenta de resultados permite a un inversionista formarse una opinión en torno de las actividades de una empresa a lo largo de un año. Por consiguiente, es muy útil para evaluar las perspectivas del futuro. A continuación presentamos una muestra condensada:

Plus Factors		
Net Sales	6 500 000	
Other Income	110 000	
Total		6 610 000
Minus Factors		
Cost of Sales & Operating Expenses	5 800 000	
Interest on Bonds Provision for	135 000	
Federal Income Tax	320 000	6 255 000
Net Income		355 000

Factores que se suman		
Ventas netas	6 500 000	
Otros ingresos	110 000	
Total		6 610 000
Factores que se restan		
Costo de ventas y gastos operativos	5 800 000	
Intereses sobre la deuda consolidada	135 000	
Provisión para Impuestos Federales sobre Ingresos	320 000	6 255 000
Utilidad neta		355 000

La utilidad neta es precisamente la cuenta contra la cual se descuentan los dividendos que se pagan sobre las acciones preferentes y sobre las acciones comunes. El excedente, si es que lo hay, se reinvierte en el negocio dentro de la partida de *Utilidades Retenidas Acumuladas:* Utilidades (acumulativas) reportadas.

(1) respectivamente: Comisión de operaciones bursátiles y asociación de expertos en contabilidad.

XVI. A.3. **Otras definiciones**

2° Cálculo de la amortización

A. *Objeto:* la amortización se refiere a tres categorías bastante próximas:

1. *Depreciación:* inversión sobre los activos reales sujetos a un uso normal (*fair wear and tear*): se trata principalmente de bienes tangibles (fábricas, máquinas, etc.).

2. *Amortización:* se aplica sobre bienes incorpóreos (*intangibles*) tales como las marcas, las patentes, etc., que llegan poco a poco al término de su vida.

3. *Agotamiento:* se refiere a los bienes sujetos a consumo (*wasting assets*) cuya reconstitución deja de ser posible en términos de su forma original (bosques, yacimientos, etc.), pero cuyo desgaste debe ser compensado por una previsión para mantener al mismo nivel las riquezas de la empresa.

B. *Métodos de cálculo*

La amortización de los activos fijos se calcula de acuerdo con dos tipos principales de métodos: el lineal y el declinante.

1. *Método de Línea Recta* (método lineal). Fórmula:

$$\textit{Cargo anual por depreciación} = \frac{\textit{Costo total — Valor de Salvamento}}{\textit{Vida Estimada en Años}}$$

Es decir:

$$\text{Amortización anual} = \frac{\textit{Costo total - valor de liquidación}}{\textit{Duración de la vida activa (en años)}}$$

2. *Métodos declinantes*

2.1 Métodos declinantes sujetos a tasa fija

Fixed percentage of declining balance method, reducing balance method, written down value method, etc. Métodos que se utilizan con gran frecuencia. La tasa fija es un porcentaje del costo de adquisición, y se determina por conducto de textos oficiales. El primer año, se aplica a los gastos iniciales (*cost*), los años siguientes se aplica al valor residual (*written down value*), es decir, al costo inicial menos las amortizaciones anteriores.

2.2 *Método de la suma de los digitos de los años.*

Se toma el precio de compra menos el valor residual; posteriormente se aplica una tasa de amortización variable.

3° Razón precio-utilidades Reporte precio-utilidades

A. *Objeto.* En Estados Unidos, esta razón sirve para apreciar el valor bursátil de una acción

B. Fórmula:

$$\frac{\text{Market Price}}{\text{Earnings per share}} \qquad \frac{\text{Precio de mercado}}{\text{Utilidades por acción}}$$

XVI. B.1. **Tradúzcanse las oraciones...**

1. Cada factura se expide por triplicado.
2. Valdría la pena que usted hiciera que su declaración de impuestos fuera preparada por un asesor fiscal.
3. No estoy seguro de que pueda traducir expresiones tales como contabilidad por partida doble o por partida simple, depreciación por línea recta o por disminución del saldo, uso y consumo normales, saldo reportado, etc.
4. Pregúntele al jefe de contabilidad si ya se recibió su transferencia de fondos.
5. Hemos verificado todos los asientos sin encontrar el menor error.
6. Él tiene una gran experiencia en la teneduría de libros y actualmente sigue un curso de contabilidad empresarial.
7. ¿A qué deducciones fiscales tenemos derecho?
8. Los auditores en período de retiro han sido reelegidos.
9. (Él) se hace pasar por Contador Público, pero ni siquiera sabe leer un balance.
10. El capital de trabajo se obtiene sustrayendo los pasivos circulantes de los activos circulantes.
11. La Cuenta de Pérdidas y Ganancias muestra una utilidad neta de $365 000.
12. El activo fijo incluye principalmente los terrenos, los edificios, la maquinaria y los vehículos.
13. La compañía paterna posee más del 60 por ciento de los activos de la subsidiaria.
14. La utilidad neta en operación es igual a la utilidad bruta sobre ventas menos los gastos totales en operación.
15. Sírvase encontrar adjunto su estado de cuenta con fecha del 5 de mayo, mostrando un saldo acreedor de 500 dólares estadounidenses.
16. Al final de cada ejercicio, el trabajo habitual de la empresa se ve perturbado por la toma física de los inventarios.
17. El balance es un estado contable de una empresa que proporciona información detallada acerca de la situación financiera y la solvencia de un negocio en un momento determinado.
18. Al comparar varios balances sucesivos, uno puede darse una idea muy clara del progreso o del descenso de una empresa.

XVI. B.1. . . . **y revise sus respuestas**

1. We draw up each invoice in triplicate.
2. It would be worth your while to have your taxreturn drawn up by a tax consultant (adviser).
3. I am not sure I can translate such expressions as single or double entry bookkeeping, straight line depreciation or on a reducing balance, fair wear and tear, balance brought forward etc.
4. Ask the chief accountant whether he has received their transfer of funds.
5. We have checked all the entries without discovering a single error.
6. He has a lot of experience in bookkeeping and currently attends a course on corporate accounting.
7. What tax deductions are we entitled to?
8. The retiring (outgoing) auditors have been reelected.
9. He poses as (passes himself off as) a certified public accountant (or chartered accountant), but he can't even read a balance sheet.
10. The working capital is obtained by subtracting current liabilities from current assets.
11. The Profit and Loss Account (Income statement, Earnings report) shows a net profit of $ 365 000.
12. Fixed assets (tied up capital) include(s) notably land, buildings, machinery and vehicles (trucks).
13. The parent company owns more than 60% of the assets of the subsidiary (of the subsidiary's assets).
14. Net operating profit equals gross profit on sales minus total operating expenses.
15. Please find enclosed the statement of your account as of May 5th, showing a credit balance of 500 U.S. dollars.
16. At the end of each financial year the usual routine work of the firm is hampered by stock-taking.
17. The balance sheet is a detailed statement at a given date giving information about the financial status and solvency of the firm.
18. By comparing several successive balance sheets it is possible to obtain a very clear idea the of firm's progress or decline.

XVI. B.2. **Vocabulary - Accountancy**

acceptance paper	pagaré
accounts payable (receivable)	cuentas por pagar (por cobrar)
accrued dividends	dividendos acumulados
accrued (accruing) interest	intereses devengados, intereses acumulados
to act as principal	actuar (uno) por su propia cuenta
advanced payment	pago anticipado, pago por adelantado
to allocate	atribuir, asignar
allocation	a) atribución, repartición, ventilación b) suma atribuida, repartida
allotment	atribución, afectación, repartición
amortization	amortización de los activos intangibles
amount	monto, suma, total
appreciation	plusvalía
arrears (or arrear of interest)	atrasos, (o atrasos de intereses)
assets	activos, activo, posesiones, haberes
authorized capital	capital autorizado, capital social, capital nominal
bank acceptance (or banker's acceptance)	a) letra aceptada, endosada por un banco b) aceptación bancaria
bank deposit(s)	depósitos en bancos
bank of issue	banco de emisión, banco emisor
bankrupt	bancarrota, quiebra
bearer security	título al portador
before maturity	antes del vencimiento (para el capital)
below par	bajo la par, por debajo del valor nominal
bill payable at sight	documento a la vista, documento pagable a la vista
book value	valor en libros, valor contable
break-even point	punto de equilibrio
call loan	préstamo reembolsable bajo petición
call price	precio de recompra, precio de readquisición (de los títulos de crédito o de las acciones privilegiadas)
called up capital	capital llamado (para reembolso o readquisición)
capital account	cuenta de capital
capital expenditure(s)	gasto(s) de capital, gastos de inversión

XVI. B.2. **Vocabualry - Contabilidad**

capital gain tax	impuestos sobre las ganancias de capital
capital loss	pérdida de capital
cash (in hand)	dinero contante, efectivo disponible, dinero a la mano
cash (to)	convertir en efectivo (letras, pagarés, cupones, cheques)
cash bonus	bono en efectivo, prima en efectivo
cash flow	flujo de efectivo, efectivo disponible, margen bruto de autofinanciamiento (M.B.A.)[1]
certificate of deposit	certificado de depósito
charges	gastos, derechos, cargos
chattel mortgage	prenda hipotecaria, privilegio sobre bienes mobiliarios
chattels	bienes muebles
check (to)	controlar, verificar
check list	lista de verificación, memorándum de control
collection	a) cobranza b) conversión en efectivo
common equity	capital común, acción común
common shares, stocks	acciones comunes, acciones ordinarias
compound interest	interés compuesto
concern	empresa, establecimiento, firma
consolidated balance sheet	balance general consolidado
covertible loan	préstamo convertible
corporate name	razón social
cum dividend (cum. div.)	dividendo acumulativo, con dividendo
current assets	activos circulantes (activo que se puede realizar a corto plazo)
date of maturity	fecha de vencimiento
deferred dividend	dividendo diferido
deferred shares	acciones diferidas
credible, beleivable	creíble, de (o para) creerse
depletion	a) agotamiento b) amortización

(1) El "cash flow" permite medir la rentabilidad de la empresa y también permite determinar su capacidad de autofinanciamiento.
• Se pueden encontrar definiciones variables de este término dependiendo de si su cálculo se hace antes o después de los impuestos.
El "Margen Bruto de Autofinanciamiento" corresponde a "*Pre-Tax Cash-Flow*" (cash flow bruto), y su fórmula es la siguiente: *Profits before tax + depreciation charges + certain reserves* = Utilidades antes de impuestos + cargos de depreciación + reservas ciertas (o reales).

XVI. B.2. **Vocabulary - Accountancy**

draw (to)	recomprar o reembolsar por medio de un sorteo al azar
drawing of bonds	sorteo de obligaciones al azar
drop in value	caída de precios, disminución de valor
due date	fecha de vencimiento
dummy	prestanombres
dwindling (of) assets	disminución del activo, activos declinantes
earnings per share	utilidades por acción
earnings statement	reporte de utilidades, de pérdidas y ganancias
equities	acciones ordinarias (o comunes)
equity capital	acciones privilegiadas (preferentes) y comunes (ordinarias), capital social
ex coupon	cupón desprendido, sin cupón (dícese de las acciones)
ex dividend (ex. div.)	sin dividendo, ex-dividendo
face-value	valor de carátula, valor nominal
fall (to) due	vencer, llegar a su fecha de vencimiento
final dividend	a) último dividendo del ejercicio b) pago final (de liquidación)
fiscal period, year	ejercicio fiscal, año fiscal
go (to) public	convertirse en empresa pública, inscribirse en bolsa
gross profit margin	margen de utilidad bruta
incorporation	incorporación, constitución de una empresa como sociedad (o como compañía)
interim dividend	dividendo interino, pago hecho a cuenta de dividendos
interim report (result)	reporte (resultado) provisional reporte interino
inventory	a) inventario; b) almacén
investment company	sociedad de inversión, sociedad de colocación de valores, compañía de formación de carteras de inversión
irredeemable	no recomprable, irredimible
issue price	precio de emisión
liabilities	pasivos, deudas
lien	gravamen, derecho de retención (o de embargo), carga
liquid assets	activos líquidos
mature (to)	llegar al vencimiento, vencer
maturity	vencimiento, fecha de vencimiento

XVI. B.2. **Vocabulary - Contabilidad**

merge (to)	fusionar (sociedades, empresas)
mortgage	hipoteca
nominee	a) prestanombres b) candidato propuesto (para una elección)
on sight	a la vista, a la presentación (de un documento), por petición
ordinary share	acción ordinaria
outflow	flujo de salida, evasión, fuga (de capitales, de oro, etc.)
paid-up shares	acciones liberadas
period to maturity	periodo al vencimiento, periodo que deberá transcurrir hasta el vencimiento
premium	prima
prepaid	pagado por adelantado
ready money	dinero líquido, disponibilidades, efectivo disponible
receipt	a) recibo, finiquito b) receta
redeemable	redimible, recomprable, reembolsable
return	rendimiento
risk capital	capital de riesgo
share ledger (register)	libro mayor (registro) de los accionistas
shareholder's, stockholder's equity	a) capital contable de los accionistas b) capital neto (de una sociedad o compañía), capital propio
short-term	a corto plazo
sinking fund	fondo de amortización
soar (to)	subir, ascender como flecha (en el vuelo)
statement	a) estado, reporte b) declaración
treasury bills, notes	certificados de la tesorería, bonos del tesoro
turnover tax	impuesto sobre el número de transacciones comerciales
value at cost	valor al costo, valor al precio de compra, valuación al precio de adquisición
venture	empresa, operación, especulación
working capital	capital de trabajo

XVII

Business file seventeen

The Stock Exchange

La Bolsa de Valores

A. Situations

B. Records

XVII. A.

Storyline

The origins [ɔrədʒɔnz] of the Stock Exchange [stakikstʃeindʒ] can be traced back to the sixteenth century [sɛntʃəri]. London was the center for this development and the London Stock Exchange's constitution dates from 1802. As the scale of commercial activity increased, so did the operations of the Stock Exchange. In the first half of the nineteenth century, the demand for capital increased with the railway boom. Most of the early canals [kənaels] and railways were designed to serve local industry and trade, and their promoters looked to local sources [sɔrsɔs] for their capital. This resulted in the establishment of Stock Exchanges in the larger provincial centers.

Resumen

Los orígenes de la Bolsa de Valores pueden remontarse al Siglo XVI. El centro de este desarrollo fue Londres y el acta constitutiva de la Bolsa de Valores de Londres data de 1802. Al mismo tiempo que aumentaba el volumen de las actividades comerciales, también aumentaba el número de operaciones de la Bolsa de Valores. En la primera mitad del Siglo XIX, la demanda de capital se incrementó a causa del auge que se suscitó en la industria ferroviaria. La mayoría de los primeros canales y vías férreas se diseñaron para atender a la industria y al comercio locales, y sus promotores recurrían a un financiamiento local. Esto dio como resultado la creación de Bolsas de Valores en los centros provinciales más grandes.

XVII. A.1. **What is the Stock Exchange?**

A market is a place where people meet to buy and sell. Most markets deal in goods that have a practical use and are sold by manufacturers of those goods. The sellers have grown more corn, tomatoes, or rubber than they themselves require. The buyers need vegetables to eat, coal or oil to burn, or metals to supply their factories. In most markets the manufacturers, on the one hand, provide a steady supply of the goods traded, and the consumers, on the other, provide a steady demand, which keeps the producers and the market in business.

The Stock Market deals with a different sort of commodity [kəm**a**dəti]. The goods on sale, in themselves, have no intrinsic [intr**i**nzik] use or worth. Stock and share certificates merely represent value and are evidence of your stake in the company.

How can the Stock Market operate to ensure [ins**u**r] that there are always shares available to meet buyers' requirements, and buyers available to meet sellers' needs? How can there be a market at all, when the public all want to buy or sell at the same time?

In certain countries, this essential function used to be performed by a group of traders operating within the Market, who stood ready to buy or sell securities as principals at their own risk. The role played by these traders, the Jobbers, constituted a unique feature of the market.

Since the computerization and reorganization of the Stock Exchanges, brokerage firms have been entrusted with the role of market makers: by standing ready to buy or sell securities, they provide the constant flow of business that is needed to match supply and demand and thus ensure freedom of dealings.

XVII. A.1. **¿Qué es la Bolsa de Valores?**

Un mercado es un lugar donde la gente se reúne para comprar y vender. La mayoría de los mercados comercian con mercancías que tienen una utilidad práctica, y que son vendidas por sus productores. Los vendedores producen más maíz, tomates, o hule del que necesitan para sí mismos. Los compradores necesitan legumbres para comer, carbón o petróleo para su consumo, o metales para abastecer sus fábricas. En la mayoría de los mercados, los productores, por una parte, proporcionan un suministro uniforme y regular de las mercancías que suministran. Los consumidores, por otra parte, ofrecen una demanda constante, y ello mantiene en estado activo tanto a los productores como al mercado.

El Mercado de Valores se ocupa de una categoría diferente de satisfactores. Los bienes que se venden en su ámbito no tienen en sí mismos ninguna utilidad o valor intrínseco. Los certificados de títulos y de acciones representan meramente un valor y constituyen una evidencia de una participación financiera en una empresa determinada.

¿Cómo puede operar el Mercado de Valores y asegurar que siempre haya acciones disponibles para satisfacer la demanda de los compradores así como compradores dispuestos a responder a las ofertas de los vendedores[1]?
En ciertos países, esta función esencial solía ser realizada por un grupo de negociantes que operaban dentro del marco del mercado, y quienes estaban listos para comprar o vender valores como comitentes y bajo su propio riesgo. El papel que desempeñaban estos negociantes, los "Jobbers"[2] constituía una característica exclusiva del mercado.

Desde la computarización y la reorganización de las Bolsas de Valores, se ha confiado a las casas de corretaje el papel de "edificadores de mercado". Al estar listos para comprar o vender valores, aseguran un flujo constante en las actividades de negocios necesarias para coordinar la oferta y la demanda. De esta forma, aseguran la libertad de transacciones.

---

(1) *buyers' requirements:* necesidades del comprador, es decir *"demanda"*. *Sellers' needs:* necesidades del vendedor, es decir "oferta".
(2) *Jobbers:* negociantes de títulos de crédito que se especializan en cierto tipo de valores.

XVII. A.2. **Stock Exchange (Functions)**

To start a business you require capital. Perhaps you have enough money yourself—or you may borrow it. But if you are starting a large enterprise you will need considerably greater sums than friends or relatives could possibly provide and in one way or another the extra capital must be found.

To meet this situation the practice of forming Joint Stock Companies came into being—a system whereby [hwɛrbai] a large number of people can, by buying the shares of a company, provide the capital for a business enterprise that is too large for an individual to support financially.

An essential characteristic of this system is that those who own shares must be able to sell them whenever they wish to do so. No one can reasonably be expected to lock up money in a company for ever and a company cannot give an investor his money back because it has been spent on buildings, machinery, materials, and so on. So the shareholder [sɛrh**ou**ldər] must be able to sell his shares to someone else who wants to buy them and to take his place as a shareholder in the company. The Stock Exchange has, ever since Joint Stock Enterprise first began, made this possible by providing a market place where sellers and buyers can be brought together to buy or sell their shares at fair prices which are determined by the free competition which exists in this open market.

A company, when it wishes to issue shares that can be freely bought or sold on the stock market, must apply for permission—known as a "quotation" [kwout**ei**ʃən]— and this is only granted if certain strict conditions are fulfilled.

The Stock Exchange, therefore, has two main functions: through its market men with ideas can find the capital they need to start new enterprises or to expand existing businesses and individuals are given the widest possible scope to invest their savings in securities [sɛkj**u**rəti] which they can sell again when they choose.

XVII. A.2. **La Bolsa de Valores (Funciones)**

Para empezar un negocio se requiere de capital. Tal vez uno mismo tenga suficiente dinero —o uno podría poder pedirlo prestado. Pero cuando se pone un negocio de tamaño grande se necesitan sumas considerablemente más grandes de las que los amigos o parientes podrían posiblemente prestar y, de una forma u otra, se deben adquirir capitales suplementarios.

Para hacer frente a esta situación se creó la práctica de formar Sociedades Anónimas (sociedades de acciones) —un sistema a través del cual un alto número de personas pueden, al comprar las acciones de una compañía, proporcionar aquel capital necesario para formar una empresa industrial o comercial, y que sería demasiado cuantioso para ser financiado por un solo individuo.

Pero un aspecto esencial de este sistema es que aquellos que posean acciones puedan venderlas siempre que así lo deseen. No es razonable esperar que alguien inmovilice eternamente una suma de dinero dentro de una empresa y que una compañía no pueda devolver sus fondos a un inversionista porque se encuentren invertidos en edificios, instalaciones, materiales y otros activos similares. Por lo tanto, el accionista debe ser capaz de vender sus acciones a un tercero que desee comprarlas para tomar su lugar como accionista en la empresa. Desde las primeras apariciones de las empresas capitalistas, la Bolsa de Valores ha hecho posible esto mediante el suministro de un lugar de mercado donde los vendedores y los compradores puedan congregarse para comprar o vender sus acciones a precios convenientes, según los determine la libre competencia que exista en un mercado abierto.

De tal forma, cuando una empresa esté interesada en emitir acciones que puedan comprarse o venderse libremente en el mercado de acciones, debe proceder a solicitar un permiso —el cual se conoce como "quotation" y solamente se concede[1] cuando se satisfacen ciertas condiciones esencialmente estrictas.

Por consiguiente, la Bolsa de Valores tiene dos funciones principales: gracias al mercado que ofrece, los hombres "de ideas" pueden encontrar el capital que necesitan para empezar nuevas empresas o para expander los negocios existentes, y a los individuos se les proporciona el campo más vasto posible para que inviertan sus ahorros en valores susceptibles de volver a venderse cuando así lo deseen.

(1) por el Consejo *(Council)* que gobierna a la Bolsa.

XVII. A.3. **Stock and shares**

Stocks and shares are the capital of companies. (The two words stand for the same thing).

Nowadays the great bulk of business is carried on by joint stock companies—that is companies owned by a large number of shareholders. Some large companies have well over 200 000 different shareholders. There are two main types of shares or stock: those with a fixed dividend called "Preferred" shares and those with a fluctuating [flʌktʃuatiŋ] dividend, called "ordinary" [ɔrdənɛri] or "Common" shares. The latter are known collectively as "Equities" [ɛkwətis].

Out of the profits each year the fixed dividend on the preferred shares must first be paid. When preferred shares are said to be cumulative, it means that if in any year the dividend is not paid, it accumulates in favor of the preferred shareholders and must be paid when available and before any dividends are distributed on ordinary shares. Then the directors of the company decide how much of the profits to keep in reserve and how much to pay as a dividend on the ordinary shares. The amount of dividend paid on ordinary shares varies. If the company has a prosperous year it may well be more than that paid to the preferred shareholders. But on the other hand it may be nothing at all if the company is not doing well.

In addition there is another type of security known as "Debenture [dibɛntʃər] Stocks" or "Bonds". These are not shares in a business, but loans receiving a fixed rate of interest. Securities of this type are often referred to as prior [p**rai**ər] charge stocks because holders are entitled to receive their interest before consideration is given to the payment of dividends on ordinary shares. Government and public authorities [əθ**a**rətis] also borrow money by means of fixed loans. These are generally repayable [rip**ei**əbəl] after a given number of years, but they can be bought and sold at any time for their current market values on the Stock Exchange.

XVII. A.3. **Las acciones**

Las acciones constituyen el capital de las empresas. (Las dos palabras designan aquí la misma cosa).

En nuestros días, la mayor parte de las actividades de negocios la llevan a cabo las Sociedades Anónimas, —es decir, aquellas compañías que son poseídas por un alto número de accionistas. Algunas compañías de gran tamaño pueden muy bien llegar a tener más de 200 000 accionistas diferentes. Hay dos principales tipos de acciones: aquellas que tienen un dividendo fijo y que se denominan acciones preferentes (prioritarias, privilegiadas), y aquellas que pagan un dividendo variable y que se denominan acciones ordinarias o comunes. Estas últimas llevan el nombre genérico de *"Equities"*.

Basándose en las utilidades de cada año, primeramente se debe pagar el dividendo fijo de las acciones preferentes. Cuando a una acción preferente se le llama "acumulativa", ello significa que si en un año cualquiera se deja de pagar un dividendo, éste se acumula a favor de los accionistas preferentes y deberá ser pagado cuando sea posible y antes de toda distribución de dividendos sobre las acciones ordinarias. De tal forma, son los directores de la empresa quienes deciden la cantidad de las utilidades que se mantendrá en reserva así como el monto que se deberá pagar como dividendo a las acciones ordinarias.

El monto de los dividendos pagados sobre las acciones ordinarias puede variar. Si la empresa tiene un año próspero, el dividendo puede ser incluso superior al que pagan a los tenedores de las acciones preferentes. Del lado opuesto, bien puede llegar a ser nulo cuando la empresa no ha hecho buenos negocios.

Además, existe otro tipo de valor conocido como "valores de obligaciones" o "bonos". Éstos no son acciones de una empresa, sino más bien préstamos que reciben una tasa de interés fija. Los valores de esta naturaleza frecuentemente se denominan "títulos (de rendimiento) prioritario" porque sus titulares tienen derecho a recibir sus intereses antes de que se considere el pago de dividendos sobre acciones ordinarias. Los estados y las colectividades públicas también piden dinero prestado por medio de préstamos fijos. Éstos son generalmente reembolsables al cabo de un cierto número de años, pero pueden comprarse y venderse en cualquier momento, a sus valores actuales de mercado, por conducto de la Bolsa de Valores.

XVII. A.4. **The U.S. stock market**

The largest oldest and best-known of the organized U.S. stock markets is the New York Stock Exchange, located at the famous corner of Wall and Broad Streets.

The stock traded on the Big Board include the bluest of the blue chips of American industry. AT&T, IBM, Exxon Corp, General Motors, Ford Motor, American Express and other such corporate leaders are listed on the NYSE.

Trading on the Big Board is dominated by the large institutional investors which include pension funds, bank trust departments, mutual funds and insurance companies. Their impact can be measured by the number of «block» trades—those of 10 000 or more shares.

To be listed on the New York Stock Exchange, a company must meet stiff requirements in terms of demonstrated earning power, net tangible assets, minimum market value of publicly-held shares.

If the New Yor Stock Exchange is the grande dame of the U.S. equity markets, the brash young newcomer is the American Stock Exchange. Considered to be the more aggressive market, the Amex is associated in many investors' minds with more volatile, lower-yielding stocks. Investors also rightly associate the Amex with smaller companies than those listed on the NYSE.

In recent years, the market for U.S. securities traded over the counter (OTC) has exploded. OTC securities are not traded on any exchange but rather through an electronic network of dealers known as NASDAQ (National Association of Securities Dealers Automated Quotations). Many brokers in Europe are linked to this automated system.

The past few years have witnessed an explosion in new and complex investment vehicles based on options and futures contracts pegged to various stock market indexes. And as the traders — Wall Street brokers, corporate treasurers and institutional investors— have discovered their utility as hedges against market declines, activity has boomed.

XVII. A.4. **El mercado de Valores de Estados Unidos**

De las Bolsas de Valores de Estados Unidos, la más grande, la más antigua y la mejor conocida es la Bolsa de Valores de Nueva York, la cual se localiza en la famosa esquina de Wall and Broad Streets.

Las acciones que se negocian en el Big Board incluyen los títulos más prestigiados de la industria estadounidense. AT&T, IBM, Exxon Corp., General Motors, Ford Motor, American Express y otros líderes empresariales del mismo tipo se cotizan en la Bolsa de Valores de Nueva York.

Las transacciones que se realizan en el Big Board son denominadas por los grandes inversionistas individuales, entre los que se incluyen los fondos de pensión, los departamentos de fideicomisos bancarios, los fondos mutualistas y las compañías de seguros. Su impacto puede medirse a través del número de transacciones de "bloque", —es decir, por paquetes de 10 000 acciones o más.

Para enlistarse en la Bolsa de Valores de Nueva York, una empresa debe satisfacer ciertos requisitos muy exigentes en términos de su capacidad para generar utilidades, sus activos tangibles netos, el valor mínimo de mercado de las acciones en manos del público.

Si la Bolsa de Valores de Nueva York es la gran dama de los mercados accionarios de Estados Unidos, su joven y temerario seguidor es la American Stock Exchange. Considerado como un mercado más dinámico que el anterior, el AMEX se asocia en el espíritu de numerosos inversionistas con valores más volátiles y de rendimiento más bajo. Los inversionistas también lo asocian, y con toda la razón, con empresas más pequeñas que las que se cotizan en el NYSE.

En el curso de los años recientes, el mercado de valores estadounidenses que se negocian "sobre el mostrador"* (OTC) "ha literalmente explotado". Los valores del OTC no se negocian en bolsa, sino por medio de una red electrónica de negociantes conocida como NASDAQ (sistema de cotización automática de la Asociación Nacional de Negociantes de Títulos). Muchos corredores de valores europeos están vinculados a este sistema automatizado.

Estos últimos años han sido testigos de la multiplicación de nuevos y complejos instrumentos de inversión que se basan en las opciones y en los contratos a futuro y que se indexan a diversos indicadores bursátiles. Y dado que los operadores profesionales —los corredores de Wall Street, los tesoreros corporativos y los inversionistas individuales— han descubierto su utilidad como medio de protección contra bajas en el mercado; este sector está en plena expansión.

* mercado "fuera de las cotizaciones", que se ha convertido en un auténtico segundo mercado.

XVII. A.5. **International monetary speculation. A typical operation**

... What about all those currency speculators we always read about?

... They're really just gamblers, gambling normally on a devaluation of a currency. Let's say that I'm going to speculate on another devaluation of the dollar, and I think it's going to happen within three months. A devaluation means that the old fixed rates will be changed between the dollar and the Swiss franc, suddenly and thereafter the dollar will be much cheaper in terms of Swiss francs... Right? So our speculator comes to us and we sell, for his account, ten million dollars three months forward—dollars that he does not have. Selling short is the term used for this type of operation. So again we make an agreement: We, General Bank of Switzerland, promise to deliver to you, Chase Manhattan, ten million U.S. dollars in three months. You 'Chase Manhattan, promise to pay us 33.5 million Swiss francs for these dollars, upon delivery. We make a separate little agreement with our speculator, informing him that we are doing this transaction in our name, but for his account, and at his risk. Let's say that a 15% devaluation of the dollar took place. Overnight the spot exchange rate would drop to, say, 2.90 to the dollar. When the three months are up, we go into the market—the spot market— and buy the ten million dollars which our speculator never had in the first place. These ten million dollars would *now*, after devaluation, cost us only twentynine million Swiss francs. But then, literally one or two minutes later, we would present these ten million dollars we just bought to Chase Manhattan for delivery on that forward agreement we had made with each other three months prior. Chase would have to pay us 33.5 million Swiss francs. Right? So our nice speculator has just made himself 4.5 million Swiss francs. Let me repeat, he presold dollars he did not have for 33.5 million Swiss francs, but the cost of these dollars, after devaluation, was only twenty-nine million Swiss francs.

XVII. A.5. **Especulación monetaria. . .**

... ¿... Y qué puede decirse de todos esos especuladores monetarios a propósito de los cuales se ha escrito tanto?

... En el fondo, tan sólo son jugadores que comúnmente hacen apuestas sobre la devaluación de una moneda. Digamos que yo voy a especular sobre una nueva devaluación del dólar, y que pienso que deberá suceder dentro de los tres meses siguientes. Una devaluación significa que las antiguas paridades fijadas entre el dólar y el franco suizo van a ser modificadas de manera repentina, y que posteriormente, el dólar será mucho más económico que el franco suizo ...¿De acuerdo? Por lo tanto, nuestro especulador viene a vernos y nos vende por su cuenta 10 millones de dólares a 3 meses en el mercado a plazos —dólares que él no posee—. El término que se usa para describir este tipo de operación es el de "ventas cortas" (o ventas al descubierto). De tal forma, firmamos un contrato: nosotros, Banco General de Suiza, prometemos entregarles, a ustedes Banco Chase Manhattan, diez millones de dólares a 3 meses. Ustedes, Chase Manhattan, prometen pagarnos 33.5 millones de francos suizos contra estos dólares, en el momento de su entrega. Hacemos un pequeño contrato individual con nuestro especulador, informándole que estamos operando esta transacción a nuestro nombre, pero por su cuenta, y bajo su riesgo. Supongamos que el dólar se devalúa en un 15 por ciento. De la noche a la mañana, el tipo de cambio del mercado al contado disminuiría a, digamos, 2.90 por dólar. Al cabo de tres meses, compramos en el mercado —al contado— los diez millones de dólares de los cuales no disponía nuestro especulador inicialmente. Estos diez millones de dólares nos costarían ahora, después de la devaluación, únicamente 29 millones de francos suizos. Pero entonces, literalmente, uno o dos minutos más tarde, entregaríamos al Chase Manhattan estos 10 millones de dólares que acabamos de adquirir, en virtud del contrato a plazo celebrado entre nosotros con tres meses de anterioridad. El Chase tendría que pagarnos 33.5 millones de francos suizos. ¿De acuerdo? De tal forma, nuestro simpático especulador acaba de ganarse 4.5 millones de francos suizos.

Recapitulemos: vendió anticipadamente un cierto número de dólares que no poseía por una suma de 33.5 millones de francos suizos, pero estos dólares, después de la devaluación, solamente le costaron 29 millones de francos suizos.

XVII. B.1. **La Bolsa de Valores**

1. Las cotizaciones varían de acuerdo con la ley de la oferta y de la demanda, es decir, de acuerdo con el estado del mercado.
2. Los alcistas (especuladores a la alza) y los bajistas (especuladores a la baja) son negociantes de valores que juegan a la alza o que esperan un descenso.
3. Telefonee usted a su corredor para que la compra se traspase a la próxima liquidación.
4. Las cotizaciones se han apaciguado volviendo a tomar el mismo nivel que tenían ayer.
5. Las obligaciones convertibles pueden intercambiarse por acciones.
6. Estas acciones no se pueden negociar en Bolsa sin el consentimiento previo de los administradores.
7. La baja parece haber sido detenida. Se divisa un repunte.
8. A diferencia de los accionistas, los obligacionistas no son propietarios de la sociedad: son sus acreedores.
9. Estamos comprando por su cuenta 100 acciones de la empresa XY. Los detalles de esta transacción le llegarán en breve.
10. Éstas son obligaciones hipotecarias de primer rango con un 15 por ciento de interés, pagaderas en 1995.
11. En caso de liquidación, los accionistas de las acciones preferentes tienen prioridad sobre los tenedores de las acciones ordinarias.
12. Los títulos pueden ser nominativos o al portador.
13. Las obligaciones son valores de rendimiento fijo.
14. Los bajistas hacen ventas cortas con la esperanza de comprar a un precio más económico antes del día de liquidación.
15. En los ambientes bursátiles se piensa que las cotizaciones no pueden dejar de mostrar una tendencia a la alza.
16. En un mercado sostenido, el estaño ha mostrado tener firmeza.
17. El papel de las acciones reguladoras consiste en estabilizar el mercado.

XVII. B.1. **The Stock Exchange**

1. (The) quotations vary according to the law of supply and demand, that is to say with (according to) the state of the market.
2. Bulls and bears are speculators who play for a rise or expect a fall.
3. Call your broker on the phone to have the purchase carried over to next settling day (account-day).
4. Quotations have eased back to yesterday's level.
5. Convertible bonds may be exchanged for shares.
6. These shares cannot be negotiated on the stock exchange without the (consent) of the directors.
7. The fall seems to have been checked (stemmed). A rally is shaping up.
8. Unlike shareholders (stockholders), bondholders are not the owners of the firm (the firm's owners; do not own the firm); they are its creditors.
9. We are buying on your behalf 100 shares of the XY company. Details of this transaction will reach you (be sent to you) shortly.
10. They are first mortgage bonds with 15% interest, due 1995.
11. In case of (in the event of a) winding up, preferred shareholders have priority (precedence; a prior claim) over ordinary shareholders.
12. Securities may be registered or to bearer.
13. Bonds (debentures) are fixed yield securities.
14. Bears sell short in the hope of (with a view to) buying more cheaply (cheaper) before settling day.
15. It is thought in stock-exchange circles that the quotations cannot (could not) fail to show an upward tendency (trend).
16. In a buoyant market, tin displayed a steady tone.
17. The role (purpose) of buffer pools is to stabilize the market.

XVII. B.2. **Definiciones**

A - Stock Exchange

security: valor (término general) título
stock:

1. valores, títulos — sobre todo en la expresión *government stocks:* valores (o títulos) del estado, fondos del estado, venta para el estado.

2. conjunto de acciones: a *company's stock*

3. U.S.; a *stock* - *a share:* una acción

industrials: acciones de las grandes sociedades industriales

blue chips: valores de primer nivel, valores *"modelo"*, las acciones mejor cotizadas en las grandes sociedades industriales.

preferred shares: las acciones preferentes tienen un rendimiento fijo. Por ejemplo, 5 por ciento — en oposición a las acciones ordinarias, para las cuales el dividendo depende de las utilidades de la empresa, y debe ser declarado por el Consejo de Administración. Los tenedores de las acciones preferentes tienen igualmente un derecho prioritario sobre los activos de la empresa en caso de la liquidación o de quiebra. En consecuencia, este tipo de acciones son una inversión muy segura, aunque no producen grandes utilidades.

bond: bono u obligación — a diferencia de las acciones, las cuales representan la propiedad de una parte del capital de una empresa — siendo los accionistas los propietarios de la sociedad —-las obligaciones corresponden al dinero prestado a la empresa. La sociedad ha incurrido en un préstamo, y se ha comprometido a pagar un interés sobre el mismo. Por lo general, también se compromete a reembolsar el préstamo (la deuda) a su vencimiento. Por lo común, las obligaciones ofrecen un grado de seguridad más alto que el de otros valores — pero producen un rendimiento fijo y relativamente poco elevado.

bears: literalmente osos: bajistas (especuladores a la baja). Un *bear* es un individuo que vende un título porque cree que los precios del mercado van a bajar.

bulls: literalmente toros: alcistas (especuladores a la alza). Un *bull* es una persona que compra una acción con la esperanza de que suba de valor.

the Dow-Jones Industrial Average: índice promedio de Dow Jones.

bear covering: ante una baja inminente en los precios de mercado, un cierto número de operadores hacen sus ventas antes de que dicha baja se materialice: se "cubren a la baja". Estas ventas, las cuales constituyen una oferta suplementaria en términos de una demanda débil, ejercen un peso sobre el mercado y, en consecuencia, contribuyen a la baja de las cotizaciones.

bid (to bid): oferta de compra (hacer una).

backwardation: (Transacción diferida) por medio de la cual un bajista que no ve la materialización de la baja que esperaba, pide a su corredor, agenciando el pago, la suma que cubre la transacción con la expectativa de que la baja esperada llegue a realizarse. La transacción consiste en una promesa de venta: el bajista cuenta con la baja esperada para comprar a precio bajo lo que ha prometido vender.

contango: (Transacción diferida) por medio de la cual un alcista que no ve la materialización de la alza que esperaba, pide a su corredor, agenciando el pago, la suma que cubre la transacción con la expectativa de que la alza esperada llegue a realizarse. (La transacción consiste en una promesa de compra: el alcista cuenta con la alza esperada para vender a precio elevado lo que había prometido comprar).

to carry over: operar una transacción a plazo o diferida.

holding: portafolio, cartera (de acciones), haber, acciones.

holding company: compañía tenedora, compañía paterna.

debentures: obligaciones emitidas por las empresas y no garantizadas por una parte específica de los activos (en tanto que los *"bonos"* son emitidos por el gobierno y por las empresas de servicios públicos o bien, por una sociedad que ofrece una parte de sus activos como garantía).

gilts or gilt-edged securities: valores de la mejor calidad, valores "de oropel" *(government bonds).*

to sell short: hacer una venta corta, hacer una venta de recorte, vender al descubierto, es decir, prometer la venta de alguna cosa cuya posesión aún no se tiene, con la esperanza de poder adquirirla posteriormente a un precio más bajo beneficiándose así de una baja en los precios de mercado.

dealer *(Jobber):* especie de mayorista, especializado en ciertos valores, típico de ciertos sistemas bursátiles, y al cual recurre el *broker* (corredor) para llevar a cabo todas las transacciones que incluyen títulos.

XVII. B.2. **Definiciones** (continuación)

B - Commodity trading - Commodities Markets

futures: mercado a futuro**

spot market: mercado al contado

buffer pool: fondo regulador organizado por un grupo de profesionistas del área. Interviene para limitar la amplitud en las variaciones de los precios de mercado. Por ejemplo, el *"Buffer Pool"* de los negociantes de cobre adquirirá una cierta cantidad de cobre a efecto de que esta demanda complementaria haga subir los precios de mercado.

C - Money or Financial Market

hard (soft) currency: moneda fuerte (débil)
call money - money on call - day to day money: dinero a la orden, dinero listo para ser prestado (por solicitud expresa)
money - at seven day's notice: dinero
- con aviso previo de siete días
at two day's notice: con aviso previo de dos días
month (money): dinero a 30 días (al mes)
three month deposit: depósito (de dinero) a tres meses
foreign exchanges: divisas extranjeras, cambios extranjeros
bullion: oro en barras
ingot: lingote (de oro)
three month delivery: mercado a tres meses
gold standard: estándar de oro, medida de oro
gold exchange standard: estándard de cambio de oro
gold free market: mercado libre de oro
exchange control: control de cambios
two tier system: doble mercado (de cambios)
reserve currency: monedas de reserva
special drawing rights on the International Monetary Fund: derechos especiales de giro sobre el Fondo Monetario Internacional (D.T.S.)
prime rate: tasa de base

**Nota del Traductor: forward market: mercado a plazos

XVII. B.3. **Vocabulary**

account day	día de liquidación, día de pago
active market	mercado activo
advertising of listings	publicación de cotizaciones bursátiles
after hours dealings	mercado post-bursátil
annual closing	cierre anual
annual report	reporte anual
apply (to) for shares	suscribir acciones
apply (to) for stock exchange quotation, stock exchange listing	solicitar una inscripción en bolsa (para cotización)
at a discount (to be)	a un descuento, estar en pérdidas (dícese de las acciones)
auction (to)	subastar, vender en subasta, sacar a subasta pública
bank rate	tasa bancaria, tasa (oficial) de descuento del banco central
bear (or short seller)	bajista, especulador a la baja
bear account	cuenta al descubierto (sobregirable)
bearer bond	bono u obligación al portador
bear(ish) market	mercado en declive, mercado a la baja
before hours	antes de las horas bursátiles
bid and asked	precio ofrecido para la compra, precio solicitado a la venta
Big Board	bolsa de Nueva York
bona fide	de buena fe, auténtico
bond	bono, obligación
bond holder	obligacionista, tenedor de obligaciones (o de bonos)
bonus	gratificación, bonificación, bono
bonus share	acción gratuita, acción por gratificación
brisk market	mercado activo, mercado animado
broker	corredor, agente de cambios
brokerage charges (fees)	cargos de corretaje, cargos de correduría, comisión (gastos, honorarios) de corretaje
brokerage firm	firma de corretaje
broking house	casa de corretaje
brokers' loans	préstamos bancarios para los corredores (de valores)
bull account	posición a la alza, cuenta a la alza
bull(ish) market	mercado a la alza

XVII. B.3. **Vocabulary**

buoyant market	mercado sostenido, firme, activo
business circles, quarters	medio (ambiente) de los negocios
call money rate (or daily money)	tasa de interés sobre el dinero a la orden (o dinero al día)
call on "X" shares	opciones de compra de las acciones de "X"
capital market	mercado de capitales
capital stock	capital social
capitalization	capitalización
cash market	mercado al contado
certified broker	corredor certificado (de valores)
cheap money	dinero abundante, dinero a bajo costo
clearing house	cámara de compensación
close (to) a deal	concluir un mercado, liquidar una operación bursátil
closing price, quotation	precio de cierre, cotización al cierre
collateral	garantía colateral, depósito en garantía,
Committee of the Exchange	Dirección de la Bolsa
commodity futures trading	mercado a futuro sobre satisfactores
commodity market	mercado de satisfactores, bolsa de mercancías
conglomerate	conglomerado
convertible	(obligación) convertible
cumulative preferred	acción preferente acumulativa
current market price	precio actual de mercado, precio del día
dabble (to) on the stock exchange	hacer pequeñas jugadas en la bolsa de valores
dealer, jobber	cf. G.B. jobber (agiotista)
dealings for the account	operaciones a plazo
debenture	obligación
decline in prices	disminución en precios
depreciation	depreciación
dollar area	zona de dólares, área de dólares
Dow Jones industrial index	índice "Dow Jones" de valores industriales
downturn	repliegue (del mercado bursátil)
dull market	mercado sin animación, sin ardor

XVII. B.3. **Vocabulary**

ease (to)	retroceder (hablando de los precios de las acciones)
estate	sucesión, patrimonio, fortuna, haberes
fail (to)	a) faltar a un compromiso b) quebrar, fracasar
final bell (at the)	al cierre
fixed income securities	valores de renta fija
floor	cerco, recinto, circuito
for the settlement	a plazo
forward market	mercado a plazos
fraud	estratagema, estafa, fraude
futures (market)	mercado a futuro (sobre mercancías, artículos en general
gain	beneficio, ganancia, producto
gilt-edged securities	valores de corte dorado, de la mejor calidad
government bonds	bonos del gobierno, títulos del estado
growth stock	acciones de crecimiento
hoard (or hoarding)	atesoramiento
holding company	compañía tenedora (de acciones)
hot money	dinero móvil, capitales errantes, clandestinos
institutional investor	inversionista institucional
issue	emisión, emisión de títulos, títulos emitidos
dealer´s turn, jobber's turn	utilidad o margen de beneficio del negociante de títulos
ledger	libro mayor
leverage	apalancamiento (financiero, operativo, etc.), efecto de palanca
leverage factor	factor de apalancamiento, factor de crecimiento
listed stock	acciones cotizadas en bolsa, acciones inscritas, acciones registradas
margin	margen
margin call	solicitud de cobertura, contrato de margen
market maker	edificador de mercado, tenedor de mercado, sostenedor del mercado

XVII. B.3. **Vocabulary**

market price	valor (cotización) de mercado, precio de mercado
mortgage bond	bono hipotecario, obligación hipotecaria
municipal bond	bono municipal, bono del municipio
mutual fund	fondo mutualista
negotiable	negociable
new issue	nueva emisión
no par value	sin valor nominal, sin valor a la par
operator	operador, bolsero, bolsista (con connotación bursátil), jugador, apostador, especulador
over-the-counter	fuera de cotización (mercado), mercado de ventas de mostrador
parallel market	mercado paralelo, mercado en paralelo
peg (to) a price	fijar un precio de mercado, establecer un precio de mercado
performance funds (or go-go funds)	fondos mutuos altamente especulativos
portfolio	cartera, portafolio
preferred share, preferred stock	acciones preferentes
price floor	piso de un precio, piso del precio de mercado (en el sentido de "límite")
profit-taking	tomar una utilidad, aprovechar un beneficio
proxy	apoderado, representante
puts and calls	opciones de venta y opciones de compra
quotation	cotización
quote (to)	cotizar un precio de mercado, anunciar un precio
rally	repunte, recomienzo, reinicio, recuperación
redemption (price)	(precio de) redención, (valor de) adquisición
registered bond	obligación nominativa
rights	derechos (preferenciales de suscripción)
sag (to)	aplacar, doblegar, apaciguar (dícese de los precios de mercado)
S.E.C. (Securities and Exchange Commission)	S.E.C. (Comisión de Valores y Cambios de Estados Unidos)
settlement account	cuenta de liquidación
shark	tiburón
short (to be-)	estar al descubierto, sobregirado, escaso de fondos
short sale	venta corta, venta de recorte
soar (to)	subir como flecha (hablando de los precios de mercado)
	stake

XVII. B.3. **Vocabulary**

	estaca, participación
stampede of bears	estampida de bajistas, pánico de los vendedores al descubierto, a la baja
stockbroker	corredor de Bolsa, agente de cambios
swings	movimientos de los precios de mercado, oscilaciones de los precios de mercado
syndicate	"sindicato", grupo
tamper (to) with a book	falsificar escrituras
take over bid	oferta de compra o adquisición de una empresa, oferta pública de compra, oferta pública de intercambio
take-over price	precio de adquisición o de compra de una empresa
technical position	posición técnica
ticker; ticker tape	indicador automático de cotizaciones y novedades bursátiles; cinta del indicador automático de cotizaciones
tip	informe, indicio, indicador (que se supone confidencial) sobre el mercado, sobre un título
transfer	transferencia, cesión
turnover	volumen de las transacciones, rotación
unquoted	no cotizado
unissued capital	capital no emitido
venture capital	capital de riesgo, participación especulativa
warrant	a) derecho de suscripción preferencial b) certificado
yield	rendimiento

XVIII

Business file eighteen

Legal matters

Problemas jurídicos

A. Textes

A.1. Introduction
A.2. Law and the poor
A.3. Excerpt from a loan agreement

B. Frases típicas

C. Vocabulary

XVIII. A.1. **Introduction**

Some of the countries who base their legal system in the Anglo-Saxon School of law and justice do not have any written Constitution, unlike those who belong to the Roman School. As such, the former do not have any pre-established law code, but a number of laws founded on custom, jurisprudence and case-laws. It is what is called the *common law* (to which is added the system of *equity*). People resort to the latter when the common law system does not bring them what they expect. The institution of the *jury* and the *Habeas Corpus law*[1] (1679) which protect the freedom of the citizens are important contributions to the social progress of human societies.

The most important characters we meet in the Anglo-Saxon School of law and justice, are the *police constable* (carrying no weapons), the *Justice of the Peace* (there are many thousands of J.P.'s[2]), *the coroner, the solicitor,* who prepares briefs for the *barristers* or *counsels* (the only ones authorized to plead in court), the *Judges,* whose number is very small (no more than 150). They are highly paid and respected. At the top of the hierarchy [h**ai**rarki] is the *Lord Chancellor.*

Algunos de los países que basan su sistema legal en la Escuela Anglosajona de derecho y justicia no tienen una Constitución escrita, a diferencia de aquellos que pertenecen a la Escuela Romana. Como tales, los primeros no tienen un código jurídico preestablecido. En su lugar, disponen de un cierto número de leyes que se basan en la *costumbre,* en la *jurisprudencia* y en el *precedente.* Esto es lo que se conoce como *"Derecho Común"* o *"Derecho Consuetudinario"* (el cual se añade al sistema de *"Equidad"*). Los individuos recurren a este último cuando el sistema de derecho común no les proporciona lo que esperan.

La institución del *jury* (Jurado institucional) y del *Habeas Corpus* (1679) (Ley de Amparo), las cuales protegen la libertad de los ciudadanos, constituyen importantes contribuciones para el progreso social de las sociedades humanas.

Los personajes más importantes de la Escuela Anglosajona de derecho y justicia son el *agente de policía* (que no porta armas), los *Jueces de Paz* (hay muchos miles de jueces de paz), el *médico forense,* el *procurador* de los tribunales, quien prepara los expedientes para los *abogados* (los únicos autorizados para defender un pleito ante los Tribunales) y los jueces, cuyo número es muy reducido (no más de 150) y quienes disfrutan del privilegio de ser extremadamente bien remunerados y respetados. En la parte superior de la jerarquía se encuentra el *Lord Chancellor* (Primer Magistrado de un Tribunal).

(1) Véase la primera frase tipo en B1, y su traducción; la noción de "sospechoso" no se traduce en inglés...
(2) Lay J. P.: *Lay Justice of the Peace:* jueces de paz, jueces de benevolencia.

XVIII. A.2. **Law and the poor**

"... to the poor man, 'legal' has become a synonym for technicalities and obstruction, not for that which is to be respected. The poor man looks upon the law as an enemy, not as a friend. For him the law is always taking something away". —Robert F. Kennedy.

The poor get into legal trouble easier than anybody else. They seldom read the small print, and because they are poor, they want things more.

A department store chain conducts a campaign to sell coupon books worth $ 200 in merchandise, payable in $10 monthly installments for 2 years ($240). The customer thus pays 20 percent interest on the money, regardless of when he uses the coupons or whether or not he ever uses them. The customer bears the risk of theft, loss, or nonuse of the coupons. Any default on a monthly payment allows the retailer to get a judgment for the whole $ 240 plus a $ 10 penalty. The poor and the unsophisticated will accept the offer to "buy now and pay later".

In 1957, an appliance store in Washington, D.C., sold a relief mother of seven $ 1 800 worth of merchandise on installment contracts. In 1962 when she was within $ 170 of final payment, she was solicited to buy a $ 515 stereo set. Subsequent failure to make her payments on the new purchase resulted in an action to repossess not only the stereo but all the other items dating back to 1957. In obscure fine print the contracts had said that an unpaid balance on any one item would be distributed among all prior purchases. That meant everything could be taken back. As an added flourish to this kind of exploitation, holders-in-due-course of such contracts purchased from the original seller take the contracts free from any responsibility for fraudulent inducement, mistake, unconscionability, or other legal doctrines that inhibit exploitation of the unwary.

(ctd...)

XVIII. A.2. **La ley de los pobres**

"...para los pobres, la palabra 'legal' se ha convertido en un sinónimo de complejidades técnicas y de obstrucciones, y no en un sinónimo de lo que se debe respetar. Los pobres consideran a la Ley como su enemigo, y no como su amigo. Les parece que la Ley siempre les está quitando algo": Robert F. Kennedy.

Los pobres tienen problemas con la justicia con mayor facilidad que cualquier otra persona. Rara vez leen lo que está escrito en letras pequeñas y, precisamente porque son pobres, sus necesidades son más profundas.

En Estados Unidos, una cadena de tiendas departamentales organiza una campaña para vender carteras de vales de compra que amparan un valor de 200 dólares en mercancías, pagaderos en mensualidades de 10 dólares a lo largo de un periodo de 2 años (240 dólares). De tal forma, el cliente paga un interés del 20 por ciento sobre el dinero, cualquiera que sea el momento en el que utilice los vales de compra, o que los utilice o no.

El cliente asume el riesgo de robo, de pérdida o de no utilización de los vales. Cualquier incumplimiento en un pago mensual permite al menudista obtener por resolución de los tribunales la liquidación de los $240 dólares más una multa de 10 dólares. Los pobres y la gente no sofisticada aceptarán la oferta de "compre ahora y pague después".

En 1957, una tienda de artículos para el hogar de Washington D.C., vendió a una madre de siete hijos, que vivía de los subsidios del seguro social, mercancías con un valor de 1 800 dólares pagaderos en abonos. En 1962, cuando le faltaban 170 dólares para saldar su cuenta, se le incitó a comprar un aparato estereofónico con valor de 515 dólares. La imposibilidad en la que se encontraba para hacer frente al pago de la nueva compra trajo como consecuencia una acción legal para recuperar no solamente el equipo estereofónico sino también los demás artículos cuya compra se remontaba a 1957. Con letras muy pequeñas, los contratos estipulaban que todo saldo que dejara de pagarse sobre cualquiera de los artículos se repartiría entre todas las compras anteriores. Ello implicaba que todo podría ser recuperado por el vendedor. Para coronar este género de explotación, los tenedores de todos los derechos de los contratos que se recompraban al vendedor original, cuando readquirían dichos contratos, quedaban libres de toda responsabilidad por incitación fraudulenta, error, o desconocimiento, y además no caían bajo el dominio de los principios jurídicos que prohíben la explotación de los incautos.

(continúa. .)

In 1966, eleven ghetto retailers in Washington, D.C., secured 2 690 repossession judgments, one for every $ 2 200 of their total sales. The judgments against such buyers are generally by default. The Federal Trade Commission found in the same city that ghetto furniture and appliance merchants charged over 60% more for their goods than those who sold to the general public. They used installment contracts three times as often.

Collection practices against poor debtors are often unscrupulous. Customers sign a "confession of judgment" along with the sales contract; as soon as they miss a payment, the seller can sue for the total unpaid balance without notice. He can obtain a lien on the debtor's property for that judgment. He can garnishee his wages.

Collection agencies specialize in "in terrorem" techniques against the nonpaying debtor by threatening phone calls, harassment of employers, and verbal abuse. Employers frequently prefer to fire a casual employee rather than submit themselves to such tactics or undergo the administrative inconvenience of wage-withholding.

Law and Order Revisited
(Nader's Raiders)[1]

(1) Ralph Nader es un abogado estadounidense muy célebre. Desde los años 60, se ocupó de los poblemas del consumo y de la defensa de los consumidores (*Consumerism*).

XVIII. A.2. **La ley y los pobres** (continuación)

En 1966, once menudistas que operaban en el ghetto (barrio de los judíos) de Washington, D. C. obtuvieron 2 690 resoluciones de recuperación, una resolución por cada $2 200 dólares del valor global de sus ventas. Los juicios contra tales compradores generalmente se promueven por incumplimiento. En la misma ciudad, la F.T.C.[1] descubrió que los comerciantes de muebles y de artículos para el hogar que estaban instalados dentro del ghetto hacían que sus mercancías se pagaran un 60 por ciento más caras que el precio que generalmente se proponía al público. Utilizaban contratos donde se estipulaba un pago en abonos tres veces más frecuente.

Las prácticas de cobranza contra los deudores desfavorecidos carecen frecuentemente de escrúpulos. Los clientes firman un "reconocimiento de juicio" junto con el contrato de ventas; desde el momento en que dejan de hacer un pago, el vendedor puede demandarlos para obtener la liquidación de la totalidad del saldo no pagado sin aviso previo. Puede obtener un derecho de prenda (o gravamen) sobre la propiedad del deudor para ese juicio. Puede aun embargar su sueldo.

Las agencias de cobranza se especializan en las técnicas de "intimidación" contra los deudores morosos utilizando amenazas telefónicas, el hostigamiento de los patrones, y las injurias verbales. Los patrones frecuentemente prefieren despedir a un empleado temporal en vez de adoptar tales tácticas o de hacer frente a los inconvenientes administrativos de la retención del salario por resolución.

Law and Order Revisited
(Nader's Raiders) (1)

(1) *Federal Trade Commission:* Comisión Federal de Comercio.

Este organismo está oficialmente encargado de investigar a las empresas y a los medios de los negocios, ya sea por su propia iniciativa, por solicitud del gobierno o del Presidente de Estados Unidos. Y además, puede, en el interés del público, perseguir a una empresa por causa de la Justicia.

XVIII. A.3. **Excerpt from a loan agreement**

• *Delay in payment*

In the event of delay in payment of any principal or interest sum due by virtue of the present Agreement, the Borrower will pay the rate of interest normally applicable, as defined in Article V hereabove, increased by 2 per cent, from the contractual payment date in question up to the date of actual payment.
However, the rate of interest for overdue payments shall, in no case, be less than the average day to day interest rates for the dollar on the London Euro-Dollar market, increased by 3 per cent between the contractual due date and the actual date of payment.

• *Default in payment*

A) If any of the following events shall occur:

a) the Borrower shall default in the payment of any sum which shall become due hereunder; or

b) any representation or warranty made or deemed to have been made by the Borrower in this Agreement or any certificate or statement delivered or made hereunder is incorrect in any material way;

c) the Borrower shall default in the due performance or observance of any other clause contained in this Agreement and such default shall continue for thirty calendar days after receipt by the Borrower or the Guarantor of notice of such default from the Agent; or

d) if the Global Tool Company, Inc. is brought to an end, is declared in bankruptcy, insolvency or is being liquidated.

B) Then and in any such event,
The Agent acting under instructions from and on behalf of the Bank may by notice to the Borrower and to the Guarantor declare the Loan, together with interest accrued thereon, to be immediately due and payable, whereupon the same shall become so due and payable.

XVIII. A.3 **Extracto de un contrato de préstamo**

• *Demora en el pago*

En caso de que haya alguna demora en el pago de una prima del capital o de algún interés adeudado en términos del presente contrato, el prestatario pagará la tasa de interés normalmente aplicable, tal y como se define en el Artículo V arriba citado, incrementada de un 2 por ciento, desde la fecha prevista para el pago en el contrato hasta la fecha efectiva de pago.

Sin embargo, la tasa de interés aplicable a los pagos atrasados no será en ningún caso inferior a la tasa promedio de interés cotizada para el dólar del día en el mercado Londinense de Eurodólares, incrementada de un 3 por ciento, entre la fecha de vencimiento prevista en el contrato y la fecha efectiva de pago.

• *Incumplimiento de pago*

A) Si llegara a ocurrir cualquiera de los siguientes eventos:

a) que el prestatario incurra en incumplimiento en términos del pago de cualquier suma que se adeude en virtud de este contrato; o

b) que en alguna forma de importancia resulte ser incorrecta cualquier afirmación o garantía extendida o que se juzgue haber sido extendida por el prestatario en este contrato así como cualquier certificado entregado o afirmación hecha dentro del presente documento; o bien

c) si el prestatario falta a sus compromisos en cuanto al debido cumplimiento u observación rigurosa de cualquier otra cláusula contenida en este contrato y tal incumplimiento continúa por 30 días calendario después de que el mismo prestatario o el garante reciban del agente un aviso donde se especifique dicho incumplimiento; o bien

d) si la Global Tools Company, Inc. quiere poner fin a sus actividades, se declara en quiebra, insolvente o se encuentra en estado de liquidación.

B) Entonces y en tal caso,

El agente que actúe bajo instrucciones de y por cuenta del banco podrá, mediante una notificación dirigida al prestatario y al garante, declarar el préstamo y los intereses devengados inmediatamente exigibles y pagaderos, en virtud de lo cual los mismos se volverán instantáneamente pagaderos y exigibles

XVIII. B.1. **Tradúzcanse las oraciones...**

1. Several people are currently helping the police with their inquiry.
2. For all the difficulties that may arise from or in connection with the present agreement, the parties will attempt to reach a friendly settlement.
3. No penalty will be applicable to our company when the non-fulfilment of its obligations is due to circumstances beyond our control.
4. A and B waive any legal action by one party against the other in the event of any injury or material damage.
5. They should have settled their dispute friendly.
6. I still wonder how he managed to be granted extenuating circumstances.
7. Will he be able to get compensation in case of breach of contract?
8. He is far from being a habitual criminal and he should have been remanded on bail.
9. I can't very well (it's difficult for me to...) go bail for someone who has first tried to swindle and then to bribe me.
10. This charge of misappropriation of funds and breach of trust is a downright slander (libel).
11. Falsifying accounts was his specialty, but he has been out of practice for a long time.
12. You will be surprised when you see what kind of witnesses are called by the defendant.
13. He was too smart to get arrested and he was always convicted by default.
14. I decline all responsibility in this business, and in case of litigation I do not regard myself as competent.
15. Under article IV of the agreement, I remind you that you must keep us informed of any modification brought to our current project.
16. The concessionary will undertake to abide by the commercial policy defined by mutual agreement.
17. In the event of a dispute occurring in the implementation of the present agreement it is agreed to resort to arbitration.
18. He will take legal action if he is not refunded within a week.

XVIII. B.1. . . . y revise sus respuestas

1. Varios sospechosos están siendo actualmente interrogados por la policía.
2. Con relación a toda dificultad que pudiera surgir en conexión con el presente contrato, las partes tratarán de llegar a un acuerdo amigable.
3. Nuestra empresa no podrá ser penalizada cuando el incumplimiento de sus obligaciones se deba a casos de fuerza mayor.
4. A y B renuncian a todo recurso del uno contra el otro en caso de accidente, ya sea contra las personas o contra bienes materiales.
5. Ellos deberían haber arreglado sus diferencias en una forma amigable.
6. Aún me pregunto cómo pudo (él) beneficiarse de circunstancias atenuantes.
7. ¿Podrá (él) obtener una indemnización en caso de ruptura del contrato?
8. Está lejos de ser un reincidente y se le debería haber puesto en libertad bajo fianza.
9. Es difícil para mí ser fiador de alguien que primero trató de estafarme y después intentó sobornarme.
10. Esta acusación de malversación de fondos y de abuso de confianza es una verdadera difamación.
11. Su especialidad era la falsificación de cuentas, pero no ha practicado desde hace mucho tiempo.
12. Usted se sorprenderá cuando vea la clase de testigos que se han citado para la defensa.
13. (Él) era demasiado hábil para ser arrestado y siempre se le procesó por negligencia.
14. Desconozco toda responsabilidad en este asunto y en caso de litigio no me considero competente.
15. En los términos del artículo IV del contrato, le recuerdo que usted debe mantenernos informados de toda modificación hecha a nuestro proyecto en curso.
16. El concesionario se encargará de conducirse de acuerdo con la política comercial definida por acuerdo mutuo.
17. En caso de que ocurra una disputa durante la puesta en marcha del presente contrato, se ha convenido en recurrir al arbitraje.
18. (Él) emprenderá una acción legal en caso de que no se le reembolsen sus fondos antes de ocho días.

XVIII. C. **Vocabulary**

abortion	aborto
to abscond	sustraerse de la justicia
to accuse	acusar
to acquit	pagar, librar, satisfacer una deuda
acquittal	pago, liquidación
action	acción, instancia (legal o jurídica)
to adjourn	diferir, emplazar, posponer
administrative law	derecho administrativo
affidavit	declaración hecha por escrito y bajo juramento, acta
aid	ayuda, asistencia, auxilio
alibi	coartada
to allege	alegar, discutir, invocar
to appeal (against a decision)	apelar (contra una decisión o resolución)
to arrest	arrestar, detener
arson	incendio criminal, incendio intencional
assault and battery	amenaza y perpetración de agresión
assizes	sesión de un tribunal
to bail	poner en libertad bajo fianza
bail	libertad bajo fianza, fianza
bankruptcy	bancarrota, quiebra
bar	foro, abogacía, barrote
barrister	abogado
to be at law	estar en proceso
Bench	tribunal de justicia
to bequeath, to inheri	heredar, legar
binding	obligatorio
blackmail	chantaje
breach of contract	ruptura de contrato
breach of trust	abuso de confianza
to break the law	violar la ley
breaking and entering	penetración por ruptura (para robar)
bribery	corrupción
to bribe	comprar, corromper, sobornar
to bring an action against sb	instaurar un proceso legal contra alguien
to bring before a judge	hacer comparecer, llevar ante un juez
to call as a witness	citar como testigo
camera (in)	a puertas cerradas
case	causa, instancia
capital punishment	pena capital

XVIII. C. **Vocabulary**

to caution	caucionar, prevenir, amonestar
to charge (with)	inculpar, acusar de
charge	cargo (penal), inculpación, acusaciones
civil law	derecho civil
claim	reclamación
to claim	reclamar
clerk	escribano
complaint	queja
concealment	ocultamiento
contempt of court	desacato a la autoridad de un tribunal, a un magistrado
contract, agreement	contrato
conversion	usurpación de la autoridad
convict	convicto, condenado
to convict	condenar, declarar culpable
costs	costos, gastos
counsel (for the defense; for the prosecution)	abogado (de la defensa, de la acusación)
count	demanda, cargo, acusación
court	corte, tribunal
criminal proceedings	procedimientos penales
cross examination	interrogatorio contradictorio
custody	detención, cárcel, prisión
damages	daños
defalcation	malversación de fondos, substracción fraudulenta de fondos
defamation	difamación
default (by)	por rebeldía
defendant	a) defensor b) acusado, procesado
delinquency	delincuencia
delinquent	delincuente
desertion	deserción, abandono
to discharge	descargar, pagar, liquidar
discharged (in bankruptcy)	rehabilitación (de una quiebra)
disorderliness	conducta contraria a las buenas costumbres
disturbance of the peace	alboroto nocturno
to distrain upon a debtor	embargar a un deudor
distress warrant	orden (o mandato, mandamiento) de embargo
distraint	embargo
embezzlement	malversación de fondos

XVIII. C. **Vocabulary**

to enact	entregar (una resolución) promulgar (una ley)
enforceable (at law)	ejecutorio (a), coercible
enforcement	ejecución, puesta en vigor, coacción
equity	equidad
evidence	evidencia, prueba, deposición
examining judge	juez de instrucción
examination	examen, interrogatorio
exertion of undue influence	intimidación
to fail in a suit	perder un proceso, perder un pleito
false pretence	estafa
false witness	testigo falso
falsification of account	falsificación de escrituras
to file a lawsuit	entablar un litigio, instaurar un pleito
fine	multa
to fine	multar, imponer una multa
forgery	falso
fraud	abuso de confianza
fraudulent conversion	conversión fraudulenta
to goal (gaul) (cf. jail)	encarcelar
to go to law	tener recurso a la justicia
graft	dinero mal habido, concusión, peculado
guilty	culpable
habitual delinquent	delincuente habitual
to have a writ served on sb	citar a alguien
hearing	audiencia
hearing of witness	audición de testigo
hoax	mistificación
to imprison	encarcelar, poner preso, aprisionar
imprisonment	prisión, reclusión
indecent exposure	atentado al pudor
indictment	sumaria, denuncia, acusación
indictable offence	delito grave
influence peddling	tráfico de influencia
infringement (of patent)	reproducción fraudulenta de una patente
injunction	mandato, requerimiento, mandamiento
instance	instancia, expediente
institute proceedings against	entablar un proceso (legal) contra
to jail	meter a la cárcel
jail delivery	liberación de la cárcel

XVIII. C. **Vocabulary**

judgment	juicio
judge	juez
judicial	judicial
judicial decision	decisión judicial
jurisdiction	jurisdicción
juror	jurado (como individuo)
jury	jurado (como cuerpo institucional)
larceny	ratería, hurto
law	ley
law—abiding	conforme a derecho, con apego a la ley
lawyer	abogado, jurista
law and order	orden público
lay magistrate	juez de paz
libel	difamación, calumnia
life sentence	cadena perpetua
list	lista, rol, papel (a desempeñar), alarde, registro de causa
litigant	litigante
to lodge a complaint against so	poner una queja contra alguien
magistrate	juez de paz
(with) malice aforethought	(con) intención criminal, (con maldad)
maliciously	maliciosamente, con maldad
manslaughter	homicidio involuntario
misappropriation (of public funds)	abuso de confianza, concusión
misrepresentation	declaración falsa
misuse of authority	abuso de autoridad
mortgage	hipoteca
murder	homicidio voluntario, asesinato
non performance in agreement	no ejecución de un acuerdo
to nonsuit	absolver de la instancia, sobreseer (un litigante) (sobreseimiento; no time bill: caducidad de la instancia, abandono de la acción, mandato de denegación)
offense	delito, infracción
offender	delincuente, transgresor, ofensor
order	decreto, ordenamiento
to overrule a submission	denegar un sometimiento a arbitraje
pending	pendiente
perjury	perjurio, falso testimonio
petty larceny	robo simple, robo menor, (de poca cuantía)
pilfering	hurto, ratería
plaintiff	demandante, actor (en un proceso judicial)

to poach	cazar o pescar furtivamente, robar en un área vedada
post mortem examination	autopsia
to prefer a complaint	poner una queja
prisoner	prisionero, detenido
probate	validación, legalización (dícese de los testamentos)
probate—duty	derecho de sucesión
to grant probate of a will	legalizar un testamento, confirmar legalmente (homologar) un testamento
probation	puesta en libertad condicional
proceedings	diligencias
procurer	mediador
prohibition	prohibición
to prosecute	ejercer diligencias, seguir un pleito, enjuiciar
prosecution	diligencias judiciales
The Prosecution	el ministerio público
prosecutor	actor, acusador, fiscal
Public Prosecutor	ministerio público, procurador, apoderado
punishment	castigo
quarter sessions	audiencias trimestrales
rape	violación, rapto
reasons (adduced)	razones (alegadas)
receiving	encubrimiento, ocultación
recorder	abogados nombrados para suplir las funciones de un juez
registrar	registrador, archivero
relapse	reincidencia
to repeal	abrogar, anular
reprieve	conmutación (de la pena capital), suspensión temporal (de una sentencia dictada), tregua
respondent	demandado, apelado
retainer / retaining fees	honorarios pagados por anticipado a un abogado
to rifle	pillar, robar
riot	disturbio, desorden
robbery	robo calificado
rule	regla
second offender	reincidente
sentence	condena, sentencia
to sentence	condenar, sentenciar

XVIII. C. **Vocabulary**

to serve one's sentence	purgar (uno) una condena o una pena
shoplifting	robo (que se comete en los estantes, anaqueles o escaparates de una tienda)
solicitor	abogado, diligenciero
to steal	robar
statute	estatuto, ley
statute laws	derecho escrito
submission	defensa, abogacía, informe forense, conclusión
subornation (of witness)	soborno, cohecho (de un testigo)
subpoena	citación para comparecencia, asignación
to subpoena	citar, llamar a comparecer
to sue somebody (at law)	instaurar un proceso legal contra alguien, perseguir a alguien por medio de la justicia
to sue somebody for damages	demandar a alguien por daños y perjuicios
suit	proceso (legal)
a summons	un citatorio, requerimiento, apercibimiento
to suspend judgment	sobreseer un juicio, suspender un juicio
swindle	estafa
to take legal action	emprender una acción legal
theft	robo
trial	proceso, juicio
unbiased	imparcial, sin influencia
to undertake proceedings	entablar una demanda, un pleito
unfair	injusto, desleal
to utter worthless checks	expedir cheques sin fondos
vagrancy	vagancia, holgazanería malvivencia
verdict	veredicto
warrant	mandato, orden de prisión
the whereas clauses	cláusula de consideración
wilful	premeditado
wilful destruction	destrucción premeditada, sabotaje
will	testamento
witness	testigo, testimonio
witness for the prosecution	testigo de cargo
witness for the defense	testigo de la defensa, testigo de descargo
writ	mandato, ordenamiento, auto, decreto judicial

XIX

Business file nineteen

Written communication

La comunicación escrita

Empezando por la carta de solicitud de informes (*Letter of inquiry*) y la respuesta que ésta suscita (*Reply to inquiry*) hasta la carta de apoyo (*Follow up letter*) pasando por el acuse de recibo de la entrega (*Acknowledgement of Delivery*) y la carta de reclamación (*Letter of complaint*), son muy numerosas las posibilidades de comunicación escrita en el ámbito comercial. Esta lección incluye 4 partes en las cuales ofrecemos al lector:

A. Indicaciones prácticas acerca de la presentación de una carta comercial

A.1. Dirección
A.2. Fecha
A.3. Fórmulas de saludo
A.4. Fórmulas de cortesía final
A.5. Firma
A.6. Puntuación
A.7. Cómo terminar una carta

B. 4 modelos de cartas comerciales

B.1. Respuesta a una solicitud
B.2. Acuse de recibo y de reclamación
B.3. Solicitud de informes
B.4. Errores y excusas

C. Frases típicas (de cartas comerciales)

D. Los servicios postales en el mundo

XIX. A. **Presentación e indicaciones prácticas**

A.1. **Dirección:** arriba a la izquierda

Ej.:

- Señor F. Johnson se escribe en inglés *Mr. F. Johnson*
  Se pronuncia *Mister F. Johnson*
  — Pero "Mr" no se escribe nunca con todas sus letras
- Señora P. Johnson se escribe en inglés *Mrs. P. Johnson*
  — *"Mrs"* es la abreviatura de *Mistress,* pero se pronuncia [misiʒ]
  —"Mrs" no se escribe nunca con todas sus letras
- Señorita Johnson se escribe en inglés *Miss Johnson*
- Señores se escribe en inglés *Messrs.,*
  —Se pronuncia [meseʒ]
- Señoras se escribe en inglés *Mesdames*
  —Se pronuncia [medemʒ]

A.2. **Fecha:** arriba a la derecha

- En inglés tradicional se escribe:

	Día	Mes	Año
Ej.:	*6th*	*April*	*199...*
e:	*6*	*April,*	

- En inglés moderno se escribe:

	Mes	Día	Año
Ej.:	April	6,	199...

(Suele encontrarse también en el inglés tradicional.)

La utilización de abreviaturas para designar los meses no es aconsejable. Sin embargo, a continuación presentamos la lista correspondiente:

January	Jan.	*May*		*September*	Sept.
February	Feb.	*June*		*October*	Oct.
March	Mar.	*July*		*November*	Nov
April	Apr.	*August*	Aug.	*December*	Dec.

No se debe indicar la fecha con cifras como suele hacerse en español.

Ej.: En Español: 6/4/8 = 6 de Abril de 8- (inglés tradicional)
4 de Junio de 8- (inglés moderno)

XIX. A.3. **Fórmulas de saludo**

- En singular

— La más frecuente:

Dear Sir, (inglés tradicional) *Dear Madam,* (inglés tradicional)
Dear Sir: (inglés moderno) *Dear Madam:* (inglés moderno)

—*Sir,* escrito solo, es más seco

— Cuando se conoce al destinatario se dirá:

Dear Mr. Johnson, *Dear Mrs. Johnson,* o
Dear Mike: *Dear Annie:*

— Para decir "Querida Señorita" se deberá decir:

Dear Madam

o bien, con la condición de que se conozca el apellido

Dear MissJohnson

- En plural

— *Dear Sirs* o *Gentlemen,* (inglés tradicional)
Mesdames, (inglés tradicional)

— *Gentlemen*: (inglés moderno)
Mesdames: (inglés moderno) *Ladies:*

Gentlemen es la fórmula que se debe utilizar cuando uno se dirige a una empresa.

XIX. A.4. **Fórmulas de cortesía final**

Inglés tradicional: *Yours faithfully,*
Yours sincerely,
Inglés moderno: *Sincerely yours,*
Very sincerely yours,
Very truly yours,

Cada vez es más frecuente encontrar la fórmula simple: *Sincerely*

XIX. A.5. **Firma**

A la inversa del español, la firma se encuentra por arriba del nombre y del cargo o puesto del firmante.

J. BAXTER
Sales Manager

p.p. (= por apoderamiento) = *by procuration,*
by proxy

XIX. A.6. **Puntuación**

En el inglés los signos son iguales a los del español:

. *full stop, period*
, *comma* [k**a**mə]
; *semi-colon*
— *dash*
"" *quotation marks*

En un dictado se puede decir:
open inverted commas, o *quote*
ábranse comillas
close inverted commas, o *unquote*
ciérrense comillas

? *question mark*
! *exclamation mark*
() *parenthesis* o *curves*
[] *brackets*
- *hyphen* [h**ai**fən]
... *suspension points*

XIX. A.7. **How to end a letter**

If doubtful[1] [d**au**tfəl] whether to end with "yours faithfully", or "yours truly", or "yours most truly", (there are at least a dozen, varieties [vər**ai**ətis], before you reach "your affectionately", refer [rifɜr] to your correspondent's last letter, and make your winding up[2] [w**ai**ndiŋ] at least as friendly [frɛndli] as his: in fact, even if[3] a shade[4] more friendly, it will do no harm[5].

Lewis Carrol - *Eight or Nine Wise Words about letter-writing* (1890)

(1) *doubtful:* dudoso, incierto.
(2) *to wind up:* terminar.
(3) *even if:* aun si...
(4) *shade:* sombra, matiz — en este caso, *a* shade more: ligeramente más, un poco más.
(5) *to do harm:* hacer daño, perjudicar, impedir, obstaculizar.

XIX. B.1. **Reply to inquiry**

Obsérvese la presentación "con sangría" (indented form)

Dear Sir,

The enclosed folder outlines our product range, and supplies technical data as to the performance [pəfɔrməns] of our latest models.

Should you require (need) further information our specialists are at your disposal. Please feel free to write or phone. In the same way (Similarly), our sales department will be pleased to reply to all your inquiries about terms of sale and payment.

We trust this information will be of interest to you, and that you will soon (shortly) get in touch with us.

Yours sincerely,

XIX. B.2. **Acknowledgment of delivery**

Obsérvese la presentación en forma de bloque, sin sangría (Block form)

Gentlemen:

We acknowledge receipt of your latest consignment (slip n° 8653, dated... May 6, 199-), but we are sorry to let you know that one of the boxes has been damaged (reached us in a damaged condition).

As a result three pairs of trousers are stained and unsaleable (ʌn**seil**əbəl]. They will be sent back to you carriage forward.

We would be grateful if you would take the necessary steps with your carrier in order to avoid a recurrence of such incidents.

Very truly yours,

XIX. B.1. **Respuesta a una solicitud**

Muy Señor Nuestro:

El expediente adjunto le proporcionará un esbozo de nuestra gama de productos, y también le ofrecerá diversos datos técnicos acerca de las capacidades de ejecución de nuestros modelos más recientes.

Si usted desea informes más amplios, nuestros especialistas están a su disposición. Bastará tan sólo con que nos escriba o nos telefonee. Del mismo modo, nuestro Departamento de Ventas estará muy complacido en responder a todas sus preguntas acerca de las condiciones de venta y de pago.

Esperamos que la presente información sea de interés para usted, y que próximamente se ponga en contacto con nosotros.

Afectuosamente

XIX. B.2. **Acuse de recibo de una entrega**

Muy Señores Nuestros:

Acusamos recibo de su último embarque (Boleta No. 8653 con fecha del 6 de mayo de 199-).

Tenemos la pena de informarles que una de las cajas estaba dañada. En consecuencia, tres pantalones se encuentran manchados y son invendibles. Les serán devueltos por embarque urgente.

Mucho les agradeceríamos que tomaran ustedes las medidas necesarias con su transportista para evitar que en el futuro se repitan tales accidentes.

Reciban ustedes nuestros más cordiales saludos.

XIX. B.3. **Letter of inquiry**

Gentlemen:

Looking through your catalogue, I have been surprised to find, that your M 24 Model was no longer manufactured. Does it mean that you have discontinued that model? I hope that such is not the case, and that anyway you have stocked a sufficient amount to meet orders on hand —but I would appreciate more detailed information on this point.

Could you also supply us with technical data concerning your CS 17 contact switch, which we would be prepared to purchase if its specifications meet our requirements.

We are looking forward to an early reply,

Sincerely yours,

XIX. B.4. **Errors and apologies**

Dear Madam,

There has been an error in the statement of your account as of January 1, 199- which we sent you last week.

The figure in the last column to the right should not read 547 but 745. The latter is consequently the amount due to us, and in case you have already effected payment, we should be grateful if you would settle the balance by check.

We apologize for the inconvenience and remain at your disposal for any future order.

Yours faithfully,

XIX. B.3. **Solicitud de informes**

Muy Señores Nuestros,

Al hojear su catálogo, nos sorprendió ver que su Modelo M 24 ya no figuraba ahí. ¿Significa esto que ustedes ya no lo fabrican? Esperamos que no sea este el caso, y que de todas formas hayan almacenado un número suficiente para surtir los pedidos actuales. De cualquier modo, nos gustaría tener información más detallada a este respecto.

Por otra parte, ¿podrían ustedes proporcionarnos también los datos técnicos de su interruptor de contacto CS17, el cual estaríamos dispuestos a comprar si sus características verdaderamente responden a nuestras necesidades?

En la espera de una rápida respuesta, les enviamos nuestros más cordiales saludos.

XIX. B.4. **Errores y excusas**

Muy Señora Nuestra,

Ha habido un error en su estado de cuenta fechado al 1 de enero de 199... el cual le enviamos la semana pasada.

La cifra de la última columna a la derecha no debería ser 547 sino 745. En consecuencia, es esta última cifra la que se nos adeuda, y en caso de que usted ya haya efectuado el pago, le rogamos liquidarnos el saldo mediante cheque.

Le suplicamos que nos disculpe por este contratiempo y quedamos a su disposición para cualquier otro pedido.

Reciba usted nuestros más cordiales saludos.

XIX. C. **Tradúzcanse las oraciones...**

1. Con la finalidad de evitar todo malentendido...
2. En caso de que este artículo no le conviniera...
3. En caso de que las mercancías no nos hayan llegado dentro de una semana, nos veríamos en la necesidad de anular su pedido...
4. En respuesta a su carta del 10 del mes en curso...
5. Sírvase enviarnos la factura por duplicado.
6. Sírvase hacernos saber por vuelta de correo...
7. Sírvase hacernos saber sus mejores precios.
8. A falta de pago dentro de una quincena, nos veremos en la necesidad de emprender una acción legal.
9. Acuso recibo de...
10. Tengo la pena de informarle que...
11. Tengo el honor de confirmarle la conversación que tuvimos con...
12. Deseo presentar una solicitud de candidatura para el puesto de...
13. Le agradecería mucho que usted quisiera...
14. Las mercancías no coinciden con la muestra.
15. Las mercancías pueden ser entregadas con un aviso previo de unos cuantos días.
16. Los precios que indicamos se establecen...
17. Nuestras condiciones de pago son X % en el momento de ordenar y el saldo a la entrega.
18. Concedemos condiciones especiales para pedidos importantes.
19. Nos gustaría obtener detalles más amplios.
20. Nos gustaría llamar especialmente su atención sobre...
21. Sírvase encontrar aquí adjunto...
22. Esperamos que usted continúe favoreciéndonos con sus pedidos.
23. Desconocemos toda responsabilidad.
24. Nos permitimos sugerirle...
25. Lamentamos que la liquidación se haya demorado tanto tiempo.
26. Pondremos el expediente en manos de nuestro departamento jurídico.
27. Estamos dispuestos a concederles un descuento del...%
28. En caso de que el día y la hora no le convengan...

XIX. C. . . . y revise sus respuestas

1. In order to prevent any misunderstanding...
2. Should this article not suit you...
3. If the goods have not reached us within a week we shall have to cancel our order.
4. In reply to your letter of 10th of this month...
5. Please send us the invoice in duplicate.
6. Please let us know by return mail.
7. Please quote us your best terms.
8. Failing payment within a fortnight, we 'shall have to take legal action.
9. I acknowledge receipt of...
10. I am sorry to let you know (to inform you) that...
11. I would like to confirm the conversation we had..
12. I wish to apply for the position of...
13. I would be grateful if you would...
14. The goods are not up to sample (true to sample).
15. The goods can be delivered at a few days' notice.
16. The prices we quote are calculated...
17. Our terms of payment are x% when ordering (with the order) and the balance on delivery.
18. We allow special terms for quantities.
19. We would like to have (to obtain; to be given) more detailed information (further details; further information; further particulars)...
20. We would particularly like to draw your attention to…
21. Please find enclosed... We are sending you herewith...
22. We trust you will continue to favor us with your orders.
23. We decline all responsibility.
24. We venture to suggest...
25. We regret that the settlement has been delayed so long.
26. We shall place the file in the hands of our legal department.
27. We are prepared to grant (allow) you (a)...% discount.
28. Should the date and time prove inconvenient...

XIX. D. **The Post Office in the World**

In most countries the Post Office is nowadays either a corporation or a federal institution. As a corporation, it is a body with an autonomy enabling it to act in terms of management.

The first service it offers—and which it has offered since the 18th century—is the carriage of mail.

However, in many countries telephone and telex (cf. XX) are more and more employed by firms, and it is estimated that less than 20% of the mail dispatched are real letters: the rest consists of advertising and magazines. So, in the future, letters might become a luxury, as in the 18th century, and messages could be sent electronically.

Letters can be ordinary or registered and parcels can be received "Cash on delivery" (C.O.D.).

The Post Office offers different financial services:
Since 1968 it has operated the National Giro Service, through which money can be transferred from one account to another, or cash paid at counters.
Money can also be sent by:
money order (M.O.)—postal order (P.O.)—telegraphic money order (T.M.O.).

In some countries the Post Office also runs some Savings Banks, distributes old-age pension and family allowances, and issues radio, television, cable television and... dog licences.

Vocabulary

air-mail	correo aéreo
"to be called for"	lista de correos
code	código
collection	cobranza
delivery	distribución, entrega
mail	correo
ordinary letter	carta ordinaria, carta simple
parcel	paquete
please forward	sírvase dirigir
postal code	código postal
postage	porte de correos, franqueo
post-free	libre de porte
postmark	matasellos

XIX. D. **Los servicios postales en el mundo**

En la mayoría de los países el correo es en nuestros días una corporación o una institución federal. Como corporación, es un organismo dotado de una autonomía que le permite actuar en términos de una administración.

El primer servicio que ofrece —y el cual ha ofrecido desde el Siglo XVIII— es el que se conoce como transporte del correo.

Sin embargo, en muchos países las empresas emplean cada vez con mayor frecuencia el teléfono y el telex (cf. XX), y se estima que menos del 20 por ciento del correo despachado son cartas reales; el resto representa publicidad y revistas. De tal forma, en el futuro, las cartas podrían convertirse en un lujo, como en el siglo XVIII, y los mensajes podrían transmitirse de manera electrónica.

Las cartas pueden ser ordinarias o registradas y los paquetes pueden recibirse "contra reembolso".

El correo ofrece diferentes servicios financieros:

Desde 1968 ha operado el servicio nacional de cheques (o giros) postales, gracias al cual el dinero puede ser transferido de una cuenta a otra, o se puede pagar dinero líquido en los mostradores.

También es posible enviar dinero a través de:

órdenes de pago — órdenes postales — órdenes de pago telegráficas.

Además, en algunos países el correo también administra varios Bancos de Ahorros, distribuye las pensiones de personas de edad avanzada y los abonos familiares, y emite licencias para la radio, la televisión, la televisión por cable y... para los perros.

Vocabulary (continuación)

postmaster	administrador de correos
Postmaster General	Director General de Correos
'poste restante'	lista de correos
post office savings bank	caja postal de ahorros
printed matter	impreso
recipient	destinatario, beneficiario
to redirect	dirigir otra vez, dirigir de nuevo
registered letter	carta registrada
sample	muestra
savings bank deposit book	libreta de caja de ahorros
to sort	clasificar, escoger
sorting machine	máquina clasificadora
stamp	timbre, estampilla
to stamp	timbrar, sellar
telegraphic money order	orden de pago telegráfica, giro telegráfico

Business file twenty

Telecommunications

Telecomunicaciones

Esta última unidad, principalmente consagrada a la comunicación telefónica, incluye también un cierto número de textos y de informes, naturalmente muy incompletos, acerca del vasto dominio de las telecomunicaciones.

Esta lección incluye cuatro partes:

A. Consejos prácticos seguidos (A.1.) de 5 ejemplos de conversaciones telefónicas (A.2. a A.6.)

B. Una serie de frases típicas

C. Una serie de textos

C.1. El Telex
C.2. La invención de Morse
C.3. La revolución del telégrafo

D. Vocabulario: El teléfono

XX. A.1. **Consejos prácticos**

Calling from a telephone-box In the United States	*Forma de hacer una llamada desde una cabina telefónica en Estados Unidos*
• Pick up receiver	• Levante el auricular
• You will hear the dialling tone (a continous purring)	• Usted escuchará el tono de marcar (un zumbido continuo)
• Dial your number	• Marque su número
• Wait a few seconds	• Espere unos segundos
• You will hear the ringing tone (a repeated burr-burr)	• Usted escuchará el repique de los llamados (un bur-bur repetido)
• When your correspondent picks up his recelver you will hear the pay tone (a series of bip-bip)	• Cuando su correpondiente (o corresponsal) descuelgue su auricular, usted escuchará el tono de pagar (una serie de bip-bip).
• Then press in a coin	• Entonces deberá insertar una moneda
You may also hear:	*Usted también podrá escuchar lo siguiente:*
• a series of slow pips: it is the engaged tone	• una serie de "pips" lentos: es el tono que marca "ocupado"
• or a steady tone (or no sound at all): your number is out of service	• o una tonalidad continua (o ningún sonido); su número está fuera de servicio
Call the operator (Dial 100) and ask for help	Llame al operador (marque el 100) y pida ayuda

---

Para deletrear los nombres utilícese el siguiente código.

A para Andrew	J para Jack	S para Sugar
B para Boy	K para King	T para Tommy
C para Charlie	L para Lucy	U para Uncle
D para David	M para Mary	V para Victory
E para Edward	N para Nut	W para William
F para Freddie	O para Oliver	X para X - Rays
G para George	P para Peter	Y para Yellow
H para Harry	Q para Queenie	Z para Zebra
I para Ink	R para Robert	

XX. A.2. **Telephone I**

R.M. = *Robert Miller;* S. = *Secretary;* R.B. = *Richard Boone*

R.M. Hello, Davis and Co?... Could I speak to Mr. Richard Boone, please?

S. Who's calling him?

R.M. Robert Miller from Bloomfield and Co.

S. I'll put you through to Mr. Boone.

R.M. Hello Richard? Robert Miller speaking...

R.B. Glad to hear you Bob.

R. M. I'm calling about the meeting next Tuesday evening. Mr. Graham told me to ask you whether it could possibly be postponed [poustp**ou**nd] till Tuesday week. Only if you don't mind too much of course.

R.B. Wait a minute!... Let me have a look at my diary [d**ai**əri]. Tuesday, Tuesday. It'll be the 27th, won't it?

R.M. Right.

R.B. Apparently, it could work; I am free for the moment. Hold on a second, I'll check with my secretary... Good. No problem. Ok, for Tuesday week.

R.M. Thank you. That'll suit Mr. Graham fine, he had forgotten he had a Board meeting on Tuesday this week. Thanks again.

Birth and development of the telephone
In 1875, Alexander Graham Bell managed to transmit a sound from one room to another. The next year he improved his invention and took patents which—after suits before the U.S. Supreme Court—gave Bell's company complete control of the telephone patents.

(to be continued)

XX. A.2. **Teléfono I**

R.M. Hola, ¿es la empresa David and Co? ... ¿Podría hablar con el señor Richard Bonne, por favor?

S. ¿De parte de quién?

R.M. De Robert Miller de Bloomfield and Co.

S. Lo comunico con el señor Boone.

R.M. ¿Hola Richard? Habla Robert Miller...

R.B. Me da gusto escucharlo Bob.

R.M. Le estoy llamando a causa de la junta que se llevará a cabo el próximo martes por la tarde. El señor Graham me pidió que le preguntara a usted si no sería posible posponerla hasta el próximo martes en ocho. Desde luego, sólo si no le molesta.

R.B. Espere usted un momentito... Déjeme darle un vistazo a mi diario. El martes estamos a 27, ¿verdad?

R.M. Correcto.

R.B. Aparentemente, sí sería posible; No tengo nada para ese día. Espere un segundo, voy a verificar con mi secretaria ... Está bien. No hay problema. De acuerdo, para el próximo martes en ocho.

R.M. Gracias. Así está mejor para el señor Graham, él había olvidado que tenía una junta de Consejo de Administración el martes de esta semana. Gracias de nuevo.

Nacimiento y desarrollo del teléfono
En 1875, Alexander Graham Bell logró transmitir un sonido de una pieza a otra. Un año después mejoró su invento y obtuvo unas patentes que —después de varios pleitos ante la Suprema Corte de Estados Unidos— le dieron a su empresa (la Compañía Bell) un completo control de las patentes telefónicas.

(continuará)

XX. A.3. **Telephone II**

J.M. = Jack Morton; S. = Secretary; B.A. = Bruce Amory

J.M. Could I speak to Mr. Ryan, please?

S. Who's asking for him please?

J.M. Jack Morton from B.M.S. Manufacturing.

S. Wait a minute Sir, I'll see if Mr. Ryan can speak to you... Sorry Sir, Mr. Ryan is having a meeting.

J.M. Ah, no, listen don't try the old conference trick on me I've been trying to get him on the phone for two days. When he is not in conference the line's busy or he has just left. Look here, I've already explained the matter in details [dit**ei**ls]: we still haven't received the shipment due two days ago. Get me someone from the sales department. Good Heavens I'm getting fed up with this damn business...

S. One second Sir, I'll put you through to the Sales Department.
B.A. Bruce Amory speaking.

J.M. Jack Morton from B.M.S. Manufacturing. I should have received my order two days ago and I can't manage to get in touch with you.
What's the matter with you?

B.A. I am not aware of this, Sir, I'll hand you over to the proper department. Hold on.
J.M. Wait, I... Good grief! We've been cut off!...

Birth and development of the telephone (continued)
Basically, today's telephone works the same way as when Bell spoke the first words over the instrument. "Mr. Watson, come here. I want you". Sound energy is converted into electric energy and transmitted over a wire to a receiver, where the electric energy is then converted back to sound energy. The voice that one hears on the telephone is actually an electric imitation of the voice at the sending end.

XX. A.3. **Teléfono II**

J.M. ¿Podría hablar con el señor Ryan, por favor?

S. ¿Quién le busca, perdone?

J.M. Jack Morton de la B.M.S. Manufacturing.

S. Espere usted un minuto, Señor, voy a ver si el señor Ryan puede hablar con usted... Lo siento, Señor, el señor Ryan está en una junta.

J.M. Oh no, por favor, escuche, no intente conmigo el antiguo truco de la junta ... hace ya dos días que he estado tratando de hablar por teléfono con él. Cuando no está en junta el teléfono está ocupado o acaba de salir. Escuche, ya le he explicado el asunto con todo detalle: todavía no hemos recibido la entrega prevista para hace dos días. Comuníqueme por favor con el Departamento de Ventas. Estoy empezando a cansarme de todo este asunto tan engorroso ...

S. Un segundo, Señor, lo comunico al Departamento de Ventas.

B.A. Habla Bruce Amory.

J.M. Soy Jack Morton de B.M.S. Manufacturing. Debería haber recibido mi pedido hace dos días y no logro ponerme en contacto con ustedes. ¿Qué sucede?

B.A. No estoy al tanto de esto, Señor. Lo voy a comunicar al departamento correcto. Por favor no cuelgue.

J.M. Espere, yo ... ¡Cielos! ¡Se cortó la comunicación! ...

Nacimiento y desarrollo del teléfono (continuación)
Fundamentalmente, en nuestros días el teléfono funciona de la misma forma que cuando Bell pronunció delante del aparato estas primeras palabras: "Señor Watson venga para acá. Lo necesito aquí." La energía sonora se convirtió en energía eléctrica y se transmitió por medio de un hilo hasta un receptor, donde se reconvirtió en energía sonora. La voz que se escucha en los teléfonos es en realidad una imitación de la voz emisora.

XX. A.4. **Telephone III**

M. = Michael; S. = Secretary; H. = Henry

M. Could you get me extension [ikstɛntsən] 147, please.

S. One moment please.

M. Hello! Is it you Henry? Michael speaking, from the accounting departament. How are you?

H. I'm fine. It's rather quiet around here. What about you?

M. I am calling to ask you a small favor. We have a slight problem here. Everybody's busy preparing the payroll and we have no one to type the report on the Tennessee branch. Could you lend us someone this afternoon? Patricia for instance?

H. Naturally it's Patricia you want... It's not convenient [kenv**in**jənt] for me, I've just asked her to do some filing [f**ai**lin] and she'll be busy all day. Is it that urgent?

M. Listen, you know I don't like to bother [b**ao**ər] the other departments—But today...

H. Wouldn't tomorrow suit you?

M. The boss wants the report on his desk tomorrow lunch time. And I must have re-read [ririd] in between.
It's well over thirty pages.

H. Yes I see. Well... I'm doing this as a favor to you... Do you want to speak to her?

Birth and development of the telephone (continued)

Today several conversations can be carried on a single pair of wires. Besides, coaxial cable systems can transmit up to 2 000 conversation at the same time. Then, radio relay systems, employing frequencies called microwaves can carry more then 10 000 telephone conversations. This system requires relay station every 30 mi. But with the development of satellites (Telstar) radio signals can be amplified and relayed by satellites from one ground station to another several thousand miles away, thus eliminating the needs for intermediate ground relay stations. ■

XX. A.4. **Teléfono III**

M. Deme por favor la extensión 147.

S. Un momento.

M. Hola, ¿es usted Henry?, habla Michel, del departamento de contabilidad. ¿Cómo le va?

H. Estoy bien. El trabajo ha estado más bien tranquilo por aquí. ¿Y ustedes qué tal?

M. Le llamo para pedirle un pequeño favor. Tenemos un problemita por aquí. Todo mundo está ocupado preparando la nómina y no disponemos de nadie para mecanografiar el reporte sobre la sucursal de Tennessee. ¿Nos podría usted prestar a alguien durante esta tarde? ¿Patricia por ejemplo?

H. Es obvio que sea Patricia la persona que ustedes quieren ... Pero en este momento no me conviene, le acabo de pedir que haga unas clasificaciones y ello la tendrá ocupada todo el día. ¿De verdad es tan urgente?

M. Escuche, usted sabe que no me gusta molestar a los demás departamentos — Pero el día de hoy ...

H. ¿No le convendría el día de mañana?

M. El jefe quiere tener el reporte sobre su escritorio mañana al mediodía. Y además tengo que leerlo antes de que le sea entregado. Sin duda constará de más de 30 páginas.

H. Ya veo. Bueno ... Le estoy haciendo esto a usted como un favor... ¿Quiere hablar con ella?

Nacimiento y desarrollo del teléfono (continuación)

Actualmente se pueden llevar a cabo varias conversaciones a través de tan solo dos cables telefónicos. Además, los sistemas de cables coaxiales pueden transmitir hasta 2 000 conversaciones a la vez. Los sistemas de telecomunicaciones que disponen de estaciones subalternas de relevo emplean frecuencias telefónicas (en forma simultánea) y dichas estaciones deben instalarse cada 50 km.
Sin embargo, con el desarrollo de los satélites (telstar) las señales de radio pueden ser amplificadas y alternadas de una estación de tierra a otra, situándose cada una de ellas a varios millares de kilómetros entre sí. De esta manera, se elimina la necesidad de disponer de estaciones subalternas de relevo en puntos terrestres intermediarios. ■

XX. A.5. **Telephone IV**

C.B. = *Charles Barnett;* S. = *Secretary;* M.G. = *Mac Govern*

C.B. Hello! Foxton Inc.?... Could I speak to Mr. Mac Govern?

S. I beg your pardon, who do you want to speak to?

C.B. To Mr. Mac Govern.

S. Mike Coburn? Are you sure he is with us?

C.B. Yes, *I am.* You're Foxton Inc., aren't you?

S. Yes, we *are*. Could you spell the name of the person you're asking for, please?

C.B. Yes, Mac Govern. M for Mary, A for Andrew, C for Charlie, G for George, O for Oliver, V for Victory, E for Edward, R for Robert, N for Nut.

S. O! Mac Govern [gʌvərn]! I'll put you through to him right away.

M.G. Hello! Mac Govern speaking.

C.B. This is Charles Barnett from B.M.S.

M.G. How are you Charles?

C.B. Fine. But I had some trouble getting you. As a matter of fact, I was mispronouncing your name. Have you received our letter?

M.G. The one telling us about Paul Jacobson's arrival?

C.B. Yes. I'm calling because there's been a change. In fact, he'll only arrive on the 27th at 6.30 p.m. I hope you havent't booked for him yet.

M.G. No, we haven't; it'll be done today; but if he goes back on the 30th as arranged it might be a bit short.

C.B. Exactly. It was thought here he could stay till the first. But he must absolutely be back for the 2nd. We thought we would book him on a return on the first in the morning.

M.G. OK. It's a good thing he can stay on the 30th. He'll be able to meet the Chicago subsidiary [səbsidiɛri] President.

C.B. Splendid! I'll confirm everything in writing. Goodbye.

M.G. Thanks for calling.

XX. A.5. **Teléfono IV**

C.B. ¿Hola? ¿Foxton, Inc.?... ¿Podría hablar con el señor Mac Govern?

S. Disculpe, ¿con quién quiere usted hablar?

C.B. Con el señor Mac Govern.

S. ¿Mike Coburn? ¿Está usted seguro de que trabaja con nosotros?

C.B. Por supuesto que sí. Estoy hablando a Foxton, Inc., ¿verdad?

S. Sí, aquí es. ¿Podría usted por favor deletrear el nombre de la persona por la que está preguntando?

C.B. Sí, Mac Govern. M de María, A de Andrés, C de Carlos, G de George, O de Oliver, V de Victoria, E de Eduardo, R de Roberto, y N de Nuez.

S. ¡Oh! ¡Mac Govern! Le comunico con él de inmediato.

M.G. ¡Hola! Habla Mac Govern.

C.B. Habla Charles Barnett de B.M.S.

M.G. ¿Cómo está usted Charles?

C.B. Bien. Pero tuve algunos problemas para localizarle. De hecho, estaba pronunciando mal su nombre. ¿Ha usted recibido nuestra carta?

M.G. ¿La que anuncia la llegada de Paul Jacobson?

C.B. Sí. Le estoy telefoneando porque ha habido un cambio. De hecho, Paul llegará el 27 a las 6.30 p.m. Espero que aún no le haya hecho usted una reservación.

M.G. No, aún no la hemos hecho; se hará el día de hoy; pero si él se regresa el día 30 como está previsto podría ser un poco corta.

C.B. Exactamente. Se pensó que Paul podría quedarse hasta el día primero. Pero es absolutamente indispensable que regrese el día 2. Contábamos con reservarle un boleto de regreso para el día primero por la mañana.

M.G. De acuerdo. ¡Qué bueno que se pueda quedar el día 30! Así, podrá reunirse con el Presidente de la subsidiaria de Chicago.

C.B. ¡Espléndido! Confirmaré todo por escrito. Adiós.

M.G. Gracias por hablar.

XX. A.6. **Telephone V**

G. *Gilbert;* B. = *Bryan*

G. Hello Bryan? Gilbert speaking. I have good news for you! I've just left our meeting; we'll be able to deliver. We've decided to delay another shipment, the customer has agreed to it.

B. Wonderful. Can we get it on the 8th?

G. In principle [prinsəpəl] you can. Anyway it'll be sent off on the 5th.

B. Did you settle the problem we were talking about the other day? The left-hand drive?

G. Yes we did. It was not technically [tɛknikali] easy, but we've altered the model to allow for left-hand driving.

B. As for the gear shift, is it the latest model?

G. Yes it is. I'm sure you'll be completely satisfied.

B. Very well.

G. Besides, I must tell you that we have just devised a special uniform for the pilot: bowler hat and leather boots. It seems to work very well with top executives. Er... One last point. Do you want us to send someone for a demonstration?

B. No. I don't think that'll be necessary. We have our own specialists here... By the way, do you have model for couples [kʌpəls]? The demand is getting bigger and bigger for that type of machine.

G. We're just about to bring out something. I'll send you our latest information about it.

B. Thanks, I'll look forward to receiving it.

G. Right. I hope our bicycles reach you safely.

XX. A.6. **Teléfono V**

G. ¿Hola Brian? Habla Gilbert. ¡Tengo buenas noticias para usted! Acabo de salir de nuestra junta: si va a ser posible hacerles la entrega. Hemos decidido demorar otro embarque, y el cliente ha estado de acuerdo con ello.

B. Fantástico. ¿Nos podrían hacer la entrega el día 8?

G. En principio, sí. De cualquier modo, saldrá de nuestras instalaciones el día 5.

B. ¿Pudieron ustedes arreglar el problema del que estábamos hablando el otro día? ¿La dirección a la izquierda?

G. Sí, lo hicimos. No fue técnicamente sencillo, pero hemos modificado el modelo para instalarle la dirección a la izquierda.

B. Con relación a los cambios de velocidad, ¿es éste el modelo más reciente?

G. Sí, en efecto. Estoy seguro de que ustedes quedarán completamente satisfechos.

B. Muy bien.

G. Además, debo indicarle que acabamos de diseñar un equipo especial para el piloto: sombrero en forma de hongo y botas de cuero. Parece gustarles mucho a los ejecutivos de nivel superior. Ah... Un último punto. ¿Quieren que les enviemos a alguien para hacerles una demostración?

B. No. No creo que sea necesario. Tenemos nuestros propios especialistas aquí... A propósito, ¿tienen ustedes modelos para parejas? La demanda de ese tipo de máquina ha estado aumentando incesantemente.

C. Estamos justamente a punto de sacar alguna cosa. Les vamos a enviar nuestra última información al respecto.

B. Gracias, la estaré esperando con impaciencia.

G. Perfecto. Sólo me queda desearles una recepción segura de nuestras bicicletas.

Para transmitir al operador un número telefónico que incluya varias cifras repetidas se deberá decir:
33-42-10: double three - four, two - one oh
17-66-25: one, seven - double six - two, five
5440: five, four, four, oh

XX. B. **Tradúzcanse las oraciones...**

1. ¿Podría usted deletrear su nombre por favor?
2. ¿Cuál es el código del área telefónica?
3. ¿Podría usted comunicarme a la extensión 209?
4. Espere un minuto. Mark quiere hablar con usted.
5. La línea está en tan malas condiciones que apenas puedo escucharle.
6. Cuelgue por favor y vuelva a marcar el número.
7. Tal vez marqué un número equivocado. La línea parecía estar siempre ocupada.
8. Le paso al señor Martin. Él sabrá las respuestas.
9. La línea está ahora conectada al sistema automático (en larga distancia). Ya no es necesario que pase usted por la central.
10. ¿Operadora? Es la segunda vez que nos cortan la línea.
11. ¿Cómo deletrea usted el nombre de la Central?
12. Habla el señor Smith. ¿Puedo hablar con el señor Snowdon?
13. Estamos llamando a su corresponsal, señor.
14. Haga que todas mis llamadas se transfieran a la sala de conferencias.
15. ¿Podría usted hacerme el favor de solicitar el número 502 67 90?
16. La línea debe estar en malas condiciones.
17. Quiero hacer una llamada a Idaho; ¿hay alguna demora?
18. Voy a tener que colgar. Estoy telefoneando desde una cabina pública y hay una cola muy larga atrás de mí.
19. El Sr. Rowland acaba de dejar un mensaje para usted. Le gustaría que usted le llamara a su oficina entre las 4 y las 6.
20. Si no le es posible, él le volverá a llamar esta noche a su casa.
21. ¿A qué hora puedo esperar que pase mi llamada?
22. Recuerde usted que la hora local de aquí va tres horas por delante de la hora de la Ciudad de México.
23. Usted necesitará moneda fraccionaria para telefonear desde los aeropuertos.
24. Las llamadas "por cobrar" deben ser pagadas por las personas a quienes se llama.
25. El número solicitado debe conectarse al departamento de suscriptores retirados.

XX. B. . . . y revise sus respuestas

1. Could you please spell your name?
2. What is the area code?
3. Can you put me through to extension 209?
4. Hold on a minute! Mark wants to speak to you.
5. The line is so bad I can hardly hear you.
6. Please hang up and dial the number again.
7. Maybe I dialled the wrong number. The line always seemed to be engaged.
8. I hand you over to Mr. Martin. He'll know the answers.
9. The line is now on the automatic dialling system. You won't need to go through the exchange anymore.
10. Operator ? We've been cut off for the second time!
11. How do you spell the exchange?
12. This is Mr. Smith. May I talk to Mr. Snowdon?
13. Ringing your party, Sir (U.S.).
14. Have any phone calls for me transferred to conference room.
15. Can you get number 502 67 90 for me, please?
16. We must have a bad connection.
17. I want to place a call to Idaho; is there any delay?
18. I'll have to hang up. I'm calling from a public phone box and there is quite a line of people awaiting outside.
19. Mr. Rowland left a message for you. He'd like you to call him at his office between 4 and 6.
20. If you cant do that, he'll call you back to night at your home.
21. At what time can I expect my call to go through?
22. Remember that local time here is three hours ahead of Mexico City time.
23. You'll need small change if you have to phone from airports.
24. A collect call (or reverse charge call) is to be paid for by the called person.
25. The called number must be connected to the absent subscribers service.

XX. C.1. **Telex**

Telex is a system of information transmission which combines the advantages of the letter—it leaves a written proof—and of the telephone—quickness—and avoids the inconveniences due to differences in legal time.

The Telex subscriber receives a copy of the messages (both transmitters and receivers). Each subscriber has a number and a code letter.

The Telex installation can include a punched tape system which can transmit automatically at a speed of 400 signs a minute (about 70 words).

Telex is above all meant for Newspapers and Press Agencies, Transport Companies, Insurance Companies, Import Export firms, banks, stockbrokers etc...

XX. C.2. **Morse's invention**

Modern telegraphy is based on Samuel F B Morse's invention (1833) which used a storage battery and the newly developed electromagnet. Letters and other symbols are coded in various combinations of dots and dashes, a dot corresponding to a current impulse lasting about 1/25 second and a dash about three times as long.

In 1884, between Washington, D.C., and Baltimore (on a distance of 40 m.) a line carried Morse's first public message, " what hath God wrought".

But in spite of this success, the Postmaster General decided that the telegraph was little more than a toy and government support was withdrawn. Private capital was soon obtained and some 50 companies were already using the Morse system by the middle of the 19th century...

XX. C.1. **Télex**

El Télex es un sistema de transmisión de información que combina las ventajas de la carta —deja una prueba escrita— y del teléfono —la rapidez— a la vez que evita los inconvenientes que resultan de las diferencias en el horario legal.

Quienes disponen de los servicios de Télex reciben una copia de los mensajes (tanto emisores como receptores). Cada suscriptor tiene un número y un indicador.

La instalación del Télex puede incluir un sistema de cinta perforada el cual puede transmitir un mensaje automáticamente a una velocidad de 400 signos por minuto (aproximadamente 70 palabras).

El Télex está principalmente destinado para los periódicos, Agencias de Prensa, Compañías de Transporte, Compañías de Seguros, Empresas dedicadas a las Importaciones y Exportaciones, Bancos, Corredores de Valores, etc...

XX. C.2. **La invención de Morse**

La telegrafía moderna se basa en el invento de Samuel F. B. Morse (1833) quien utilizó una pila de almacenamiento y el recientemente desarrollado electromagneto. Las letras y otros símbolos se codifican mediante diversas combinaciones de puntos y de rayas, en las que un punto corresponde a un impulso (de corriente) durante aproximadamente 1/25 de segundo y una raya dura casi tres veces más.

En 1884, entre Washington, D.C.,[1] y Baltimore (a lo largo de una distancia de más de 40 millas) una línea transmitió el primer mensaje público de Morse, "lo que Dios ha forjado".

Pero a pesar de este éxito, el Director General de Correos decidió que el telégrafo era poco más que un juguete y el apoyo del gobierno fue retirado. Rápidamente empezaron a participar los capitales privados y, a mediados del Siglo XIX, casi 50 compañías ya estaban utilizando el sistema Morse.

(1) D.C.: Distrito de Columbia.

XX. C.3. **The telegraph revolution**

Any innovation [inəveiʃən] threatens the equilibrium [ikwəlibriəm] of existing organization.

It is comical (funny), therefore, when anybody applies to a big corporation with a new idea that would result in a great "increase of production and sales". Such an increase would be a disaster [dizaestər] for the existing management. They would have to make way for new management. Therefore, no new idea ever starts from within a big corporation. It must assail the organization from outside, through some small but competing organization...

With the telegraph, the entire method, both of gathering and of presenting news, was revolutionized [rɛvəluʃanizd]

By 1848 the telegraph, then only four years old, compelled several major American newspapers to form a collective organization for newsgathering. This effort became the basis of the Associated Press, which in turn, sold news service to subscribers...

By many analysts, the electric revolution has been regarded as a continuation of the process of the mechanization [mɛkənəzeiʃən] of mankind. Closer inspection reveals quite a different character. For example, the regional [ridʒənal] press, that had had to rely on postal service and political control through the post office, quickly escaped from this type of monopoly [mənopəli] by means of the new telegraph services. Even in England, where short distances and concentrated population made the railway a powerful agent of centralism [sɛntrəlizəm], the monopoly of London was dissolved by the invention of the telegraph, which now encouraged [inkɜridʒd] provincial competition. The telegraph freed the (marginal) provincial press from dependence on the big metropolitan press.

Marshall McLuhan, *Understanding Media*, 1964

XX. C.3. **La revolución del telégrafo**

Toda innovación amenaza el equilibrio de una organización existente ...

En consecuencia, es muy cómico ver que alguien se dirija a una empresa de gran tamaño con una nueva idea que podría dar como resultado un gran "aumento en la producción y en las ventas". Tal aumento sería un desastre para la administración actual; tendría que cederle el lugar a una nueva administración. Esa es la razón por la cual las ideas nuevas no parten nunca del seno de una empresa de gran tamaño. Deben atacar a la organización desde fuera, a través de la influencia de alguna empresa de tamaño pequeño, pero de la competencia ...

Con el telégrafo, la totalidad del procedimiento tanto de recolección como de presentación de noticias, sufrió una revolución...

Desde 1848 el telégrafo, que en aquel entonces solamente contaba con 4 años de edad, obligó a varios periódicos estadounidenses de importancia mayor a formar una organización común para la recolección de información. Este esfuerzo se convirtió en la base de *"the Associated Press"*, quien a su vez, se dedicó a vender servicios de información de noticias a los suscriptores ...

Para numerosos analistas, la revolución eléctrica se ha considerado como una continuación del proceso de mecanización de la humanidad.

No obstante, una inspección más cercana revela un carácter totalmente distinto. Por ejemplo, la prensa regional, quien tuvo que apoyarse en el correo y consecuentemente tuvo que someterse a un cierto control político, escapó rápidamente de este tipo de monopolio gracias a los nuevos servicios telegráficos. Aun en Inglaterra, donde las reducidas distancias y la concentración de la población hacían de los ferrocarriles un poderoso agente de centralización, el monopolio de Londres se disolvió a causa de la invención del telégrafo, el cual empezó a fomentar la competencia provincial. El telégrafo liberó a la prensa de la provincia de su dependencia sobre la gran prensa metropolitana.

Marshall McLuhan, *Para comprender los medios de comunicación,* 1964.

XX. D. **Vocabulary**

are you through (U.S.)?	¿Ha terminado usted?
aerial	antena
to be cut off	cortar una comunicación, incomunicar
to book a call	inscribir una llamada
a buzz	una llamada (telefónica)
a call, to call	una llamada, llamar (por teléfono)
• a collect call }	una llamada por cobrar
• a reverse charge call }	una llamada por cobrar
• an incoming call	una llamada de entrada
• an outgoing call	una llamada de salida
• a personal call	una llamada personal, una llamada con aviso previo
• a long distance call	una llamada de larga distancia
the calling party	el solicitante (la persona que hace la llamada)
the called party	el solicitado, el interpelado (la persona a quien se hace la llamada)
cable address	dirección telegráfica, dirección cablegráfica
cancellation	anulación, cancelación (de una llamada)
to cancel with charge	cancelar con cargo
to cancel without charge	cancelar sin cargo
to complete a call	terminar una llamada
to make a call	hacer una llamada
to charge	cargar
to cut off	cortar (una comunicación)
to connect someone with	pasar (una llamada a...)
cypher telegram	telegrama cifrado (codificado)
delay	espera, demora
unlimited delay	espera ilimitada, demora ilimitada
to dial	marcar un número (telefónico)
the dialling tone	el tono de marcar
a digit	un dígito, una cifra
a directory	un directorio
to disconnect	interrumpir, cortar, desconectar (una comunicación)
"does not answer"	no contesta, no contestan
emergency call	llamada urgente, llamada de emergencia
(telephone) exchange	central telefónica
extension 301 ...	extensión 301 ...
earphone	auricular
to give a call, a ring, a buzz	hablar por teléfono
go ahead!	¡Adelante! ¡Hable!
to hang up	colgar (la bocina del teléfono)
hold on	no cuelgue, aguarde un momento
hold the line	permanezca en la línea

incoming call	llamada de ingreso, de llegada
information	información, informes
index	indice
keyboard	tablero
the line is busy	la línea está ocupada
the line is engaged	la línea está ocupada
long distance call	llamada de larga distancia
local call	llamada local, llamada urbana
to look up (in the directory)	buscar (en el directorio)
a number	un número (telefónico)
no answer, no reply	sin respuesta
operator	operador, operadora
outgoing call	llamada de salida
out of order	descompuesto
personal call	llamada personal, aviso previo
to phone	telefonear
phone book	directorio telefónico
to place a call	hacer una llamada
to put through	"echar" una llamada
plug	ficha, clavija, enchufe, conectador
reverse charge call	llamada por cobrar
to ring off	colgar
to ring up	llamar por teléfono
speak up!	¡Hable más fuerte!
stand by	aguarde, no cuelgue
automatic dialling system	sistema automático de larga distancia
subscriber	suscriptor, abonado
switchboard	conmutador, cuadro conmutador
to tap a telephone	hacer conexión con líneas tetefónicas (para llevar a cabo la transmisión de mensajes)
time zone	zona de tiempo, husos del horario
unit charge	cargo unitario, cargo por unidad (de tiempo)
unlimited delay	espera ilimitada
to wire	telegrafiar

XX. bis. **REVISIONES**

Este segundo expediente "bis" incluye 2 partes:

A. Ejercicios de revisión (A.1. a A.8.) seguidos de sus repuestas.

B. Pruebas (B. 1., B.2.) seguidas de sus respuestas

XX. bis. EJERCICIOS DE REVISIÓN

A.1. Tradúzcase del inglés al español

1. draft; 2. remittance; 3. dud check; 4. giro; 5. overdraft; 6. burglary; 7. broker; 8. mortgage; 9. loan; 10. seaworthiness; 11. computer; 12. punch card; 13. retraining; 14. inventories; 15. tape; 16. target; 17. giveaway; 18. brand; 19. leaflet; 20. folder; 21. payee; 22. consignment; 23. poll; 24. hoarding; 25. to sponsor.

A.2. Tradúzcase del inglés al español

1. to come into force; 2. to draw up in duplicate; 3. to be in the red; 4. to meet one's liabilities; 5. third party insurance; 6. industrial injury; 7. loan coverage; 8. to enlarge the premises; 9. their file has been passed on to the legal department; 10. they are threatening to sue; 11. the bill will fall due on Tuesday, 12. to give notice; 13. an outstanding account; 14. a registered letter; 15. to register for a course; 16. prime time on Radio; 17. to handle an account; 18. press kit; 19. house organ; 20. to win over a new audience; 21. to screen candidates; 22. the rates have been jacked up sharply; 23. to underwrite a risk; 24. to take out a floating policy, 25. we wish to have your quotations for the following...

A.3. Tradúzcase del español al inglés

1. préstamo; 2. hipoteca; 3. tasa; 4. descontar; 5. giro; 6. deuda; 7. cajón; 8. pedir prestado; 9. prima (de seguros); 10. corredor; 11. el asegurado; 12. cancelación; 13. formulario; 14. mecanógrafo(a); 15. reciclaje (nuevo entrenamiento); 16. semanario; 17. un anuncio (pequeño); 18. competidor; 19. transmitir (por radio); 20. obligatorio; 21. retiro; 22. cláusula; 23. anuncio; 24. sondeo; 25. endeudamiento (adeudo).

A.4. Tradúzcase del español al inglés

1. los daños son importantes;
2. esperanza de vida promedio;
3. pasar (o aprobar) un examen médico;
4. tomar una póliza de seguro;
5. accidente de trabajo;
6. seguro de terceros;
7. por duplicado;
8. control remoto;
9. seguir un curso;
10. actualizar información;
11. educación permanente;
12. ¿Desde hace cuánto tiempo ha estado él en la publicidad?
13. imagen de marca, imagen pública;
14. lanzar una campaña publicitaria;
15. análisis detallado de cifras de circulación;
16. hemos devuelto 5 000 vestidos a lo largo de un periodo de tres meses;
17. procesamiento de datos;
18. la peor catástrofe desde el temblor de tierra en San Francisco;
19. los costos serán absorbidos por los propietarios del navío;
20. este giro fue descontado hace tres meses;
21. no me preocupa el que (ellos) dejen de ser nuestros clientes;
22. título de propiedad;
23. pagar (uno) sus deudas;
24. ¿Puede usted hacer que se publique este anuncio en la edición de la próxima semana?
25. divisas extranjeras.

A.5. Fill in the blanks (Llénense los espacios en blanco del texto)

1. What about the securities we have deposited .... you?
2. We are ....strict orders not to make loans.
3. Maybe we can talk about it .... lunch.
4. This document is drawn .... in duplicate.
5. Our system operates .... the same lines as yours.
6. Do you want me to take you .... the new building?

A.5. (continuación)

7. The premium rate depends .... several factors.
8. You will have to take .... an insurance policy.
9. Roughly one .... of three American Presidents lives .... his normal life expectancy.
10. Who is going to put .... the capital for you to set .... your business?
11. Shouldn't we have a consultant .... on this?
12. Have you registered .... the course?
13. I'm not sure you would get .... well with them.
14. You'll have to delete them .... the list.
15. The problem is to win .... a new audience.
16. Your job will be to get the message .... to them.
17. The media selection will be geared .... the following ideas.
18. Now you can see how quality is built .... the product.
19. Could I speak to Mr. Jones please? I'm putting you ....
20. They're getting ...... the red.
21. I'm beginning to be short .... cash.
22. We'll have to pass ...... their file ...... the legal department.
23. The T.V. spots are aiming .... a different audience.
24. He is a specialist .... economics.
25. Are you fond ...... cycling?

A.6. Tradúzcanse las siguientes expresiones:

1. La línea está ocupada.
2. Se lo paso.
3. Deme la extensión 27 por favor.
4. Por favor espere un minuto.
5. Probablemente nos han cortado la comunicación.
6. Vuélvame a llamar esta tarde.
7. ¿Está por ahí el señor Robert?
8. ¿Quién habla?
9. ¿Podría usted deletrear su nombre por favor?
10. Me gustaría hablar con el señor Smith.

A.7. Tradúzcanse las siguientes expresiones:

1. Le ruego aceptar mis más cordiales saludos.
2. Acusamos recibo de su pago.
3. En caso de que esta solución no le convenga...
4. Le agradeceríamos mucho que se sirviera avisarnos por vuelta de correo.
5. En respuesta a su carta del 18 de Marzo ...
6. Estoy a su disposición para cualquier información adicional.
7. Ha habido un malentendido.
8. Su solicitud será examinada cuidadosamente y próximamente estaremos en contacto con ustedes.
9. Desconocemos toda responsabilidad en este asunto.
10. Les suplicamos nos disculpen por la demora.

A.8. Organícese correctamente la siguiente carta, escribiendo correctamente la puntuación y las mayúsculas.

Bamco Corporation Manufacturers and Distributors Po BOX 3412 Dallas Texas 02013 Markson and Baxton Inc. 7 Brooke Street NEW YORK N.Y. 46215 april 17 199.. Gentlemen we have found your name and address in a Trade Register book and would be interested in handling your products we are wholesale distributors importing in large quantities on our own account to sell throughout this country where we have over 3 000 dealers over one hundred of the largest chains of department stores hardware stores drugstores etc are among our customers if you are interested in our proposition please let us know by return air mail sending us english catalogues with specifications and the lowest net prices for us as wholesalers we hope we can start successful business relations very truly yours William T. Morton president and chairman of the board encl. commercial and bank references w t m j p

LECCIÓN XX. bis. A. REVISIÓN DE LOS EJERCICIOS A.1. a A.8.

• **Respuestas del ejercicio A.1.** (tradúzcase del inglés al español)

1. giro; 2. remesa; 3. cheque sin fondos; 4. giro postal; 5. sobregiro; 6. hurto; 7. corredor de valores; 8. hipoteca; 9. préstamo; 10. navegabilidad; 11. computadora; 12. tarjeta perforada; 13. reciclaje, (nuevo entrenamiento); 14. inventarios; 15. cinta magnética; 16. blanco de ataque; 17. regalo promocional; 18. marca; 19. folleto; 20. expediente; 21. beneficiario; 22. embarque; 23. sondeo; 24. tablero de avisos; 25. patrocinar

• **Respuestas del ejercicio A.2.** (tradúzcase del inglés al español)

1. entrar en vigor; 2. expedir en duplicado; 3. estar en cifras rojas, estar en déficit, estar sobregirado; 4. hacer (uno) frente a sus deudas; cumplir (uno) con sus compromisos; 5. seguro de terceros; 6. accidente de trabajo; 7. cobertura de un préstamo; 8. ampliar las instalaciones; 9. su expediente (de ellos) ha sido entregado al departamento legal; 10. nos están amenazando con demandarnos; 11. el documento vencerá el martes; 12. dar un preaviso, dar un aviso; 13. una cuenta pendiente de pago; 14. una carta registrada; 15. inscribirse a un curso; 16. la hora de gran audiencia en el radio; 17. administrar un presupuesto publicitario, manejar una cuenta; 18. expediente de prensa; 19. periódico de una empresa; periódico empresarial; 20. conquistar un nuevo público; 21. seleccionar candidatos; 22. las tasas han aumentado en forma brutal; 23. garantizar un riesgo; 24. tomar una póliza flotante; 25. deseamos conocer sus condiciones para los siguientes:...

• **Respuestas del ejercicio A.3.** (tradúzcase del español al inglés)

1. loan; 2. mortgage; 3. rate; 4.to discount; 5. draft (bill); 6. debt; 7. drawer; 8. to borrow; 9. premium; 10. broker; 11. the insured; 12. cancellation; 13. form (U.S.: blank); 14. typist; 15. retraining; 16. a weekly; 17. an advertisement, an ad; 18. competitor; 19. to broadcast; 20. compulsory; 21. withdrawal; 22. clause article; 23. poster; 24. poll; 25. indebtedness.

XX. bis. A. RESPUESTAS DE LOS EJERCICIOS A.1. a A.8.

• **Respuestas de los ejercicios A.4.** (tradúzcase del español al inglés)

1. the damage is considerable; 2. average life expectancy; 3. to pass a medical examination; 4. to take out an insurance policy; 5. industrial injury; 6. third party insurance; 7. in duplicate; 8. remote control; 9. to attend a course; 10. to update information; 11. permanent education; 12. how long has he been in advertising?; 13. brand image, public image; 14. to launch an advertising campaign; 15. breakdown of circulation figures; 16. we returned (we have returned) 5,000 dresses over a threemonth period; 17. data processing; 18. the worst catastrophe since the San Francisco earthquake; 19. the costs will be borne by the shipowners; 20. this draft was discounted three months ago; 21. I don't mind losing their custom; 22. deed of property, title-deed to property; 23. to pay one's debts; 24. can you run this ad in next week's issue; 25. foreign currencies.

• **Respuestas del ejercicio A.5.** (complétese)

1. with; 2. under; 3. over; 4. up; 5. on; 6. to, round; 7. on; 8. out; 9. out;... out; 10. up ... up; 11. in; 12. for; 13. along; 14. from; 15. over; 16. over (across); 17. to; 18. into; 19. through; 20. into; 21. of; 22. on, to; 23. at; 24. in; 25. of.

• **Respuesta de los ejercicios A.6.** (Tradúzcanse las expresiones siguientes)

1. The line is busy (engaged).
2. I hand him over to you (I put him on).
3. Please, put me through to extension 27.
4. Please hold on.
5. We've probably been cut off.
6. Call me back this evening.
7. Is Mr. Robert in? (here; home).
8. Who is speaking?
9. Can you (could you) please spell your name?
10. I'd like to speak to Mr. Smith.

XX. bis. A. RESPUESTAS DE LOS EJERCICIOS A.1. a A.8

• Respuestas de los ejercicios A.7. (traducir)

1. yours faithfully, yours sincerely;
2. we acknowlege receipt of your payment (remittance);
3. should this solution prove inconvenient to you...
4. please let us know by return of mail (kindly let us...);
5. in reply to your letter of 18th March;
6. I am at your disposal for any further information;
7. there has been a misunderstanding;
8. your application will be carefully examined and we will get in touch with you shortly...
9. we decline any responsibility (disclaim any liability) in this matter;
10. we apologize for the delay.

• Respuestas de los ejercicios A.8.

BAMCO CORPORATION — Manufacturers & Distributors
PO BOX 3412 Dallas, Texas 02013
Markson and Baxton, Inc.
7 Brooke Street
NEW YORK, N.Y. 46215 April 17, 199..

Gentlemen:
We have found your name and address in a Trade Register book and would be interested in handling your products.
We are wholesale distributors importing in large quantities on our own account to sell throughout this country, where we have over 3 000 dealers. Over one hundred of the largest chains of department stores, hardware stores, drugstores, etc., are among our customers. If you are interested in our proposition, please let us know by return air mail, sending us English catalogues with specifications and the lowest net prices for us as wholesalers. We hope we can start successful business relations.

Very truly yours,

William T. MORTON
President and Chairman of the Board

Encl. Commercial and Bank references
W.T. M./J. P.

XX. bis. B. TESTS

B.1. Autotest - Bank and means of payment
(véase lección XI)

Llénense los espacios en blanco de las siguientes frases mediante la inclusión de una de las cuatro soluciones propuestas.

1. I have been requested to .... a deposit.
   a) leave; b) let; c) put; d) do.
2. An I.O.U. ....
   a) has little or no legal value;
   b) is the same as a check;
   c) is a bill of exchange;
   d) is a promise to pay on the part of the creditor.
3. Your payment is .... and your account is now in the red.
   a) overtime; b) overdue; c) overtaxed; d) overcome.
4. The bank does not want to lend me any money. I shall have to go to a .....
   a) borrower; b) hireling; c) pawnbroker; d) cash-register.
5. Counterfoil is a synonym for ....
   a) stub; b) ticket; c) coupon; d) draft.
6. A bad check may be referred to as a .... check.
   a) red; b) black; c) dud; d) void.
7. A bill of exchange is drawn up by ....
   a) the payer; b) the debtor; c) the creditor; d) the drawee.
8. When the acceptor stipulates some special condition, the acceptance of a bill is said to be "....".
   a) particular; b) qualified; c) specialized; d) peculiar.
9. A hire-purchase transaction involves payment by .....
   a) scattering; b) installments; c) settlements; d) periods.
10. The contract provides for the ....to leave 10 % of the loan on deposit.
    a) lender; b) depositor; c) borrower; d) creditor.
11. Most foreign bills are, payable 30, 60 or 90 days after ....
    a) record; b) sight; c) fill in; d) signature.
12. Deeds of property may be .... as security for loans.
    a) hedged; b) dredged; c) pledged; d) sledged.
13. You are supposed to give a few days' .... before withdrawing the balance of your deposit account.
    a) period; b) delay; c) warning; d) notice.

B.1. Autotest (continuación)

14. The bill will .... due an January 30th.
    a) fall; b) come; c) get; d) reach.

15. The acceptor of a bill of exchange is the .....
    a) drawer; b) lender; c) payee; d) drawee.

16. When making a deposit, you have to fill in the ....
    a) folder; b) paying-in slip; c) application form;
    d) statement of account.

17. Banks collect .... and lend them out again.
    a) coins; b) bookings; c) savings; d) ratings.

18. Owing to the credit ...., it is increasingly hard to obtain cash.
    a) squeeze; b) loan; c) back; d) stop.

19. We grant loans to our clients and arrange for ..... facilities.
    a) overdrive; b) overdraft; c) overdone; d) overpaid.

20. The .... system is the Mexican equivalent to our "giros postales".
    a) Biro; b) Giro; c) Tiro; d) Barrow.

Respuestas a B.1.

1 a; 2 a; 3 b; 4 c; 5 a; 6 c; 7 c; 8 b; 9 b; 10 c; 11 b; 12 c; 13 d; 14 a; 15 d; 16 b; 17 c; 18 a; 19 b; 20 b.

B.2. Autotest - Accountancy (véase Expediente XVI)

1. The generally accepted method of valuation of the ... is cost or market, whichever is lower.
   a) repertory b) inventory c) joint-stock d) warehouse

2. Mining and oil companies set up . . . reserves to compensate for the natural wealth the company no longer owns.
   a) depression b) repletion c) depletion d) completion

3. As it would not be reasonable to charge off the full expenditure in the present year, the cost incurred will be gradually . . . over the next few years.
   a) written down b) written in
   c) written off d) written away

4. The first item on the liability side of a balance sheet is usually ......
   a) immediate liabilities b) current liabilities
   c) current debts d) direct liabilities

5. Bondholders have a claim or ...... before other creditors on such assets as may be sold.
   a) link b) lien c) proceed d) slip

6. A stock is said to have high leverage if the company that issued it has a large proportion of ... outstanding in relation to the amount of common stock.
   a) ordinary shares b) bonds and preferred stock
   c) fixed assets d) blue chips

7. The decline in useful value of a fixed asset due to wear and tear from use and passage of time is called...
   a) dereliction b) disparagement c) redemption
   d) depreciation

8. Common stock is a synonym for ....
   a) ordinary shares b) government bonds c) bearer shares d) inventories on hand

9. The point at which volume of sales or production enables an enterprise to cover related costs and expenses without profit and without loss is the ...
   a) breakdown point b) dead-end
   c) breakaway point d) break-even point

XX. bis. B. TESTS

B.2. Autotest (continución)

10. The part of the authorized capital already contributed by the company's shareholders constitutes the ....
    a) paid up capital b) called up capital
    c) issued capital d) registered capital

11. This entry should have been transferred from the daybook to the.........
    a) directory b) wager c) ledger d) badger

12. Many firms draw up a .... at the end of each month with a view to testing the accuracy of their accounting.
    a) control balance b) controlling balance c) trial balance
    d) checking balance

13. A fund set up and accumulated by regular payment for paying off the principal of a debt when it falls due is called a
    a) maturing fund b) sinking fund c) settling fund
    d) recovery fund

14. Are ... auditors eligible for re-election ?
    a) outcoming b) declining c) issuing d) retiring

15. C.P.A. stands for ....
    a) Certified Public Accountant b) Chartered Accountant
    c) Controller of Programs and Achievements
    d) Cost Programming and Accounting

16. The company had barely managed to .... bankruptcy and was still in the red.
    a) shuffle b) stave off c) touch off d) spare

17. Accrued interest means ....
    a) the interest earned since last settlement date but not yet due or payable
    b) additional interest
    c) increased interest
    d) an additional interest yielded by external sources and to be paid separately

18. Check the books carefully: a transfer of funds has probably been ....
    a) left off b) left away c) left back d) left out

19. Nine and eight are seventeen; I put down seven and .... one.
    a) retain b) report c) carry d) withhod

20. Total profit represents a 10% .... capital.
    a) return on b) benefit on c) income on d) output of

B.2. Autotest (continuación)

Translate into Spanish

21. Stockholders' equity.
22. 1st mortgage bonds due 1994.
23. depletion reserve.
24. inventories.
25. to plough back.

Translate into English

26. activo realizable.
27. pasivo exigible.
28. títulos negociables.
29. activos fijos.
30. gastos de explotación.

Respuestas a B.2.

1 b; 2 c; 3 c; 4 b; 5 b; 6 b; 7 d; 8 a; 9 d; 10 a; 11 c; 12 c; 13 b; 14 d; 15 a; 16 b; 17 a; 18 d; 19 c; 20 a; 21. capital propio; 22. obligaciones hipotecarias de 1er. rango con vencimiento en 1994; 23. reserva para reconstitución de yacimientos; 24. acciones; 25. reinvertir; 26. activos circulantes; 27. pasivos circulantes; 28. valores negociables; 29. bienes intangibles; 30. gastos operativos.

Pronunciation - Pronunciación

Hemos representado la pronunciación de ciertas palabras mediante símbolos entre corchetes [ ]. Estos símbolos pertenecen a los del sistema de la Asociación Fonética Internacional (A.P.I. = Association Phonétique International) salvo ciertas consonantes (las cuales se describen en el párrafo 4), los diptongos y ciertas vocales (véase el cuadro de equivalencias que se presenta en la parte inferior de la página). Para obtener el mejor provecho posible de esta sección, es necesario tener siempre presentes los siguientes conceptos:

1. Toda letra representada por un símbolo debe ser pronunciada (y tiene un valor constante): por ejemplo, la palabra inglesa *contract* se transcribe (kəntr**ae**kt) por lo que las consonantes *c* y *t* deben pronunciarse.

2. Las vocales del inglés pueden tener un sonido corto o largo: en este último caso la vocal representada por un símbolo irá seguida de (:) …Por ejemplo, la [i:] de *seat* [si:t] es más larga que la [i] de *sit* [sit].

3. Los diptongos (vocales con timbre doble) específicos de la lengua inglesa están dados por los símbolos: [iə], [eə], [uə]. [aə], [ɔi], [au], [əu], donde cada letra debe oirse.

4. Ciertas consonantes, tienen un sonido particular.

[θ] corresponde a la *th* de *think* y se parece a la "S" pronunciada con la lengua entre los dientes.

[ð] corresponde a la *th* de *the*, *this*, *that*, y se parece a la "Z" pronunciada con la lengua entre los dientes.

[ŋ] indica la pronunciación particular del grupo *-ng* como en la palabra "ping-pong".

5. Después de las vocales largas que aparecen al final de una palabra, la *r* inglesa es poco **perceptible**: no se representará aquí. (Sin embargo, obsérvese que sí se pronuncia en estas posiciones en el Norte de Inglaterra, en Escocia, y en Estados Unidos).

6.Las letras negritas indican que el acento tónico debe pronunciarse sobre la sílaba en la que se encuentran. Ej.: *account* [ek**au**nt].

Símbolos que se han utilizado aquí			
Vocales cortas	**vocales largas**	**Diptongos**	**Consonantes**
[I] SIT	[I:] SEAT	[aI] BUY	θ THINK
[ae] FLAT	[ɑ:] CAR	[ɔI] BOY	ð THAT
[D] NOT	[ɔ:] PORT	[eI] MAIL	ŋ GOING
[U] BOOK	[U:] POOL	[au] OUT	ʒ MEASURE
[e] BED	[ɜ:] WORK	[əu] FLOW	dʒ JOB
[ʌ] BUT		[Jə] HERE	ʃ SHIP
[ə] A		[eə] BEAR	tʃ CHECK
		[Uə] POOR	

Abbreviations - Abreviaturas

A1	**first-class (ship in Lloyd's register):** de primera clase, de primera categoría
A.A.R., a.a.r.	**against all risks:** contra todos los riesgos, contra todo riesgo
A/C	**account current:** cuenta corriente
a/c, acc., acct.	**account:** cuenta
Acc.	**acceptance, accepted:** aceptación, aceptado
ad.	**advertisement:** anuncio, anuncio pequeño
a/d	**after date. Three months after date:** tres meses después de la fecha, a tres meses contados a partir de la fecha, a tres meses de vencimiento
ad. val.	**ad valorem (according to value)** según el valor, de acuerdo con el valor
A.F.L./C.I.O.	**American Federation of Labor/Congress of Industrial Organization**
appro.	**approval:** aprobación
A/R	**all risks (insurance):** (seguro) contra todo riesgo
a/s	**after sight. Four days after sight:** a cuatro días
bal.	**balance:** saldo
B.B.	**bill-book:** libro de cuentas por cobrar, libro de cuentas por pagar, libro de valores (u obligaciones)
B/D	**bank draft:** cheque girado sobre un banco
b.d., b/d	**brought down. Balance brought down:** saldo nuevo
B/E	**bill of entry:** declaración de detalle, reporte de aduana
B/E	**bill of exchange:** letra de cambio
bf, b.f., b/f	**brought forward:** suma anterior, suma y sigue
B.I.S.	**Bank for International Settlements:** Banco de Liquidaciones (o compensaciones) Internacionales (B.R.I.)
Bk.	**bank, book, backwardation:** banco, libro, depósito
B/L	**bill of lading:** conocimiento de embarque
B.O.	**Branch Office:** agencia
B.O.T., B. of T.	**Board of Trade:** ministerio de comercio
Bro.	**brother:** hermano
Bros.	**brothers:** hermanos
B/S	**balance-sheet:** balance
C.A.	**chartered accountant:** contador público titulado
c/d	**carried down:** suma y sigue (dícese de los libros y cuentas de contabilidad)
c/f	**carried forward:** suma que viene de una página anterior (en los libros de contabilidad), suma anterior
C & F, c.f.	**cost and freight:** costo y flete
cge pd	**carriage paid:** porte pagado
Change	**Exchange:** Bolsa
C.I.A.	**cash in advance:** pago anticipado
C.I.F., c.i.f.	**cost, insurance and freight:** costo, seguro y flete
c.i.f. & c.	**cost, insurance, freight and commission:** costo, seguro, flete y comisión
c.i.f.c. & i.	**cost, insurance, freight, commission and interest:** costo, seguro, flete, comisión e intereses
C/N	**credit note:** nota de crédito
C/N	**circular note:** cheque de viaje
Co.	**company:** empresa, compañía, sociedad
c/o	**care of:** bajo el buen cuidado de
C.O.D.	**cash on delivery:** envío contra reembolso
consol.	**consolidated:** consolidado
cont.	**contents:** contenido
corp.	**corporation:** corporación, empresa
C/P	**charter-party:** contrata de fletamento

C.P.A.	**certified public accountant (U.S.):** Contador Público Titulado
C.R., C/R	**at company's risk:** bajo los riesgos y peligros de la compañía
Cr.	**credit, creditor:** crédito, acreedor
cum. div.	**with dividend:** con dividendo
curr., currt	**current:** del mes en curso, actual
C.W.O., c.w.o.	**cash with order:** pago a la orden
D/A	**documents against acceptance:** documentos contra aceptación
D.A.	**deposit account:** cuenta de depósito
dd., d/d, deld.	**delivered:** entregado
dely	**delivery:** entrega
dept.	**department:** departamento
dft.	**draft:** giro
dis., disc., disct.	**discount:** descuento
div.	**dividend:** dividendo
D/N	**debit note:** nota de débito, factura de débito
D/O	**delivery order:** orden de entrega
D/P	**documents against payment:** documento contra pago
Dr	**debtor:** débito, cargo
Dr(s)	**debtor(s):** deudor(es)
d/s, d.s.	**dock-warrant:** certificado de depósito, boleta de depósito, orden (mandamiento)
d/y	**delivery:** entrega
E.D.P.	**electronic date processing:** procesamiento electrónico de datos
E.E.	**errors excepted:** salvo error
E.E.C.	**European Economic Community:** Comunidad Económica Europea
e.g.	**exempli gratia (for example):** por ejemplo
ENC., encl.	**enclosure(s):** pieza(s) adjunta(s)
E & O.E	**errors and omissions excepted:** salvo error u omisión, s.e. u o
ex cp.	**ex coupon:** ex-cupón, cupón desprendido
ex div.	**ex dividend:** ex-dividendos
ex ss	**ex steamer:** al desembarcar
ex stre	**ex store:** disponible
ex whf	**ex wharf:** france a bordo
ex whse	**ex warehouse:** disponible
f.a.a.	**free of all average:** libre de avería, libre de toda avería
f.a.q.	**free alogside quay:** franco en el andén, en el muelle, en el embarcadero
f.a.q.	**fair average quality:** calidad ordinaria, calidad comercial
F.A.S., f.a.s.	**free alongside ship:** franco a bordo del buque
f.g.a.	**free of general average:** libre de averías generales o comunes
Fifo	**First in first out:** Primeras entradas-primeras salidas (método de valuación de inventarios)
F.O.B., f.o.b.	**free on board:** franco a bordo
f.o.c.	**free of charge:** franco, libre de cargo, libre de porte y de embalaje
f.o.q.	**free on quay:** franco en el andón, muelle o desembarcadero
F.O.R., f.o.r.	**free on rail:** franco-ferroviario
F.O.S., f.o.s.	**free on steamer:** franco a bordo del navío
F.O.T., f.o.t.	**free on truck:** franco-camión, franco a bordo del camión, franco en el camión
f.p.	**fully paid:** íntegramente pagado, totalmente pagado(s)
F.P.A., f.p.a.	**free of particular average:** franco de avería particular
frt.	**freight:** flete

Abbreviations - Abreviaturas

f.t. **foot, feet:** pie(s): 30.48 cm
F.T.C. **Federal Trade Commission (U.S.)**
fwd **forward:** a plazo, disponible (Bolsa de mercancías o satisfactores)
G.A., g.a. **general average:** avería general, avería común
gal., gall. **gallon:** medida de capacidad con un valor de 3. 78 litros (EE-UU), galón
G.M. **General Manager:** Administrador General, Director General
G.N.P. **gross national product:** producto nacional bruto. P.N.B.
G.P.O. **General Post Office:** Oficina de Correos
gr. wt. **gross weight:** peso bruto
H.O. **head office:** oficina central, domicilio social
H.P., h.p. **horse power:** caballo de potencia
H.P. **hire-purchase:** venta en abonos
H.Q., hq **headquarters:** cuartel general
IBRAD, IBRD **International Bank for Reconstruction and Development:** Banco Internacional para la Reconstrucción y el Desarrollo (B.I.R.D.)
I.C.C. **Interstate Commerce Commision (U.S.)**
I.L.O. **International Labour Organization:** Organización Internacional del Trabajo (O.I.T.)
I.M.F. **International Monetary Fund:** Fondo Monetario Internacional. (F.M.I.)
Inc. **Incorporated:** constitución como sociedad. En inglés de Estados Unidos, el nombre de la empresa va seguido de la abreviatura Inc.
ince, ins, insce **insurance:** seguro
inst. **instant:** del mes en curso
I O U **I owe you:** reconocimiento de deuda
J/A **joint-account:** cuenta conjunta, cuenta en participación
L/C **letter of credit:** carta de crédito
ldg. **loading:** carga, cargamento
led. **ledger:** libro mayor (de contabilidad)
Lifo. **Last in first out. cf. XVIII.** Vocabulario
L.I.P. **Life Insurance Policy:** póliza de seguro de vida
Ltd. **Limited (liability):** responsabilidad (limitada)
M.B.A. **Master of Business Administration:** maestría en administración de empresas
m/d **months after date:** a ... meses, a ... de la fecha de vencimiento
Messrs. **Messieurs:** señores
M.I.P. **marine insurance policy:** póliza de seguro marítimo
M.O. **money-order:** orden postal, giro postal
mo(s) **months:** mes(es)
M.P.G., m.p.g. **miles per galón:** millas por galón
m/s **months after sight:** (a) ... meses después de visto, (a) ... meses después de presentado.
n.a. **not available:** no disponible
N.C.V. **No commercial value:** (muestra) sin valor comercial

Abbreviations - Abreviaturas

N.Y.S.E.	**New York Stock Exchange:** Bolsa de Valores de Nueva York
o.	**order:** pedido
o/a	**on account (of):** por cuenta de, a cuenta de
o/d	**on demand:** a la presentacion, a la solicitud, a la vista
O/d	**overdraft:** sobregiro, anuncio de sobregiro
O.E.C.D.	**Organization for Economic Cooperation and Development:** Organización de Cooperación y de Desarrollo Económico (O.C.D.E.)
o/o	**order of:** a la orden de
O.P.	**open policy:** póliza abierta
O.R.	**owner's risk:** bajo los riesgos y peligros del propietario
O.R.	**operations research, operational research:** investigación de operaciones, investigación operativa
P.A., p.a.	**particular average:** avería particular
P/A	**power of attorney:** poder, mandato
p.a.	**per annum, yearly:** por año
pat.	**patented:** patente
patd.	**patented:** patentado
per pro.	**per procurationem (by proxy, on behalf of):** por apoderamiento, por cuenta de
P & L	**profit and loss:** pérdidas y ganancias
pm.	**premium:** prima (de seguros)
P.O.	**Post Office:** oficina postal, **postal order:** orden postal, giro postal
P.O.B.	**Post Office Box:** apartado postal
P.O.E.	**port of embarkation:** puerto de embarque
P.R.	**public relations:** relaciones públicas
P.R.	**port risks:** riesgos de puerto
P.R.O.	**Public Relations Officer:** jefe del servicio de relaciones publicas
prox.	**proximo (of (the) next month):** del mes próximo, del mes venidero
R and D	**research and development:** investigación y desarrollo
R/D	**refer to drawer:** véase el cajón
re	**with reference to, relating to:** concerniente a, referente a, a propósito de
recd.	**received:** recibo, recibidos
rect.	**receipt:** recibo
ref.	**reference:** referencia
reg., regd.	**registered:** registrado (correo, bultos); nominativo (acciones), etc.
retd.	**returned:** devuelto, regresado
S.D.R.	**special drawing rights:** derechos especiales de giro
S.E.	**Stock-Exchange:** Bolsa de Valores
S.E.C.	**Securities and Exchange Commission (U.S.)**
shipt	**shipment:** expedición, cargamento, embarque
S/N, S.N.	**shipping note:** permiso de embarque, nota de cargamento
S/O	**Standing Order:** orden permanente
SS, S/S, s.s., s/s	**steamship:** buque de vapor, vapor, paquebote
std.	**standard:** estándard, tipo

Abbreviations - Abreviaturas

T.M.O.	**telegraphic money-order:** giro telegráfico
T.T.	**telegraphic transfer:** transferencia telegráfica
U.A.W.	**United Automobile Workers (U.S.):** Federación de los trabajadores de automóviles
ult., ulto	**ultimo (of (the) last month):** del mes último
U/W	**Underwriter:** asegurador
v.	**versus (against):** contra
V.A.T.	**value added tax:** I.V.A.: Impuesto al Valor Agregado
V.I.P.	**very important person:** (personaje muy importante, una personalidad)
viz.	**videlicet (namely):** a saber
V.P.	**Vice-President:** vicepresidente
W/B	**way-bill:** hoja de ruta, hoja de viaje
wgt., wt	**weight:** peso
whf.	**wharf:** andén
whse	**warehouse:** almacén
wk.	**week:** semana
W.P.A., w.p.a.	**with particular average:** con avería particular
w.p.m.	**words per minute:** palabras por minuto
wt.	**weight:** peso, **without:** sin
x.c.	**ex-coupon:** ex-cupón
x.d.	**ex dividend:** ex-dividendo
x.i.	**ex interest:** ex-interés
x-ml, x-mll	**ex mill:** al salir de la fábrica
x-ship, x-shp	**ex ship:** en el momento de desembarcar
x- stre	**ex store:** disponible, al salir de la tienda
x-whf	**ex wharf:** franco a bordo
x-whse	**ex warehouse:** disponible, al salir del almacén
x-wks	**ex works:** al salir de la fábrica
yr., yrs.	**year:** año **years:** años
	your: tu, tus; su, sus (de usted)
	yours: el tuyo, la tuya; el suyo, la suya, (de ustedes); los tuyos, las tuyas; los suyos, las suyas, (de ustedes)

Measures - Medidas

De longitud (Length)

1 inch (1 in, 1")	= 2.54 cm
1 foot (1 ft, 1')	= 30.48 cm
1 yard (1 yd)	= 0.91 m
1 mile (1 ml)	= 1609.34 m

De peso (Weight)

1 ounce (1 oz)	= 28.35 g
1 pound (1 lb)	= 453.59 g
1 stone (1 st)	= 6.35 kg
1 hundred weight (cwt)	= 50.80 kg
1 ton = 1016 kg = 20 cwt	= 20.00 quintales

De capacidad (Capacity)

1 pint	= 0.568 l
1 quart =2 pintas	= 1.136 l
1 gallon (G.B.)	= 4.541
1 gallon (U.S.)	= 3.781

De superficie (Surface)

Square inch (sq. in.)	= 6.45 cm^2
Square foot (sq. ft.)	= 9.29 dm^2
Square yard (sq. yd.)	= 0.8361 m^2
Acre (ac)	= 40.47 áreas

Índice

La lista de palabras que presentamos a continuación corresponde a aquellos términos que son objeto de un desarrollo o de una definición. Las cifras designan las páginas del texto; el signo * significa: "y páginas siguientes".

Índice (continuación)